【典藏】
厦门文史丛书

中国人民政治协商会议
福建省厦门市委员会 编

洪卜仁 主编

厦门老校名校

厦门大学出版社

《厦门文史丛书》编委会

- ■顾　问　　陈修茂　欧阳建　卢士钢　江曙霞　潘世建
- 　　　　　　魏　刚　陈昌生　黄世忠　高玉顺　黄培强
- ■主　任　　魏　刚
- ■副主任　　朱伟革　张仁苇
- ■主　编　　洪卜仁
- ■编　委　　傅兴星　卢怡恬　王秀玉　徐　艳

《厦门老校名校》编写组

- ■主　编　　洪卜仁
- ■成　员　　洪卜仁　许十方　李向群　陈　峰
- ■编　务　　蔡恬恬

【序言】

"好雨知时节,当春乃发生。"古往今来,人们总是由衷地赞美春天。因为她充满生机和憧憬,带来的不仅仅是播种的怡悦,还常常伴随着收获的希冀。

在万木复苏、百花盛开、姹紫嫣红、春回大地的日子里,参加厦门市政协十一届一次全会的全体新老政协委员,就是怀着一种播种与收获交织、怡悦与希冀并行的激情,迎来了2007年新春的第一份礼物。根据本届市政协主席会议的研究决定,由厦门市政协与我市文史工作者合作共同推出的"厦门文史丛书""第一方阵"——《厦门名人故居》、《厦门电影百年》、《厦门史地丛谈》、《厦门音乐名家》等四种政协文史资料读物终于如期与大家见面了!

这无论在厦门政协文史资料发展历史上、还是在我市先进文化建设进程中,都是可圈可点、很有意义的一件喜事。为此,我首先代表厦门市政协,向直接、间接参与这套"丛书"的组织、策划、编撰、编辑、出版和宣传工作而付出辛勤劳动的有关领导、专家、学者及工作人员,向为此提供宝贵支持的社会各界和热心人,表示衷心的感谢,并致以新春佳节最美好的祝愿!

众所周知,文史资料历来就受到人们的重视和青睐。因为通过它,人们不仅可以自由地超越时空,便捷可靠地了解到一个区域(通常是一个城市)古往今来的进步发展情况,真实形象地感受到这里丰富多彩的文化历史现象,满足自己的求知欲和审美情趣,而且还可以发现许多具有现实意义和参考价值的吉光片羽，并从中汲取激励自己积极向上、奋发有为的养分和力量。

通过文史资料，我们知道：厦门这块热土有着丰富而厚重的历史积淀和文化内涵。迄今四五千年前的新石器时代，厦门岛上就有早期人类生活的遗迹。大概一千二三百年前的唐代中叶，中原汉族就辗转迁徙前来厦门，在岛上拓荒垦殖、繁衍生息。宋元时期，中央政府开始在厦门驻军设防。明朝初年，为了防御倭寇侵犯，在厦门设置永宁卫中、左二所，洪武二十七年（1394年）又在此兴建城堡，命名厦门城。从此，"厦门"的名字正式出现在祖国的版图上，并随着城市的进步发展、知名度的不断提高而逐渐蜚声海内外。今天的厦门，早已不是当年偏僻荒凉的海岛小渔村，而是国内外出名的经济特区、现代化国际性港口风景旅游城市。

通过文史资料，我们还知道：千百年来，依托厦门这方独特的历史舞台，勤劳勇敢、聪明善良的厦门人民，在改造自然与社会、追求进步与发展、争取生存与自由、向往幸福与独立的伟大进程中，谱写了一曲曲感天动地的赞歌，创造了一个个令人惊叹的奇迹，同时也涌现了一批批彪炳青史的俊彦。如以厦门为基地，在当地子弟兵的支持下，民族英雄郑成功完成了跨海东征、收复台湾的辉煌壮举；在其前后，有发明创造"水运仪象台"，被誉为"中国古代和中世纪最伟大的博物学家、科学家之一"的苏颂；有忠勇爱民、抗击外敌，不惜以死殉国的抗英爱国将领陈化成；有爱国爱乡、倾资办学，不愧为"华侨旗帜、民族光辉"的著名侨领陈嘉庚；有国家领导人方毅、叶飞，一代名医林巧稚、著名科学家卢嘉锡等等。他们的传奇人生、奋斗业绩所折射出的革命传统、斗争精神、民族气节、高尚情操和优秀秉性，经过后人总结升华并赋予时代精神，已成为厦门人民弥足珍惜、继承光大的精神财富，正激励着一代代的厦门儿女为建设小康社会而奋斗！

春风化雨，任重道远。通过文史资料，我们更是知道：改革开放以来，在中国共产党的正确领导下，依靠广大人民群众的聪明才智，在短短的二十多年里，我们的家乡厦门发生了翻天覆地的巨变。这种代表先进生产力的发展要求、代表先进文化的前进方向、代表广大人民群众根本利益的历史性巨变，不仅体现在城市建设、经济发展、生活改善、社会进步等方面，还突出表现在广大人民群众思想观念、道德情操、精神面貌、文明素质等方面所发生的深刻变化。

追根溯源，可以明志兴业。利用人民政协社会联系面广、专业人才荟萃、智力资源集中的优势，通过编撰出版地方文史资料，充分发挥政协文史资料"团结、育人、存史、资政"的功能，这本身就是人民政协履行职能的重要方式之一。值此四种文史资料的诞生，在充分肯定厦门发生的历史巨变而倍感自豪的同时，我们要一如既往地认真学习贯彻中共中央总书记胡锦涛在视察福建、厦门海沧台商投资区的重要讲话精神，学习贯彻中共中央政治局常委、全国政协主席贾庆林在纪念厦门经济特区25周年大会上的重要讲话精神，在致力于厦门经济特区经济建设、政治建设、社会建设的同时，从加强特区先进文化建设的高度，进一步加强政协文史工作，充分发挥政协文史资料的功能，以"厦门文史丛书"的启动为契机，严肃认真、兢兢业业地继续做好这项有意义的工作，以不负时代的重托。

我相信，有我市各级政协组织和委员、政协各参加单位的重视参与，有社会各界的支持帮助，有多年来积累的成功经验和有效做法，特别是有一支经受考验锻炼、与海内外各界联系广泛、治学严谨的地方文史专家队伍，只要我们认准目标，锲而不舍，与气势如虹的我市新一轮跨越式发展相称，与方兴未艾的海峡西岸经济区建设呼应，作为一项"功在当代、利在千秋"的重要事业，我市政协文史资料工作一定会取得长足进步，推出更多精品，发挥更大的作用！

城市历史文化，从来是反映城市前进发展中经验与教训的真实记录，是人们在改造自然与社会、创造"三个文明"的历史进程中所留下的重要印记、所提炼的不朽灵魂。以履行政协职能为宗旨，以政协编辑出版的地方文史资料为载体，通过有选择、有重点地记录、反映一座城市（或者相关的一个区域）的历史文化，自觉为建设中国特色社会主义服务，为科学发展服务，为构建和谐文化、和谐社会服务，为祖国统一大业服务，为中华民族的伟大复兴服务。这正是政协文史工作及其相关的文史资料的长处和作用，也是它区别于一般地方文史资料最重要的特色和优势。

也正是基于这种考虑和共识，在厦门市政协党组的高度重视和倾力支持下，市政协文史和学习宣传委员会认真总结近年来编纂出版地方政协文史资料的成功经验，在市委、市政府有关部门，我市有关社会机构和各界人士的帮助下，组织了我市一批有眼光、有经验、有热情、有学识的地方文史专家和专业工作者，经过深思熟虑、反复论证，决定与国家"十一五"计划同步，从2006年起，采取"量力而行、每年数册"的方针，利用数年时间，出齐一套大型地方历史文献"厦门文史丛书"。

编辑出版这套"丛书"的目的是，本着"古为今用"的原则，在批判继承前人的基础上，努力挖掘、整理、利用厦门地方历史文化渊薮中有益、有用、健康、进步的或者具有借鉴、警示意义的文史资料，直接为现实服务；为地方历史文物的保护工作服务；为地方文史资料的大众普及和学术研究工作服务；为发挥政协文史资料"团结、育人、存史、资政"的作用服务；为人民政协事业服务；为统一战线工作服务；为遍布海内外，通过寻根问祖，关心了解祖国和家乡过去、现在、将来的厦门籍乡亲服务；为主张两岸交流，认同"一个中国"，心系祖国统一大业的炎黄子孙服务；为提高人民群众，尤其是青少年的科学文化素质、道德文明修养，培养"四有"公民，建设学习型、创新型社会，推动厦门经济特区建设实现"更好更快"发展的新目标提供方向保证、智力支持和精神动力服务。

编辑出版这套"丛书"的方针是，不求全责备、面面俱到，只求真实准确、形象生动。即经过文史专家的爬梳剔抉、斟酌考证，尽量选取第一手的"原生态"史料，从本市及其邻近相关区域中所传承积淀下来的文化历史切入，以厦门市为重心、适当延伸至闽南地区，以近现代为主、当代为辅，以厦门城市发展进程中具有典型性、代表性的人物事件为对象，通过"由近及远、由表及里、标本兼顾、源流并述"的方式，尽可能采取可读性强的写法、并辅之于可以说明问题的历史照片或画面，进行客观而传神的艺术再现。

我在本文的开头特别提到，春天是充满希望与憧憬的时节。反复揣摩案头上还散发着阵阵醉人的油墨芳香近日问世的四种政协文史资料读物，欣喜之余，我想到，虽然这仅仅只是成功的开篇，今后几年里厦门政协文史工作要取得预期的成果，顺利出齐"厦门文史丛书"全部读物的任务还相当繁重，但我坚信，只要我们坚持人民政协"团结、民主"的主题，相信和依靠大家的智慧力量，始终秉持春天一样的热情与锐气，始终把希望和憧憬作为自己前进的目标、动力，一如既往地追求奋斗，我们的事业将永远充满阳光、和谐！

是为序。

陈修茂

（作者系厦门市政协党组书记、主席）
2007年2月28日

【前言】

厦门是近代中国教育比较发达的地区之一。清末"维新运动"之前，先后有玉屏、紫阳、禾山、衡文、鹭津等5个书院。1898年戊戌变法之后，开始有了新型的学校，这些学校，有华侨捐资独办或合办的，有家族自治会或同乡会创办的，有热心地方教育事业的人士筹资兴办的，也有外国教会办的。

1874年，美国教会就在寮仔后设立厦门第一个女学堂。1880年女学堂迁到鼓浪屿田尾，又由小学校发展为中学，它们就是毓德女子小学和中学的前身。英国教会也在鼓浪屿办女学堂，后来改名怀仁女子小学。1898年，续办怀仁女子中学和怀德幼稚师范学校、兼办幼稚园供幼师学生实习。这是全国早期寥若晨星的幼稚园之一。

英美教会在厦门创办的学校还有：寻源（1881—1925年）、英华（1897—1951年）、美华（1905—1949年）等书院（后改为中学），福民（1850—1951年）、养元（1889—1951年）等小学。天主教教会也于1912年创办维正小学，一度兼办师范。

1874年厦门官绅出资兴办的博闻书院以及1889年、1898年创设的东亚书院、同文书院，1911年设于"榕林"的"师范传习所"，都提倡新学。

厦门第一个公立中学，是1906年4月开学的"厦门中学堂"。清末到民初，厦门负有声誉的公、私立小学有：崇实、吉祥、大同、鸿麓、紫阳、竞存、蒙泉和鼓浪屿的普育。

1913年1月27日，陈嘉庚创办的乡立集美两等小学，在集美村祖祠举行开学式。尔后，又在他的胞弟陈敬贤的帮助下，陆续增办了幼儿园、女子小学、男女师范、集美中学和水产、航海、商业等中等职业学校；并相继修建了为学校服务的电灯厂、自来水塔、大操场、大礼堂、图书馆、科学馆、体育馆、医院、钟楼、美术馆、教育推广部等设施，统称集美学校。集美学校规模宏大，设备完善，师生不仅来自全国各地，也来自港澳地区以及东南亚各地。陈嘉庚呕心沥血，倾资兴学，经过十余年的艰难缔造，使集美学校逐步形成一个从幼儿园到高中，有各种职业学校，男女学校兼备的比较完整的教育体系。

据有关资料记载，20世纪30年代初厦门岛内有学校132所，其中私立大学一所；公立中学、职业中学各一所，私立中学18所，公立小学10所，私立小学83所；专科学校7所，幼稚园7所。但101所私立中、小学，居然有31所未立案。（《江声报》，1931年7月29日）1934年9月7日《江声报》刊载：厦门岛内1933年度下学期公私立小学毕业生共有424名，其中男生251名，女生136名。同年12月31日的《江声报》还报道岛内小学调查，共有小学39校251个班级，学生8700余人。到了抗战前夕，据不完整的统计，厦门本岛和鼓浪屿有公私立小学、幼儿园90多所，省立中学一所，美术和护士学校等专科学校5所，学生总数2万多人；厦大设3个院9个系，学生400多人。

1937年7月7日全面抗战爆发后，厦门大学、双十中学、大同中学、集美中学等内迁，同文中学迁到鼓浪屿借慈勤女子中小学校舍复课，1938年5月13日厦门沦陷，战前的中小学几乎全部停办。日本占领期间，只办男女中学各一所，小学10来所。1941年12月8日太平洋战争发生，鼓浪屿被日本占领，岛上也只设男女中学各一所，小学5所。

抗战胜利后的1946年12月19日，《中央日报》有一篇《厦市教育概况》报道，说是全市有小学48所学生1.5万多人，中学10所学生3000多人，中小学教师411人。而1949年1月10日《星光日报》刊载的《本市教育概况》，全市学生数已增至28637人，教职员728人。

回顾近百年来厦门学校的历史，虽然发展缓慢，无论校舍、教学设备、师资条件、生源都无法与新中国成立后尤其是改革开放以来迅速发展的学校相比，但不可否认，近代厦门的各类学校，为海内外尤其是厦门培养了许许多多人才，并为民间办学、私人办学提供借鉴和宝贵经验。

编者
2013年12月

目录

树人早作百年计
——陈嘉庚创办厦门大学 / 1
演武场上的高等学府：厦门大学 / 8
清末民初厦门的书院 / 21
厦门第一所公办中学：省立十三中 / 24
早期中美合办的同文书院 / 34
私立集美学校 / 48
毓德女子中学 / 64
英华书院和英华中学 / 74
怀仁女子学校 / 90
私立厦门双十中学办学实录 / 101
厦门大同中学 / 118
闽南职业学校 / 129
厦门美术专科学校 / 137
厦门民用航空学校 / 142
厦门大同小学办学历程 / 150
百年阳翟小学办学回顾 / 162
鼓浪屿普育小学 / 175
厦港渔民小学 / 184
鼓浪屿福民小学 / 187
鼓浪屿养元小学 / 196
厦门市侨办小学概况 / 205

怀德幼稚园 / 209

倍受青睐的鹭江幼稚园 / 217

附录

  附录一：厦门市公私立中等学校一览表（1935年度） / 224

  附录二：厦门市市立小学一览表（1935年度） / 225

  附录三：厦门市私立小学一览表（1935年度） / 225

  附录四：厦门市私立初级小学一览表（1935年度） / 227

  附录五：厦门市私立幼稚园概况一览表（1935年度） / 228

  附录六：厦门市公私立各级学校一览表（1947年度） / 228

后记 / 232

树人早作百年计
——陈嘉庚创办厦门大学

陈嘉庚

陈嘉庚先生是当代爱国华侨的一面光辉旗帜。厦门大学就是由他倾资创立,且尽力维持,成为海峡两岸的重要学府的。直到新中国成立后,他仍为发展厦门大学贡献出巨大的力量。

陈嘉庚先生生长在半殖民地半封建的旧中国,从他懂事之日起,就亲历过甲午割去台湾和庚子八国联军攻陷北京两次巨变。在以后长期留居殖民地的生活中,更尝尽了"海外孤儿"低人一等的苦味。经过多年的彷徨与探索,他终于认识到"欲尽国民一天职",为救亡图存做出一点贡献,唯有就己力所及,捐资倡办教育,以为提倡。而为了迅速普及教育,提高同胞的国家观念和文化水平,除了一般中小学教育外,还必须创办一所能够培养中等学校师资和各项专门人才的大学。因此,他在创办集美中小学校和师范学校初具规模之后,就将海外所有企业交给胞弟敬贤管理,于1919年7月间亲自回国筹建厦门大学。他在自拟的《筹办福建厦门大学附设高等师范学校通告》中揭橥兴学的旨趣说:"专制之积弊未除,共和之建设未备,国民之教育未遍，地方之实业未兴，此四者欲望其各臻完善，非有高等教育学识，不足以躐等而达。……且门户洞开，强邻奚伺，存亡绝续迫于眉睫。吾人若复袖手旁观，放弃责任，后患奚堪设想！"接着又于7月13日在厦门大学发起人会议上慷慨陈词说："今日国势危如累卵，所赖而维系者，惟此方兴之教育与未死之民心耳。若并此而无之，是置国家于度外而自取灭亡之道也。……试观吾闽左臂，二十年前固已断送，野心家得陇望蜀，俟隙而动。吾人若不早自反省，后悔何及！诚能抱定宗旨，毅力进行，彼野心家能剜我之肉，而不能伤我之身，能断我之臂，而不能得我之心。民心不死，国脉尚存，以四万万之民族，决无甘居人下之理！今日不达，尚有来日，及身不达，尚有子孙！如精卫之填海，愚公之移山，终有贯彻目的之一日。"满怀爱国热情与奋斗到底之决心跃然纸上，在六十四年后的今天读之，犹令人感到莫大的鼓舞和兴奋。

　　陈嘉庚倾资创办厦门大学，除了为祖国培养人才以外，还想让广大华侨青年有一个升学深造的机会，所以从建校之日起每年都招有一定名额的华侨学生，并在学习和生活方面给予适当的照顾。他选择厦门作为建校地点，并不像一般人所想象的那样，因为他自己是厦门人，而是因为厦门历史上是华侨出入国重要港口，在地理上"若合浙江、广东沿海而言，则堪称为最中心的地位"，"又若大而言之，合南洋祖国，则更为中心的中心"。他考虑到大学发展的远景，校址必须相当广大。经过实地踏勘，终于选定了五老峰下民族英雄郑成功演武场的遗址。其地面积二百余亩，下系沙质，雨季不湿，平坦坚实，风光秀丽，环境清静，确是办学的好地方。如果把西起许家村，东迄胡里山炮台，包括南普陀佛寺（可兼作校园）在内的这片公共山地规划厦大，面积可达两千余亩，未来不愁没有发展的余地。他满怀信心地说："教育事业原无止境，以吾闽及南洋华侨人民之众，将来发展无量，百年树人基本伟大，更不待言！"今日厦门大学在扩展校址上没有遇到什么困难，与陈老先生创办时的深谋远虑是分不开的。

　　校舍的图样原是委托上海美国工程师毛惠绘制的，每三座楼作"品"字形，陈嘉庚认为这样会多占操场的位置，不便于将来进行大规模的体育或庆祝活动，特改为"集美"、"群贤"、"同安"三座楼平列的"一"字形。毛惠设计的所谓意大利式的教学楼，外观与陈嘉庚自己设计的差不多，内部装修则远为考究，屋基可支持两百年，每平方米造价达大洋十二三元。陈嘉庚要求把造价降到一半以下，只要"粗中带雅"，能支持数十年即可。他就此解释说："余料不出二三十年，世界之建筑定必更大变动，许时我厦大生额万众，基金万万，势必更新屋式及合其时科学之用法。故免作千百年计而作三五十年计已足矣。"（1923年4月3日函）这种立足现实、放眼未来的做法，表明陈嘉庚在建设校舍问题上具有可贵的务实精神和发展眼光。

在选择校长问题上，陈嘉庚也经过了一番周折。早在1920年1月，聘请教育界名流蔡元培、郭秉文、黄炎培、胡敦复、邓萃英等十人为委员，由筹委会推选邓萃英为校长。邓当时在任北洋政府教育部参事兼代次长，开学未久，即欲匆匆忙忙赶回北京。陈嘉庚对此类"挂名校长"极端不满。在劝留无效之后，即签列首名于责备邓的信中，邓只好表示辞职。陈嘉庚立即发电邀请新加坡华侨林文庆博士来厦担任校长，历一十六年之久。

在1920年7月的发起人会议上，陈嘉庚当场认捐了开办费一百万，常年费分十二年付清，共三百万元。当时他的全部资产估值也不超过四百万元，可以说已经尽了最大的努力。可是，距离他所设想的可以容纳三四万名学生那样的规模，还相差很远。因此，在建校两年略有基础之后，他就按

1935年的厦门大学化学院

1935年的厦门大学生物院

1935年的厦门大学博学楼

厦门大学芙蓉楼

原定计划向南洋富侨开展募捐工作，其中有一位是糖业大王，资产在亿元以上，一年可获利二三千万元。陈亲自写信请其认捐五百万元为厦大基金，或捐办一个医学系，以为纪念，竟然遭拒。此外，又续向万隆、泗水两位富侨为厦大募建图书馆一座，所费不过数万元，也没有结果。但他并不因此而灰心。

为了替厦、集两校筹措经费，陈老先生于1922年前往新加坡，整顿企业，最初三四年间，经营尚称顺利，年赢利都在百万元以上。在他的大力资助下，厦门大学在教学、科研、基建、设备等方面都获得巨大的进展。在十周年校庆前后，院系设置从最初的师范、商学两部扩展为文、理、法、商、教育五个学院和中国文学、外国文学、哲学、历史、政治、经济、法律、社会、教育、银行、会计、工商管理、数学、物理、化学、动物、植物等十七个系。新建校舍四十多座，三千余间，面积五六万平方米。增购图书十四万七千余册，生物和人类学标本一万八千余件，还附设有动物博物院、植物园、气象台、物理机器厂、煤气厂、制革厂的机构，备有充裕的机器、仪器和药品以供教学实验之用。国内著名学者来校任教的有鲁迅、陈衍、孙伏园、罗常培、周辨明、林语堂、朱谦之、张星烺、顾颉刚、郑天挺、郑德坤、秉志、姜琦、杜佐周、姜立夫等数十人，具有"面向华侨、面向南洋、注重实用、注重研究"的办学特色，成为全国著名的大学之一。

在陈嘉庚致力兴学期中，全国学生运动风起云涌，连绵不断，集美、厦大两校也相继发生了驱逐校长的学潮。当日的集美、厦大是"民主堡垒"，学生提出改革教育、改革社会的要求是进步的。陈嘉庚也认为教师无能，校政乖舛，应该改革，但对学生罢课运动却感到很苦恼，"转念质虽欠佳，而量则愈多愈妙，所谓聊胜于无"，决心"一意热忱致力，毫无反顾"，绝不因学生罢课而缩手。

从1926年开始，由于日货的削价倾销和同行业的激烈竞争，陈嘉庚所经营的各项企业，连年亏损，入不敷出。规模最大的橡胶品制造厂，又因为陈老带头抵制日货而被奸商雇人放火焚毁。据他自己估计，1926年至1928年三年间，资产损失四百六十余万元，其中厦大、集美两校经费即占一半左右。1929—1931年，资本主义世界经济危机爆发，货价暴跌，陈氏企业更如江河日下，一蹶不振，而对两校经费却仍旧竭力负担。许多人劝他"停止校费以维持营业"，陈嘉庚担心两校"一经停课关门，则恢复难望"，"自己误青年之罪小，影响社会之罪大，在商业尚可经营之际，何以遽行停止？"有一家外国垄断公司提出以停止维持两校为合作的条件，陈断然拒绝说："不！企业可以收盘，学校绝不能停办！"直到最后被迫接受债权者条件，将所有企业改组为陈嘉庚股份有限公司，他仍力争每月支付两校经费五千元。在1933年，他不愿接受外国资本束缚，准备将陈嘉庚有限公司结束时，把许多橡胶厂、饼干厂出租与人合作经营，始终坚持必须在合约中写明所获利润抽出百分之二三十至五十（最高有达百分百的）充作两校经费。此外，他又通过募捐、借款、变卖校产种种方式千方百计为两校筹款，在他的兴学热情的鼓舞下，许多爱国华侨如黄奕住、曾江水、叶玉堆、李光前、黄廷元、陈六使、陈延谦、李俊承及新加坡群进公司纷纷捐资相助。林文庆校长也亲往马来亚各埠募得捐款三十余万元，使厦大得以支撑下去。不仅教职工待遇没有降低，而且从未发生过当时教育界普遍存在的欠薪、扣发等现象。

到了1937年春，经费困难日趋严重，陈嘉庚考虑到"厦集两校虽能维持现状，然无进展希望，而诸项添置亦付阙如，未免误及青年"。为了集中力量办好集美学校，他写信给南京教育部长王世杰和福建省政府，表示愿意将所有厦大产业无条件献与政府，"不拘省立或国立均可，所有董事权一概取消"。不久得到复函同意，自是厦大改为国立，由萨本栋继任校长。他

1954年竣工的厦门大学建南大礼堂

后来追述当时的处境,不胜感慨地写道:"每念竭力兴学,期尽国民天职,不图经济竭蹶,为善不终……抱歉无似。"事实上,他为了创办与维持厦大,已经做出了很大的牺牲,尽了最大的努力。那种百折不挠、坚持办学的毅力和精神,无一人不深受感动。

厦门大学改为国立不久,便因为抗日战争爆发,匆忙迁到长汀临时校舍上课,陈嘉庚购置的图书仪器幸得全部安全运出。1940年初,福建地方当局计划将厦门大学改名福建大学,恰值陈嘉庚率领南洋华侨回国慰劳团到达重庆,当时的行政院长孔祥熙和教育部长陈立夫向他征求意见,陈嘉庚置而不答,直到3月30日在国民参政会致词时才义正词严地当众提出不赞成厦大改名,陈立夫狼狈不堪,连忙找他声明此事从此作罢。厦门大学名称能够保持到现在,完全得力于陈老先生这一次严正的斗争。

在解放战争期间,厦大学生运动蓬勃发展,有"民主堡垒"之称。陈嘉庚在1947年5月28日"响应学生正义主张"的电文发表后,在厦大师生中引起了强烈的反响,使运动得到了进一步扩展。

新中国成立后,厦门大学回到了人民的怀抱,陈嘉庚庆幸厦大获得新生,加倍关心厦大的恢复和建设。他同意把同安天马山与美人山间的四百多亩农场拨与厦大,作为未来农学院的实习场地。他继续筹集巨资扩建校舍,不辞劳瘁地请人设计绘图,亲临工地监督。从1951到1954年,由他筹款监督建成的校舍有建南大会堂、图书馆、生物馆、物理馆、化学馆、教师宿舍、男女生宿舍、游泳池、运动场、学生餐厅等,面积达64394平方米。建南大会堂有五千多个座位，是国内大学最大的礼堂。以建南大会堂为中心，东有图书馆、物理馆，西有化学馆、生物馆，五座大楼并列一行，面向大海，使华侨从海外乘轮入港时可以一览无余。大操场原计划直修到海滨，与游艇码头相接，成正圆形。后因被公路遮断，暂修成半圆形，取名"上弦场"，面积仅为原计划一半，然已可容纳一万余人。他热切希望厦门大学能够办成东南亚地区的著名大学，并且多培养华侨学生。

陈嘉庚先生倾资创办厦门大学，独立维持 16 年，为今日厦门大学的发展奠定了良好的基础。新中国成立以后，仍然一本初衷，给学校以极大的支持。尽管已为厦门大学贡献了不少力量，他却始终是虚怀若谷，没有半点沽名钓誉之心。他不喜欢人们的奉承与颂扬，1941 年在长汀看见厦门大学各系办公室命名为"嘉庚堂"时，他很不满意，责问为什么事先没有征求他的意见。他的兴学，不居功，不为名，纯粹出于一片爱国至诚，正如他自己所说，"实聊尽国民之天职而已"。

我于 1949 年 5 月在香港见到陈老先生，虽然谈话须通过翻译，但对他的衣着朴素，态度诚挚，有极深刻的印象。1956 年调到厦门大学任教后，曾到陈老先生住处去过几次。他原有住宅被日机炸毁，却始终不肯重修，自己一个人长年住在集美学校董事会楼上的一间小房里，房内陈设十分简单，桌椅参差不齐，连蚊帐都是补的。他自奉是如此的淡泊，而对兴办学校却几十万、几百万地抛出去，毫无吝啬。"该花的千百万都不要吝惜，不该花的一分钱也不能浪费。"这句话他是真正说到做到了的。

（陈碧笙）

演武场上的高等学府：厦门大学

闻名世界的厦门，原是个无名小岛，直至明末，郑成功以金、厦为根据地，北抗清兵，东复台、澎，厦门才成为神州东南重镇。据史载，明永历九年（1655年）三月，郑成功命工官冯澄世在岛东南五老峰下，"就澳仔操场筑演武亭楼台，以便驻宿，教练观兵"。亭之四周，便是郑氏训练其雄师的演武场。康熙十九年（1680年），清兵攻占厦门，郑成功之子郑经焚毁演武亭，退到台湾，演武场成了清军驻所，历经雍正、乾隆、嘉庆、道光等朝，均为操练军士的校场。鸦片战争中，厦门人民在这里英勇抗击过英军；太平天国起义时，闽南"小刀会"义士在这里与清兵拼死搏斗；演武场变为厮杀的战场。嗣后，这地方虽曾被清廷用作接待美国来访舰队官兵的场所，但终因远离当年的市区而逐渐被废弃。

有谁料到，20世纪20年代，在这荒僻的古演武场上，竟矗立起一座现代高等学府。那绝佳的景观，巍峨的校舍，勤奋的学风，丰硕的成果，使所有来访者赞叹不已。鹭海因之而增色。这高等学府便是名扬海内外的厦门大学，其创办人就是杰出的爱国华侨领袖陈嘉庚。

一、为了振兴中华

陈嘉庚，1874年出生在福建省同安县集美社。十七岁时出洋到新加坡，经多年艰苦奋斗，创下百万家业。他"久客南洋，志怀祖国，希图报效，已非一日"。但其时清廷腐败，列强侵凌，金瓯残缺，民不聊生。陈嘉庚对此疾首痛心。1909年，他经挚友林义顺介绍，拜识了孙中山，更加倾心革命。越年即加入中国同盟会，并被推举为新加坡中华总商会协理及华族新学——道南学堂的总理，跻身于华族社会上层。

武昌起义后，民国成立，更激起陈嘉庚满腔爱国热忱，他认定"教育为立国之本"，便于1912年亲自回乡创办了集美小学。随后陆续在集美开办师范、中学、商科、农林、水产等校，在新加坡支持爱同学校，赞助崇福女校，倡办华侨中学。竭力推进家乡福建及新加坡华族教育事业的发展，以冀对振兴中华有所裨益。

1919年爆发的五四爱国运动，激荡着炎黄子孙的心。陈嘉庚在"科学与民主"精神的影响下，毅然将新加坡数百万家业交给胞弟陈敬贤经管，自己回到祖国，着手筹办厦门大学。

当时，中国的高等教育还很落后，全国的大学仅有十来所，高等教育的重要性，尚未被国人所共识。陈嘉庚高瞻远瞩，他在1919年7月发布的《筹办福建厦门大学附设高等师范学校通告》中指出："专制之积弊未除，共和之建设未备，国民之教育未遍，地方之实业未兴，此四者欲望其各臻完善，非有高等教育专门知识，不足以躐等而达。"

因此，他"不揣冒昧，拟倡办大学校并附设高等师范于厦门"，并以独具的慧眼，选中了被废弃的演武场作为厦门大学校址。

为了推进各项筹办工作，陈嘉庚于7月13日假厦门浮屿陈氏宗祠举行特别大会，当场宣布自己认捐开办费一百万圆，经常费三百万圆，总共洋银四百万圆。随后于1920年春拟聘来闽督导粤军的汪精卫为厦大校长。

1920年8月，陈嘉庚向省府申拨演武场为厦大校址的呈文获准，但汪精卫却因政务繁忙，来函婉辞。陈嘉庚于是奔赴上海，新聘全国教育界名流蔡元培、黄炎培、余日章、郭秉文、李登辉、胡敦复、邓萃英以及黄琬、叶渊为筹备员，于10月间召开第一次筹备委员会，推举筹备员、教育部参事邓萃英为厦大首任校长。接着，筹办中的厦大决定先设师范、商学二部。师范部之下分文、理两科；学制预科二年，本科四年。聘请留日学者郑贞文为教务主任，何公敢为总务主任，聘请留美化学博士刘树杞任大学秘书兼理科教授，留美经济学硕士陈灿为商科主任兼经济学教授，留美教育学硕士林淑敏（女）为文科教授，留美、留法学者周辨明为外国语文教授。此外，还聘刘宜风、黄贤明、朱隐青、顾寿白、郑天挺、周予同、张哲农、章于天等先生为教职员，建立起教学与行政机构。校舍在演武场校舍未建成之前，借用集美学校即温楼先行开学。校训初定为"自强不息"，后改为"止于至善"。校歌由郑贞文写出歌词，邀请著名音乐家赵元任谱曲。招生问题决定先招预科生，经对报考学生进行考试，共录取112人，其中商学部28人，师范部84人。

1921年4月6日，私立厦门大学假集美学校举行开校式，中国第一所由海外华侨创办的大学即日宣告诞生。

由于种种原因，厦大开学不到一个月，首任校长邓萃英提出辞职，陈嘉庚当即照准，并电邀新加坡挚友林文庆博士继任校长。数日后，正值"五·九"国耻纪念日，为使师生们不忘国耻，发愤为国，陈嘉庚率领全校师生从集美来到演武场，为第一批校舍的开工奠基。1922年2月，最东端的一座校舍首先竣工，定名为"映雪楼"，教职员及学生，即由集美迁入新校舍。年底，集美、群贤、同安、囊萤等楼相继建成。自此，爱国华侨为振兴中华而创办的厦门大学，便屹立在这演武场上。

二、向愚昧开战

近代中国，愚昧落后。陈嘉庚在《南侨回忆录》中写道："余常到诸乡村，见十余岁儿童成群游戏，多有裸体者，几将回复上古野蛮状态，触目心惊，弗能自己。"

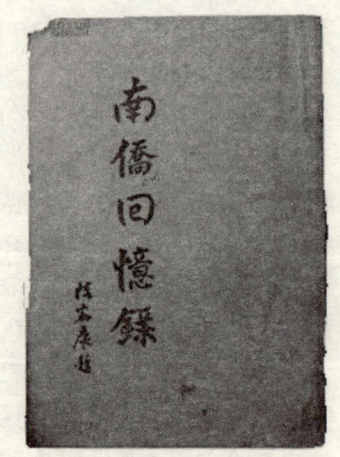

要克服愚昧落后，必须发展科学，普及教育。厦大从创校开始，就肩负着这一神圣任务，并在《厦门大学校旨》中明确提出：

"注重各科学研究之工作。"

"关于科学之教授，以切于实用造就应用科学人才为前提，并将重要之科学知识，编成中文，以期养成我国国民之科学精神。"

"我国目下师资及教育专门人才，甚为缺乏，故对于教育科特加注意，以期养成良好师资，及教育界领袖。"

"提倡推广教育，使各学校之教员，政、农、工、商各界之人员，均有求学之机会，俾普遍社会之知识，得以逐渐提高。"

按照《校旨》要求，厦大在私立时期首先发展教育学科。开校之初，特别优待师范部学生，免去学、膳各费。第一学期师范生占总数的75%。

演武场上的高等学府：厦门大学

往后学校科系不断发展，但教育科一直占据重要地位，毕业生也以教育科为最多。据第一届（1926年）至第十二届（1937年）毕业生统计，教育学科占全校31%。这一大批受过严格训练的教育专才，主要分布在福建和东南亚各地，对普及福建教育，推进华侨教育，特别是对改变福建愚昧状态，起到了积极作用。

对科学研究，学校极为重视。创校后第二年，美籍教授莱德就在厦门附近浅海沙质区，发现了大量脊椎动物远祖宗亲之活化石文昌鱼，生物系师生由此开展的海洋生物研究，引起国际学术界的瞩目。1926年，学校创设国学研究院，聘请沈兼士、林语堂、鲁迅、顾颉刚等文学家和国学大师前来任教并从事研究。自1926年起，教育学科连续数年组织学生进行教学考察和教学实习，并设立"教育科学研究"专项和实验小学，进行有关专业及各种教学法的研究，取得优异成绩。1930年起，学校与中华教育文化基金会连续五年合办"暑期生物研究会"，有力地推进了本校和全国的生物学研究。其他领域的科学研究，也都取得一定成果。在此基础上，师生们创办了《民众科学》等十几种专刊，大力普及科学知识。

1927年，厦门大学教师合影

【11】

在办好教育学科、加强科学研究的同时,学校不断拓展办学规模。至1930年6月,全校共设5学院、21学系,其中文学院设中国文学、外国语文、哲学、社会、历史等五系;理学院设数学、物理、化学、动物、植物、天文等六系;教育学院设教育原理、教育心理、教育行政、教育方法等四系;法学院设法律、政治、经济等三系;商学院设银行、会计、工商管理等三系;还有一所附设高级中学;构成多科性的教学体制。在教学管理上,坚持招生及课程标准,录取新生及学业考查均从严掌握,"使本校之学生虽足不出国外,而其所受之教育,能与世界各大学相颉颃"。

重金礼聘良师来校,是厦大培育各类专才以向愚昧落后开战的最重要措施。创校之初,学校就规定教授月薪最高可达洋银400圆,讲师可达200圆,助教可达150圆,比一般学校为高,而且从不欠薪。经学校重金礼聘,私立时期的厦大,著名教授云集。除前面提到者外,著名的哲学家张颐,语文学家陈衍、台静农,历史学家薛永黍、郑德坤,人类学家史禄国(俄籍),社会学家徐声金,数学家姜立夫,物理学家胡刚复、朱志涤,化学家区家炜、刘椽,生物学家秉志、陈子英、钟心煊,天文学家余青松,教育学家欧元怀、孙贵定、雷通群、钟鲁斋,法学家黄开宗、区兆荣,政治学家王世富、丁作韶,会计学家郑世察、陈德恒,银行学家冯定璋、朱保训等,都曾来校任教。张颐教授于1927年11月至1929年7月还担任过副校长。

由于名教授、名学者相继来校,不仅大大充实了厦大的教学力量,而且在厦门全市造成了浓郁的学术风气,使得这个鸦片战争后被辟为通商口岸的商埠,在追财逐利的同时,能够崇尚精神文明,并使厦门人民的文化素质,得以较快提高。

特别应该提到的是,厦门大学创办初期,正值中国革命由旧民主主义阶段转入新民主主义阶段。厦大师生在这动荡而又伟大的年代里,掀起一次又一次反帝爱

中国共产党厦门地区第一个支部在厦大囊萤楼诞生

国浪潮。1921年冬抗议"鲁案直接交涉";1922年春反对帝国主义文化侵略;1925年五卅运动中,更与厦门人民一道开展持续三个月的斗争。在这基础上,1926年1月底,中国共产党厦门地区第一个支部在厦大诞生,书记罗扬才。自此,厦大师生和厦门人民的革命斗争在党的领导下,进入到一个崭新的阶段。从1926年秋迎接国民革命军入闽,到1927年春抗击国民党反动派叛变革命;从济南惨案之前反抗日本侵略国权,到"九·一八"事变之后赴粤赴京请愿等,厦大师生在厦门以至全省,都成了革命的先锋。

三、在烽火中苦读

20世纪30年代初,资本主义世界爆发了空前惨烈的经济危机,陈嘉庚在南洋的企业受到惨重打击,最后被迫收盘,使得经费仰给于陈嘉庚的厦门大学陷入困境。从1930年至1936年,虽然厦大师生同心同德,争取各方援助,并一再裁并院系,但经费依然十分拮据,陈嘉庚万不得已具函请求政府接办。1937年7月1日,南京国民政府决定将私立厦门大学改归国立,7月6日简任著名物理学家、清华大学教授萨本栋博士为国立厦门大学首任校长。翌日,"七七"卢沟桥事变爆发,日军大举入侵,严重国难突临。

年仅35岁的萨本栋受命于危难之际,数日内就把清华大学教授一职交卸完毕,离开北平,先抵南京,再到厦门,29日接收完竣,正式视事。9月3日,日军袭击厦门,我军奋起抵抗,厦大校址逼邻炮台,位于火线之中,学校乃于4日暂迁鼓浪屿,借用英华中学及毓德女校部分校舍上课。

但是,地处海防前线的厦门、鼓浪屿,终非久留之地。萨本栋当机立断,决定将厦大迁往闽西山城长汀,以保证抗战期间教学不致中断。学校当即先将重要图书、仪器装箱内运,师生则于12月下旬全部内迁。经20天长途跋涉,于1938年1月17日在长汀复课。5月,厦门不幸沦陷,厦大演武场校舍被日寇炸毁。嗣后,日机又时常骚扰长汀。师生们切齿痛恨日寇的暴行,更加发愤勤教苦学,全校上下团结一心,使厦大在抗战的艰难环境中,得以不断发展。

教学机构方面,改归国立前因经费困难裁并院系,全校只设文、理、法商三学院、九学系。改归国立时撤销法律学系,原法商学院改名商学院;同时增办土木工程学系,暂附理学院内。1940年9月学校增设机电工程学系,理学院因之改称理工学院;10月,原福建大学法学院划归厦大,下设法律、政治、经济三系,商学院商业学系则划为银行、会计二学系。1944

年 8 月,理工学院增设航空工程学系;1945 年 7 月,文学院增设外国语文学系,法学院增设司法组。至抗战胜利前夕,全校共设文、理工、法、商四个学院,中文、外文、历史、教育、数理、化学、生物、土木、机电、航空、法律、司法、政治、经济、银行、会计等 16 系(组)。

随着教学机构的发展,在校生数也逐年增加,由 1938 学年度的 284 人增至 1945 学年度的 1044 人。其中新办的工科发展最快,三个系在 1945 年生数达 427 人,占全校总生数的 41%。专任教师人数迁汀初期仅 46 人,其中教授、副教授 22 人;到 1943 学年已发展到 94 人,其中教授、副教授 51 人。著名的专家、教授谢玉铭、傅鹰、朱家炘、陈世昌、黄中、刘晋桎、李笠、余謇、李培囷、林惠祥、虞愚、汪德耀、黄苍林、顾瑞岩、陈超璧、陈烈甫、何炳梁、黄开禄、肖贞昌,以及著名的马克思主义经济学家王亚南,都先后来校任教。

校舍方面,刚到长汀时只有孔子庙及行署的部分房屋,1939 年即扩展为三大院共约 20 座堂舍、教室。随后,学校向政府申拨虎背山南麓旧中山

厦门大学长汀临时校区旧址

公园一大片荒地，数年间陆续兴建各类教室、阅览室、实验室、宿舍数十座，以及足球场、篮球场、大膳厅、蓄水池、发电厂等体育、生活设施，又在东门外及龙山麓分别建成第三、第四、第五教职员宿舍共十余座，并扩建了厦大医院；与原来孔子庙周边的三大院落联成一片，几乎占据了半个长汀城，使千余名师生得以安心求学和工作。

抗战期间，烽火遍及神州大地，长汀虽屡遭敌机空袭，但相对来说较为安定。厦大师生对此十分珍惜。而新入学的学生多数又是清寒好学子弟，他们都以能考入厦门大学为荣为幸，入学后自是勤勉学习，发奋攻读，务期求得真正的学问。学校方面则采取充实师资力量、加强基础学程、增设专业课程、严格考查考试等措施，狠抓教学质量，特别是教授、副教授全力教课，对提高学生的程度起到决定性的作用。

在萨本栋校长和全校师生共同努力下，抗战期间的厦大，教学质量迅速提高。1940年8月，国民政府教育部举行首届全国专科以上学校学生学业竞试，按获奖人数、获奖系数与每人所需经费数所占比率评定，厦门大学均名列第一。1941年第二届全国学业竞试，厦大再居首位，蝉联冠军。

厦门大学成绩斐然，吸引了许多中外人士前来参观。1944年春，英国纽凯索大学教授雷立克到中国考察战时高等教育，在重庆闻厦大之名，不远万里，特地来汀。当雷氏尚在汀时，美国地质地理学家葛德石也接踵而至。他们通过参观、访问、考察，对厦大备极赞扬，葛德石氏且谓"厦大为加尔各答以东之第一大学"。

四、与恶势力抗争

正当厦大校誉日隆之际，1944年4月，萨本栋校长接到美国国务院关于赴美讲学的邀请，乃暂时放下浩繁的校务，于5月12日启程赴美，校政由理工学院院长汪德耀教授代拆代行。在美讲学期间，为厦大操劳过度积劳成疾的萨本栋旧病复发，接连三次向教育部提出辞职，全校师生一再致电恳留，但萨校长辞意甚坚。

1945年8月14日，日本宣布无条件投降，苦战八年赢得最后胜利的中国人民，在战后热切向往和平民主，急切盼望祖国从此走上独立富强之路，老百姓从此过上安定自由的日子。厦大师生员工跟全国人民一样，大家决心进一步发扬优良校风，在和平民主的环境下，将厦大办成"南方之强"。就在这时，国民政府行政院正式批准萨本栋辞职，并于9月19日任命代校长汪德耀博士为国立厦门大学校长。

汪德耀接掌厦大后,立即抓紧学校复员厦门的各项工作。他一方面亲自到重庆,出席全国教育善后复员会议,争取搬迁经费;一方面组织人员到厦门,着手修复演武场校舍,安排师生及图书、仪器的运送。考虑到1945

陈嘉庚任"南侨总会"主席号召新加坡华侨支持祖国抗日

年度招收的新生直接到厦门报到注册为宜,学校在鼓浪屿设立了新生院,由周辨明教授兼任院长,于12月正式开课。校部及二、三、四年级旧生则延至1946年6月,才开始迁返厦门。

正当学校从长汀迁回厦门演武场校址时,全国内战爆发了,师生们对和平民主的美好希望破灭了。

由于厦门交通发达,与全国各大城市及南洋、香港联络方便,各方面的消息纷纷传来,真相很快就弄清楚。原来全国内战是国民党当局发动并挑起的,其目的是为了消灭抗战期间与敌人浴血奋战的共产党及其领导的人民军队,以维持其独裁专制统治。这不能不激起厦大师生的无比义愤。

这时,从南洋传来了厦大创办人陈嘉庚反对内战的消息,他以南侨总会主席名义,于1946年9月7日致电美国杜鲁门总统等,吁请美国停止对国民政府的军事援助,"以使中国内战得以终止,人民痛苦可以减少"。该通电得到广大侨众及关心时局的厦大师生的拥护。

但是,美国政府中的某些人却坚持其反动政策,支持国民政府进攻解放区的侵华美军继续在中国横行霸道。1946年12月,驻北平的美军士兵竟然强奸北大女生沈崇。消息传来,厦大进步同学立即掀起抗议怒潮,并于1947年1月7日联合厦门双十中学等校,举行反对美军暴行的示威游行;接着,又在5月间响应京沪工人、学生的"反饥饿、反内战"运动,从5月17日起罢课三天。

为了对付全国日益高涨的爱国民主运动,国民党当局于5月18日颁布了包括严厉镇压措施的所谓《维持社会秩序临时办法》,5月20日制造了北平"西单血案"和南京"五二〇血案"。厦大同学闻讯,义愤填膺,决定自5月29日起再次罢课四天,6月2日举行示威游行。

岂料6月1日凌晨,厦门市当局突然派出大批军警,包围厦门大学,向汪校长提出一份所谓"鼓动风潮嫌疑"的13人名单,要进学生宿舍搜捕。汪校长虽据理反对,最后还是被带走三人。天亮后,消息传遍全校,群情愤激,当由校务会议推举教授9人,会同学生代表6人,急赴市政府,强烈要求黄天爵市长立即释放被捕的三名学生。经师生严厉交涉,厦门军警当局才将逮捕的学生释放。

进入1948年,中国人民的革命战争已由战略防御转为战略进攻,国统区的爱国民主运动更是蓬勃发展。1948年5月,厦大师生自治会在中国共产党地下组织的领导下,联合国立侨师及厦门各中学,果敢地冲破国民党当局"戡乱"中不许游行示威的禁令,于5月28日举行了声势浩大的"反对美国扶植日本抢救民族危机"的示威游行,对全省以至全国的运动起到积极推动作用。在这次爱国运动中,厦大的教授们也纷纷拿起笔来,与同学们携手并肩投入战斗,单在5月30日厦门《星光日报》"反对美帝扶日专刊"上,就有王亚南、林砺儒、卢嘉锡、吴兆莘、欧阳琛、李式金、林惠

20世纪50年代厦门大学校门

祥、徐元度、熊德基、方锡畴等10位教授,发表了激烈的檄文。

1948年下半年,在政治上、军事上不断遭到失败的国民党反动派,加紧对人民进行敲骨吸髓的盘剥和压榨,造成国统区的经济日益崩溃,原已上涨数千倍的物价因之更其飞涨,公教人员生活之困苦,惨不堪言。7月初,厦大机电系讲师林士骧在物价高压下突然发疯;9月间,厦大学生赖以活命的平价米,又因国民党当局实行所谓"币制改革"发行所谓"金圆券"而被取消。两个月后,教育部更停止拨给学校经费,全校师生开始濒临断炊。为了活命,厦大学生和工友组织起救饥委员会,上街卖水、打石子、义卖,以微薄收入来维持生活。到1949年4月,忍无可忍的厦大教职员、学生、工友齐声怒吼了!他们在地下党的领导下,统一行动,掀起空前的罢教、罢课、罢工的"三罢"斗争,进一步摇撼了国民党的反动统治。

在与恶势力抗争的同时,厦大学生一本求学的初衷,发扬好学的传统,对课业倍加努力研习。学校在经费极端困难的情况下也积极谋求发展,于1946年增设海洋学系;1947年增设国际贸易学系;1948年7月又将机电工程学系的机械、电机两组独立成系,理工学院也因之分设为理、工两学院;全校扩展到五学院十九系(组)。许多名教授、名学者也相继应聘来校。除上面提到者外,尚有唐世凤、郑重、杨东莼、郭大力、洪深、叶蕴理、丁履德、简柏敦、寿俊良、尤崇宽、古文捷、胡嘉谟、黄兰孙、庞勋、陆季藩、谢兆熊、李兆民、郭一岑、汪西林、安永瑞等。

1949年4月,人民解放军强渡长江天堑,国民党军全线溃败,南京、上海随即解放。厦大乃将学期提前于5月间结束。学生中的地下党、团员分批进入各游击区,参加武装斗争。留校的师生则组织应变委员会,以保护学校,防止外力侵入。8月底,福州、泉州相继解放,厦门局势更趋紧张。8月31日夜,全副武装的宪警、特务包围厦门大学,逮捕了11名师生、工友,随后又搜捕了数名学生。9月,国民党驻军总部强占了厦大演武场校舍,留校师生被赶到鼓浪屿集中监视。

尽管受尽迫害,厦大师生仍不屈不挠与国民党反动派斗争。就在那黑暗的牢狱里,在那艰危的游击战争中,厦大八名优秀儿女——金家泰、陈庚申、张逢明、陈炎千、修省、周景茂、陈绍裘、应家骧,为中国人民的解放事业,先后献出了他们宝贵的生命。

(洪永宏)

附录1：厦门大学 1921—1937 年院系沿革简表

1921年	1922年	1923年	1924年	1926—1928年	1930年	1933—1937年
师范部（文科）	文学部	文科	国学系 外国语文系 哲学系 历史社会学系	文科：— （文学院雏形）	文学院：中国文学系／外国语文系／哲学系／社会学系／历史系	文学系（含外语组）／历史学系（文学院）
师范部	新闻学部	新闻科	新闻系			
师范部（教育部）	教育学部	教育科	教育系	教育科：教育原理／教育方法系／教育心理系／教育行政系	教育学院：教育原理／教育方法系／教育心理系／教育行政系	教育学系
商学部		商科	政治经济系 商学系	法科：政治学系／经济学系／法律学系 商科：商业学系／会计学系／银行学系	法学院（法）：政治学系／经济学系／法律学系 商学院：工商管理系／会计学系／银行学系	政治经济学系／商业学系（商学院）
理学部（理科）		理科	算学系／物理学系／化学系／植物学系／动物学系	理科：—	理学院：数学系／物理学系／化学系／植物学系／动物学系／天文学系	数理系／化学系／生物学系（理学院）
	工学部	工科	工程系	工科：—		土木工程系

【19】

附录2：厦门大学1937—1949年院系沿革简表

1937-1938年	1940年	1944-1945年	1946-1947年	1948-1949年
文学院 文学系（含外语组）、历史系、教育系	**文学院** 中文系、历史系、教育系	外文系		**文学院** 中文系、外文系、历史系、教育系
商学院 经济系、商业系	**法学院** 法律系、政治系	（增设司法组）		**法学院** 法律系、政治系
	商学院 经济系、银行学系、会计系		国贸系	**商学院** 经济系、银行系、会计系、国贸系
理学院 数理系、化学系、生物系	**理学院** 数理系、化学系、生物系		海洋系	**理学院** 物理系、化学系、生物系、海洋系
土木系	**工学院** 土木系、机电系	航空系		**工学院** 土木系、机械系、电机系、航空系

（原载《厦大七十年（1921—1991年）》，厦大校史编委办公室编。

清末民初厦门的书院

一、书院的性质和制度

书院的设立，是专以培养科举的人才为目的。清代的科举制度，是以四书（《大学》、《中庸》、《论语》、《孟子》）五经（《诗》、《书》、《易》、《礼》、《春秋》）作为取士的标准。清末虽曾改用策论经义为考试内容，但为期甚短，科举便停止了。

二、书院概况

书院是由官厅提倡，向人民募款而设立的。书院的名称，虽说是代表学校，实则没有教师讲课，没有教学设备，只延聘一位科名较高的老师称曰"山长"，每年束金约400元，每月出一、二次课题。学生分新、旧生两种，新生是未进秀才的童生，旧生是进了秀才的，各做八股文呈交，由山长评阅后，于每篇考卷贴一小条评语，评其优劣，列定甲、乙，榜于院外，新、旧生各一榜，每榜约三四十名。各有奖金，名曰"膏火"（即助其油火读书之费），不过数钱银，以次递减。除山长课题外，兴泉永道、厦防分府每月亦各课题一次。每年春初，首次由兴泉永道课题，名曰"观风"。考"观风"者，可在院外作文交卷，有时亦在院内考试。"观风"榜上有名，才得参加月课考试。但考"观风"时,一人可化多名投考。落第的人,须再请补考,候补考录取以后,才得参加月课。山长就职之后,新、旧生要拜见山长,呈送贽仪约一两元。

书院设有宿舍,供学生住宿,名曰"住斋"。在院的学生图书院舍清净,可专心研究八股、五言,且每月得早见课题,缓交考卷。自得膏火,可以补助费用。书院设立时,由官厅聘请地方绅士若干人,作为书院董事,分总董和董事等,管理财产和事务,并雇院丁一、二人,担任院中勤务。

书院中祀奉朱子和文昌帝君。每年春秋,请官厅致祭朱子,行三献礼。祀一猪一羊并备有筵席,凡进过秀才的都可来饮宴。以后改祀孔子,用太牢礼一牛一猪一羊祭祀。每月朔日,由官厅行拈香礼拜文昌。八月初三日,由各董事致祭文昌诞辰。每年中举行有功于书院的官厅和绅士的禄位诞辰纪念,行祭祀宴席。

厦门书院有三,分述如下:

1. 玉屏书院

玉屏书院在清初为义学,管理乏人,鞠为茂草。1685年,将军吴英建文昌殿,又建小屋1间,后为僧人占据。1751年,水师提督倪鸿范与兴泉永道白瀛,厦防分府许逢元,绅士黄日纪、林翼池、刘承业、廖飞鹏等共谋设学,驱逐僧徒,迁佛像,劝绅士募金2000有奇,于文昌殿右辟地盖讲堂1所,聘山长掌教。其旁建8间学舍,供诸生住宿。考列优等得住院内,领膏火费。后因生数骤增,学舍不足,黄日纪复买文昌殿右侧瓦屋20余间,建崇德堂、芝兰室、漱芳斋,以充学舍。1788年,巡道胡世铨,致力文化,购置经、史、子、集和九通等万余册,存贮院内,以供学子阅览。1813年巡道多麟苾任,发觉书院费用浮滥,厅胥挪移,亏银1000两,书籍散失。斋长凌翰,禀请彻查捐补,饬厦防厅清理。经同知叶绍棻、薛凝度先后谕董事林云青等12人,劝募洋银2400余元,修理书院、立碑。除费用外,合前共存厦平银6001两8分,存放典铺生息。

1831年,周凯为兴泉永道,提倡文化事业,聘地方绅士10余人为董事,聘请山长,每月课题,为学子作文。在八股时代,所课的题都是四书章句。1901年改用策论课题。如《韩文公原道书后》、《留侯圮上受书论》、《孟子民法上之思想》、《管子之功利主义》、《苏格拉底与柏拉图两西儒之学理》等等。兴泉永道厦防分府每月亦参加课题,评定甲、乙约三四十名,榜贴院口,各有奖金。由官厅绅士募捐基金,以垂久远。

兴泉永道玉贵和玉屏书院各董,筹备开办厦门中学堂。时玉屏书院董事叶大年（瀚林）、陈纲（进士）为总董，吕澄、黄瀚、王步蟾、周殿修、周殿薰、周麟书、王人骥、余焕章（以上举人）、柯荣试（拔贡）、刘培元（贡生）、黄必成、王义方、杨式古、王步瀛、吴乃志、肖觉种、黄世铭（以上秀才）等为学堂董事（即以原有书院董事改为学堂董事）。公举周殿修为监督（即中学校长称为监督），拨玉屏书院经费400余元为学堂经费。并由安南（今越南）侨商王蔼堂捐资一万两银为学堂基金。另购置小业一间，文学堂出租，为每年7月5日举行王蔼堂先生捐资办学纪念诸费，并制歌词："树人谁具百年心，王君义闻垂儒林。郎口峨峨汾水深，合写高韵和瑶琴。"1906年，书院正式改为中学堂。

2. 紫阳书院

厦门原无马路，道路崎岖，厦港人士要来往考玉屏书院的月课，苦于道路跋涉困难，便呈请设在厦港的厦防分府公署设立书院，以便士子。

清初原有紫阳书院，设在西门外朝天宫后，规模狭小。1891年移厦门港厦防分府附近。1724年，厦防分府冯鉴扩大规模，又于大门两旁厢房建筑山店两间，月收租金备膏火之费。所因管理乏人，生徒日少，遂被不法之徒，占为畜牧牛马之所。1781年，厦防分府张朝缙捐俸提倡，修理院舍，焕然一新。

1845年，因经费无着，书院停顿。1880年复旧。其山长束金与月课膏火诸费，由玉屏书院合办。紫阳书院山长，亦由玉屏书院山长兼任。至1900年，另聘王步蟾（字金波，厦门举人）为紫阳书院山长。至1905年，废科举，山长停聘。1911年改设紫阳小学。

3. 禾山书院

因厦门城郊没有开辟公路，交通不便。禾山人士要到厦门玉屏、紫阳书院投考月课，感觉非常不便。1805年，禾山各乡人士呈请厦防分府创办书院于禾山后院社。因经费不继，工程中断，延至1861年始全部落成。初名安睦书院，因经费无着，开办1年即告停顿。1885年，禾山各乡人士呈请厦防分府向禾山华侨捐募经费，重新修建院宇，改称禾山书院，聘请玉屏书院山长兼任禾山书院山长。最末一期的禾山书院山长聘请紫阳书院山长王步蟾兼任。至1905年，废止科举，山长停聘。1913年禾山华侨黄瑞坤在禾山书院院址创办禾山甲种商业学校。

（余少文）

厦门第一所公办中学：省立十三中

一、从玉屏书院说起

玉屏书院位于玉屏山麓，即今厦门第五中学玉屏校内。据《厦门志》载：清康熙二十四（1685年），将军吴英在明代义学旧址建文昌殿、萃文亭；后户部郎中雅奇建集德堂和学舍，为士子课文场所。

乾隆十六年（1751年），水师提督倪鸿范与兴泉永道白瀛，厦防同知许逢元，绅士黄日纪、林翼池、刘承业、廖飞鹏等，共谋创建"玉屏书院"，在文昌殿右辟地盖讲堂一所，斋庑八间，聘进士蓝应元出任山长。此为官办书院之先。嗣因生源骤增，学舍不足，膏火

清道光玉屏书院图

之费亦缺，绅士黄日纪等捐银元 3000 余两，扩建崇德堂、芝兰室、漱芳斋等学舍。

除了在校舍营建方面广募巨资，玉屏书院的教书育人事业也同样得到当时厦门社会各界的高度重视。乾隆十八年（1753年）《玉屏书院碑志》见证了两三百年的沧海桑田，也展示了玉屏书院及其悠久的历史。

乾隆五十三年（1788年），新任兴泉永道胡世铨为玉屏书院购置经、史、子、集和"九通"等书万余册，存贮院内，供学子阅览。并饬厦防同知黄奠邦清查书院经费开支，重订章程，录朱熹《白鹿洞学规》，陈桂林《学约》十则，与章程并刊成帙，教育学子。

道光十一年（1831年），兴泉永道周凯聘地方绅士十余人任书院董事，延请山长，每月课题，为学子作文。课题都是《四书章句》，教材以经文为主，教学用语文白异读并用。兴泉永道、厦防分府每月亦参加课题评定、发榜，奖金则由官厅、绅士捐献。

光绪七年（1881年），曾兆鳌编成《玉屏书院课艺》，以此作为书院教材，内容主要选自《大学》、《中庸》、《论语》、《孟子》等儒家经典，以适应科举考试的需要，使书院成为嘉禾（厦门旧称）学子汇聚之地。

玉屏书院集德堂与老榕树

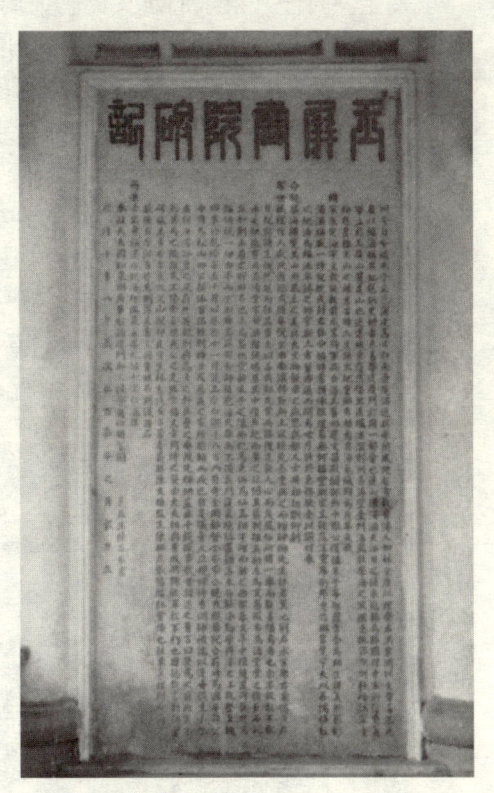

玉屏书院碑记

二、走向公立学校的第一步

光绪三十二年（1906年），兴办学堂的风气已遍及全国。时任兴泉永道玉贵和玉屏书院各董事筹备开办厦门中学堂。由玉屏书院董事太史叶大年（翰林）、陈纲（进士）为总董，以吕澄、黄瀚、王步蟾、周殿修、周殿薰、周麟书、王人骥、余焕章（以上举人）、柯荣试（拔贡）、刘培元（贡生）、黄必成、王义芳、杨式古、王步瀛、吴乃志、肖觉钟、黄世铭（以上秀才）等为董事，成立了"厦门中学堂董事会"。董事会决定从原玉屏书院经费调拨400余银元充当创办学堂的经费，并经王义芳的介绍，得到安南（今越南）侨商王蔼堂（王隆惠）慨捐白银一万两，作为维持学堂的经常费基金。时任兴泉永道姚文倬聘请周殿修为监督（学堂堂长），周殿薰为监学兼国文、史地教员。至是，官立厦门中学堂于农历四月初四日正式开学。第一届新收学生40余名，分成两班，曰正斋班和备斋班，学制五年，全年学费12银元。厦门中学堂的教育宗旨，注重德育、智育、体育各方面的发展，特别是注重道德的教育。学习的科目有12种，以古文、修身、经学、历史、地理、算术、物理、化学为主科，兼以英文、音乐、体育为副科，每周上课36课时，成为厦门由中国人自办的第一所公立学校。

厦门中学堂开办的翌年，新任兴泉永道台聂元龙于履新接篆后不久，就前往中学堂视察学务，表示对新办学堂的关注。光绪三十四年（1908年）三月，新任道台刘庆汾到校考查，出题让学生考试，经评定成绩，甚感

厦门中学堂开校第二周，全校师生与来宾合影

满意。这一年，生徒增至300多人，分为6个年级。据宣统三年三月五日《汉文台湾日日新报》厦门通讯的报道，当年厦门的16所中外书院中，"官立中学堂"罗列榜首，生徒数最多，成绩最优秀，学生达400余名，于是再添丙、丁、戊、已共计6班。又增筑校舍、室内操场和露天大操场。教师有周殿薰、黄瀚、谢多马、济煦、陈天恩、吕少猷、柯伯行、陈寿生、蔡文鹏、锡蕃、周永镇等。

民国元年（1912年），中华民国成立。新政府实行学制改革，初中四年，高中二年，取消学堂名称，改为学校，学堂监督改为校长，聘台籍举人王人骥（选闲）为首任校长。课程设：修身、国文、英文、历史、地理、数学、博物、物理、化学、法制、经济、图画、手工、乐歌、体操。

未几，王选闲辞职，聘吕锡敬继任。奉令改校名为"思明中学"，经费仍由玉屏书院公产收入拨充。几个月后，吕锡敬辞职，复聘王选闲任校长，教员有徐屏山、徐蕴山、马大庆、陈大弼、陈桂琛、钟文英等。至于经费，一直到民国三年（1914年）始由省府划拨，每年1200银元。

三、福建省立十三中学

民国六年（1917年），省议会议决将全省中学一律收归省立，由省库拨款充实经费发展校务。省长胡瑞霖执行议案，在全省各地共设立十三所中学。厦门思明中学奉令改为"福建省立第十三中学"，委派黄琬为首任校长，学校经费概由省库支付。

黄琬校长在福州订做各种教学用具托运厦门，充实教学设备。接任后修理校舍、改建校门，学校面貌大为改观。与此同时，聘请吴春元专任教务，周殿薰、潘翔墀、王逸云等为教师，黄吉甫任庶务，吕锡防管理图书兼会计。

校长黄琬重视学生全方位发展，特别是技能素质的培育，鼓励学生参加各种社会活动，成立"福建省立十三中学生爱国会"、组织军乐团、建立童子军、开设暑期义务学校，鼓励学生参加厦门通俗教育社的活动和校内外各种社会实践，拓宽视野。民国八年（1919年）5月5日，响应北京大学发起的五四爱国运动，在黄琬校长的领导下，全校学生和教职员工200余人，手执"打倒卖国贼曹汝霖、陆宗舆、章宗祥"、"废除卖国条约"、"收回青岛"旗帜，高呼口号，浩浩荡荡出了校门，上街示威游行。经司令部出南门、桥亭街、仁安街、刮狗墓、塔仔街、五崎头、义和街、崎头宫、泰山口、镇邦街、港仔口、石埕街、火烧街、关仔内入西门返校。游行结束后，发电北京政府，要求"立即释放爱国学生并严惩卖国贼曹汝霖、陆宗舆、章宗祥，以平公愤"，并致电巴黎我国专使王正廷、顾维钧坚决拒绝签约。16日下午二时，省立十三中学与各校学生集合在同文书院操场开会，继续声援北京学生的爱国运动，会后上街游行，沿途散发各种传单、宣言，高呼口号。

省立十三中学期间，学制再次改革，采用"三三"制，也就是初中、高中各三年。校长制改为委员制，委杨山光、杨展伦、吕炳水、庄观澜、林德曜、张伯炘、李伯端等任委员共理校务。民国十七年（1928年）恢复校长制，委杨展伦任校长。翌年1月，杨展伦奉调。委林荫南继任校长，于其任内奉教育厅令更名为"福建省立厦门初级中学"，学生180余人，教职员32人。任内行将毕业有旧制四年及新制三年各一班，两班合计44人。

林荫南，福州人，因粗暴对待学生，无端解散学生会，随意开除学生导致学潮。学潮自3月29日至8月12日结束，罢课长达140余天。也就在学潮结束的这一天，林荫南被撤职，继任校长李增扬，国立北京师范大学毕业，原任省立第一中学教育主任。11月20日出版的《厦中学生》第一期标明为"学潮纪念号"，详述五个月学潮的经过。

翌年4月30日出版的《厦中学生》第二期，附有《本校全体教职员及同

省立十三中老校门

省立十三中老校舍

学录》，罗列教职员 27 名简历及二、三、四、五、六、七组各组学生名单，计 231 人。

李增扬任内，教职员有张复、吴子伯、刘正平、张止渊、甘白水、郑赞华、黄大涵、王书俊、吴南嵩、林杰士、林天柱、王学澄、黄阁辉、沈奎阁、曾天民、王瑞壁、吴有容、林文杰、邓世英、陈春木、颜乃卿、林学大、黄梅生、任萼荣、马鸿昇、陈能方等。

20 世纪 20 年代的厦门"省立十三中学"，是中共地下党活动的主要场所之一。培养了好多革命干群，可以说是革命的摇篮，其中最突出的是叶飞和方毅。

叶飞 5 岁时随父亲从菲律宾回到南安老家。民国十四年（1925 年），与他二哥叶启存一起来到厦门升学，先在中山中学就读后转学到厦门"省立十三中学"，校内有位数学老师是中共地下党省委秘书长，很赏识叶飞，开始有意识进行培养，吸收叶飞参加一些秘密革命活动。叶飞 14 岁就加入了地下共青团，还介绍二哥叶启存入团，建立了地下团支部，叶飞为地下团支部书记。从此，他与二哥走上了革命道路。

方毅，1916 年出生在厦门一个清贫家庭，早年父母双亡，由舅舅帮助，于民国十七年（1928 年）考入厦门最好的中学——省立十三中学就读，入学不久，校内中国共产党地下组织活跃的氛围深深感染方毅，他加入了党的外围群众组织——艺术团、读书会。民国十九年（1930 年）1 月，不足 14 周岁的方毅就加入了中国共产主义青年团，这成为他一生中红色的起点。翌年，15 岁的方毅，转为中国共产党党员，从事地下工作，方毅的家也成为地下工作的据点。马列主义的熏陶坚定了方毅的革命理想和信念，革命斗争的磨炼造就了方毅坚强的革命意志和胆魄。

叶飞司令员

方毅副总理

民国二十年（1931年）7月10日，福建省教育厅厅长程时煃下令李增扬调任为同安县教育局长，所遗厦门中学校长职务，委派同安教育局长庄奎章接充。庄奎章历任集美中学、大同中学教席，曾任莆田县教育局长。秋季新学期履职，移交在册学生175名（包括已转学学生），实际在校学生仅80余人。

新上任的庄奎章校长实行教导主任制，校长之下设教导主任1人，主持教务、训育事项，其余庶务、会计、文书等均直属于校长。聘请李锡爵、卢嘉锡、李克柔、虞愚、吴育、陈声锥、叶文炳、黄启丰、吴世华、方玮德、游介眉等为教员。

为建筑新学舍，庄奎章校长诚聘洪晓春、周醒南、杨子晖、黄幼垣、余少文、杨仲瑾、李绣伊、李伯端、郭景林、王选闲、马大庆、王迪吉等14人为学校建筑委员。未及一年，相继完成改建教室一座，重建校门一座。民国二十二年（1933年）7月，新建学生宿舍和新辟球场竣工，大大改善了校园景观。

由于教师教学水平和学生素质的提高，省立厦门初级中学越办越好，得到社会各界的高度评价。为适应社会的需求，民国二十一年（1932年）12月，省教育厅批准增设高中，改初级中学为完全中学。翌年7月12日，校名改为"福建省立厦门中学"。有一份统计材料显示，民国二十四年（1935年）3月，开办初中6个班，学生329人；高中2个班，学生48人，合计

1923年，省立十三中学第五届毕业生合影

377人；教职员男24人，女8人，这学期的经费共14010元。教师月薪最高120元，最低30元，平均65元。这学期毕业生数13人，其中女生2人。4月26日，新任教育厅长前来厦门视察省立厦门中学和省立厦门职业中学，决定停办职中，并将美头山的职中校舍和校产划归省立厦门中学，原职中校舍改建为省中学生宿舍，省中校园内原宿舍改充教室和实验室。其后，华侨巨商胡文虎捐款兴建科学馆也于民国二十五年（1936年）10月落成。胡文虎前后捐款8600元，学生家长捐款1004元。

抗战前夕，据《玉屏周刊》第65期《本校各组人数统计》：民国二十六年（1937年）3月在校学生为：高一组25人，高二组36人，高三组50人；初十四组39人，初十五组42人，初十六组60人，初十七组68人，初十八组甲班73人、乙班72人，升高班40人，升初班63人。全校484人，女生84人，合计568人。

民国二十六年（1937年）7月7日，全面抗战爆发。7月18日，奉教育厅令，"省立厦门中学"停办高中，改为"福建省立厦门初级中学"，原有高中归并龙溪高级中学，改委原省教育厅督学王启炜任校长。此时此际，省立厦门中学高一组刚好毕业，全体毕业生何恩典、庄汉卿等23人为感恩母校和校长庄奎章培育之恩，特在校内竖碑纪念。到了9月初，省立厦门初级中学宣布将搬迁安溪官桥，由于家长、教师、学生的反对，迁校计划未能实现，终告停办，奉令将图书仪器部分拨给省立上杭初级中学。

民国二十七年（1938年）5月13日，厦门被日本帝国主义占领，直到民国三十四年（1945年）8月15日，日本战败投降，抗战胜利，厦门光复，在省立厦门中学老校址复校。民国三十五年（1946年）9月，福建省教育厅委派崔钟英任校长，辜泗水任教导主任，林祖岳任事务主任。决定设高中、初中各一班（高中第四组和初中十九组），月底，开始招生，并恢复福建省立厦门中学校名。

民国三十六年（1947年）7月，改苏克惠任校长，陈洵阳任教务主任，辜泗水任训育主任。共分九级，生员数计493人。校舍、平屋、楼房各3座，面积9亩（6000平方米）。经费由省库支给。

1946年上半年省中复办时，校舍虎豹楼四楼仍被国民政府的宪兵占用。开学后，强占不搬，妨碍教学秩序，驻校宪兵还监视进步学生活动，引起进步师生的愤怒。隔年春季，在中共地下党组织领导下，地下党员黄协荣（烈士）等同学，发动全校同学驱逐宪兵，带领同学到国民政府厦门市政府大院内静坐请愿，迫使厦门市政府不得不同意宪兵迁出学校，驱逐宪兵活动取得辉煌胜利。

省立厦门中学复办后，传承与发扬革命优良传统，林祖岳、陈启贤两位老师分别于民国三十六年（1947年）8、10月先后参加中共地下党组织，在师生中传播爱国进步思想。国文教师童晴岚是中国民主同盟会的成员，他以自己创作的长诗《狼》为教材，揭露旧社会残酷剥削人民，是吃人的黑暗社会，启迪学生们冲破黑暗，迎接黎明的到来。他还和陈启贤老师在省中指导学生创办《拓荒》墙报，团结教育一批革命青年，传播民主革命思想，对学生进行革命启蒙教育。当年秋，作家许虹来到省立厦门中学教历史，散播革命火种，利用他主编杂志《明日文艺》，发表抨击美蒋反动统治的杂文，介绍解放区的情况；民国三十八年（1949年）春，在其主编厦门《星光日报》的"星星"副刊上，向同学们宣传革命思想。

虎豹楼旧址

民国三十七年（1948年）初期，中共地下党城工部厦门市委常委林华、许文辛先后为省立厦门中学地下党领导，培养教育进步同学，建立组织，发展地下党团员。翌年中期，中共地下党闽中游击队泉州团队厦门工委书记杨梦周到省立厦门中学任教，以历史教员为掩护，开展"反饥饿"、"反内战"、"反迫害"的学生运动。中共地下党员傅泮锋、魏平、黄顺水、刘海根、谢少华等，先后发动进步同学组织"咱们唱歌咏队"、"省中学生阅览室"、"冶铁学社"，创办《拓荒》墙报以及期刊《冶铁》和"民众夜校"。这些传播革命思想阵地，为迎接厦门解放做出可喜的贡献。在《福建省革命遗址通览》第3册中指出："省立厦门中学是厦门地区地下党领导较强的学校之一"，培养出大批革命骨干。

在玉屏书院原址的厦门第五中学

民国三十七年（1948年）后，省中中央党组织还动员几十位地下党团员和进步师生奔赴游击区参加解放战争，其后随解放大军解放厦门，参加军管会接收国民政府政权的工作。

随着革命形势的发展，解放前夕，中共地下党员的学生黄长芳、宋再得、廖渊镇、翁鹏飞、白成福、黄木生、李建树等，接受党的任务，或分赴惠安组建地下武装队，或到石码建立地下交通站，或到海澄策反警察局长起义，或冒着生命危险在市区的大街小巷张贴《中国人民解放军约法八章》告示和革命传单，大大动摇或震撼国民党反动派。

这一年的5月，福建省立厦门中学举行高四组毕业典礼。

1949年10月17日，厦门解放。厦门市人民政府接管福建省立厦门中学并进行改组，成立校务委员会，由原总务主任郭碧海任校委会主任。1950年2月，委许曼为校长。7月15日，廿一组举行毕业典礼。1951年2月，省立厦门中学与市立厦门中学合并，校名厦门第一中学。1955年6月，厦门第一中学有38班，学生2039名。原玉屏书院院址已无法容纳，适应不了教育发展的新形势。9月，厦门第一中学师生一分为二，一部分迁入今文园路新校舍，定名为"福建省厦门第一中学"，委周乔林任校长；一部分仍在原玉屏书院校址，定名为"福建省厦门第五中学"，委苏珍辉任校长。

（陈　方　刘　扬　陈阔生　孙秋霞）

早期中美合办的同文书院

厦门同文书院起先由美国驻厦门领事巴詹声（A. B. Johnson）倡办，但经费由厦门富商承担和自华侨募捐，是一所中国人掏钱请美国人办学的中美人士合办的学院。自1898年3月开办，至1941年12月太平洋战争爆发被日本帝国主义封闭，前后存在44年，有43届的高中毕业生和47届的初中毕业生，校友数以万计，分布地区很广，国内的福建、广东和台湾、港澳地区，以及海外的菲律宾、新加坡、印尼、缅甸、越南、泰国的一些大城市，都有同文的校友，还有少数侨居美国、英国和法国，其中有些校友是社会活动家、企业家和华侨领袖人物，是近代厦门一所在华南地区和东南亚甚负盛誉的学校。

同文书院存在的44年间，大体上可分为三个阶段，从1898年到1926年，是美国人主持校务的阶段；1926年7月北伐以后，反对帝国主义文化侵略的浪潮日益高涨，各地纷纷开展收回教育权的斗争，同文书院也由中国人组成的校董会收回自办，改称同文中学，这是另一阶段；1938年厦门被日本占领前，同文迁移鼓浪屿公共租界，恢复书院名称，聘美国驻厦副领事欧德福兼任院长，未几，欧德福介绍美国牧师卜显理充任。自是，标榜与宗教无关的同文，与基督教搭上关系，开设宗教课程，这是最后阶段。本文叙述从1898年到1926年这一时间段的同文书院。

一、巴詹声倡办同文书院

　　1842年中英《南京条约》签订后，厦门被迫开放为五个通商口岸之一，在外国侵略者进行军事、政治、经济侵略的同时，传教士也随之涌进厦门，以创办学校、医院推动传教。在巴詹声倡办同文书院之前，先后在厦门设立的教会学校，已有英国教会的观澜圣道学院、福音小学（即福民小学的前身）；美国教会的浔源书院、毓德女子学校、养元小学等等。然而那时候的老百姓大多不拜"洋教"，也不愿让子弟进教会学校读书，怕被洋化。

　　甲午中日战争中国惨败，彻底暴露了清政府的腐朽无能，1898年前后的变法维新运动轰轰烈烈地展开，废八股、办学堂、学习西方文化的呼声，响彻全国。驻厦门的美国领事巴詹声，利用中国舆论"求新"愿望的时机，拜会兴泉永道台杨执中（字子权），提出美国人要办一所与宗教无关的学堂，专门介绍西方的进步科学，为中国培养人才，帮助中国维新自强。他的倡议得到杨执中的支持，经过几次商议探讨，定校名为"同文书院"，组织同文书院董事会，巴詹声和当年的厦门海关税务司穆好士任正副董事长，聘叶清池、邱华绕、邱振祥、付孚伯、陈阿顺、陈北学为董事，负责筹集办校经费。

　　同文书院首届华人董事叶清池是菲律宾华商巨富；邱姓两人都是今海沧区新垵乡望族，海峡殖民地富侨；付是德记洋行买办；陈阿顺是本地绅商；陈北学是台厦郊商。学院开办后，院董事会不断扩大，厦门的富商、绅商林尔嘉、黄仲训、黄奕住、黄庆元、黄秀烺等全都被延聘为董事。

　　1897年冬，巴詹声选择在

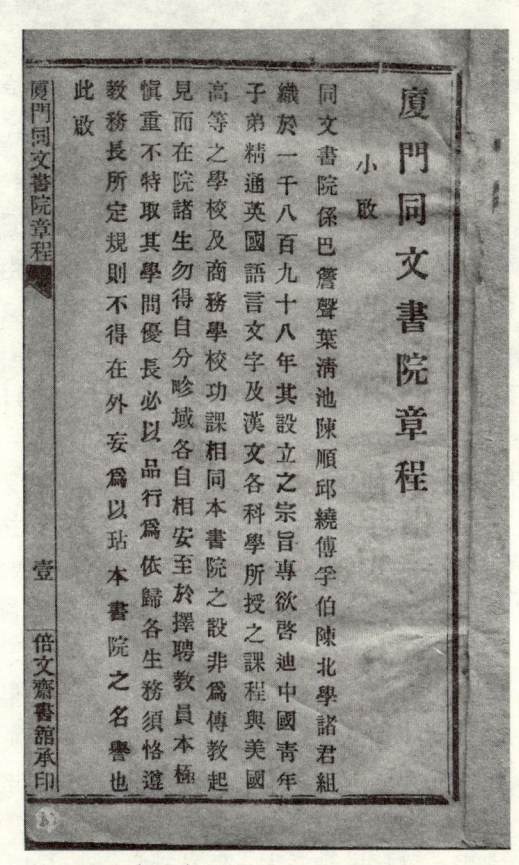

同文书院章程

1915年，同文书院董事叶清池与部分老师合影

寮仔后日本东亚书院的对面租赁一座民房当作临时校舍，于1898年3月12日开始上课，以"美国哥伦比亚大学中国厦门同文书院分校"的名义在美国立案。1922年在望高石顶兴建校舍，由美国医生、传教士兼建筑师郁约翰（Ghon Otle）设计。其中"清池楼"、"秀娘楼"、"奕住楼"分别由他们三人捐资兴建。

  同文书院开办的第一学期，只有41个学生，第二学期增至92人，1899年为180人，1900年为201人。学生大多数来自从事对外贸易的家庭，也有富家子弟和华侨子弟，还有来自台湾和广东省潮汕以及泉州、漳州等各县的官家、富家子弟和侨眷。有的学生上学时带着童仆，有的甚至乘坐肩舆。每年学费22银元，寄膳费3~5银元，寄宿费25~50银元，可以说是"贵族学校"。杨执中的儿子和水师提督衙门的师爷鲍诚衷的儿子，也是这个时期入学的。1900年间，日本趁八国联军攻进北京之际，纵火自焚山仔顶东本愿寺，制造"教案"，并以此为借口调遣军舰侵入厦门港，派水兵登陆驻扎通衢大道，又架大炮于望高石顶上，厦门形势顿时紧张起来，商店停业，居民闭户，中国学堂也休学，唯独同文书院因为挂美国旗，照常上课。据说当时有个日兵误入同文书院，学生奔告院长韦荼荠，韦闻讯追出来，日兵见到洋人，回头逃跑。自是以后，颇有人认为在同文书院上课

1922年，同文书院在望高石顶兴建校舍

安全有保证，于是1901年生数骤增为201人。又因同文书院毕业或肄业的学生，可由美国院长介绍谋个"洋饭碗"；倘若想出国到菲律宾，只要美国院长写张条子，持往美国驻厦领事馆，没有拿不到赴菲护照的。这样，使同文的生数大大增加起来了。1903年，书院给第一届毕业生颁发证书。《厦门海关十年贸易报告（1902—1911）》提到厦门的教育情况时写道：同文书院"在本地各校中是学生出勤率最高和最受尊敬的"。1920年院方公布，当年生数达409人，跃居厦门各院校之冠。

巴詹声后来离开厦门，调到菲律宾任职，在他晚年退休回国之前，还特地前来厦门探望他手创的同文书院，表示无限"关心"。他曾经会见一些中国教师，讲述他倡办的同文书院，目的在于与日本的东亚书院争夺年青学子。原来，日本从清政府手中攫取台湾，得陇望蜀，又把侵略的触角伸进厦门。1897年间，日本在寮仔后（今晨光路）创办一所东亚书院，培养亲日分子，作为它向中国华南地区扩张侵略势力的代理人。而巴詹声倡办的同文书院，并故意租赁东亚书院对面为校舍，其目的也就在于让厦门年青人亲美不亲日。

二、经费来源

同文书院的经费来源有五个方面：

一是董事会的董事们掏腰包。为此，同文书院扩大院董事会组织，凡是厦门地方上的富商豪绅都延聘为董事。巴詹声在《厦门同文书院沿革》一文里坦言："同文开办时一切经费都是叶（清池）君等负责，后更蒙中国富有远见的其他绅商……亦乐为本院董事"，"而南洋华侨，尤其热心赞助"。1922年新校舍建成后之所以分别命名为"清池楼"、"秀烺楼"、"奕住楼"等等，也正是厦门的中国董事捐款的证明。

二是向华侨募捐。韦荼荠和吴禄贵任院长期间，数度到菲律宾、新加坡、印尼各属向华侨募捐，尤其是菲律宾，韦荼荠前后去过五六次。这些地区的华侨，有不少是同文书院的校友，并在当地组成校友会。韦荼荠、吴禄贵赴南洋募捐，主要以同文校友为对象，并通过校友请当地的富商巨贾慷慨输将。例如有一次到菲律宾，单是校友、侨领李清泉经手的捐款，就达20万元菲币；又如到印尼，曾经由在井里汶经营土产的德丰行老板钟锡照出面协助筹款数十万荷盾。韦荼荠赴南洋募捐，常带郑培敏（同文书院教务，厦门交涉员郑霁林之子）偕行当翻译。有一两次，也曾由韦荼荠的得意门生邓世熙（在同文任教30多年）代表出洋募捐。

三是以筹捐同文书院常年经费为名，由驻厦门的美国领事馆规定：凡赴菲律宾的华侨，不论是新侨、旧侨，每张护照附加大洋2元，其中50%称作检验费，50%拨充同文书院基金。自是以后，成为定例。

四是提高学杂费。同文书院的学杂费，比别个学校高达二三倍。学费根据年级的不同，每学期从大洋12元到24元。杂费有书本费、簿籍费、实验费、体格检验费、补考费（学生每补考一科，需交大洋2元）、制服费等等，合计每学期约需大洋50~60元。寄膳每月大洋3~5元，寄宿每月大洋25~50元。书本、簿籍、文具、制服，都统一由书院里的商店代办，一概不能在市上购买。毕业拿文凭，也要交文凭费，说是用美国特制的羊皮布印制的，开初一张大洋4元，后来一直涨到大洋8元。

五是临时性募捐。1915—1916年间，同文书院宣布兼办大学，在本市和东南亚一带进行临时性募款活动，根据笔者看到的一份募款清单，仅厦门就募得1.3万多银元，其中1000元以上8人，为叶崇禄（清池）3000元、邱世乔、吴颂三各2000元，叶崇华、黄猷炳、黄仲训、黄庆元（世金）、陈锡华各1000元。

海外华侨的捐款更为踊跃，印尼三宝垅共捐银 3.86 万元，其中黄青云独捐银 2 万元，黄奕住、郭河北各捐银 5000 元；印尼泗水的王振煌也捐银 5000 元，其他 500 元、1000 元的有几十人。仅厦门和印尼捐款就达银 7.7 万多元。

不难想见，当年同文书院的经费是很宽裕的。

三、院长、课程和教材

同文书院的首任院长，称为毛尔先生（Mr More）。不久离职他去，由一个曾经当过船长和在厦门海关任过稽查员的顾伯尔（A. C. Cooper）接充。1900 年顾伯尔辞职返美，巴詹声改聘韦荼荠（C. G. Weei）继任。韦荼荠主持了 21 年的院政，一直到 1921 年才离开，带着同文书院名誉院长的头衔回美国去。继韦荼荠当院长的吴禄贵（Roy All Godi），原在埃及开罗的一所美国教会学校教书。1926 年冬，同文改由中国人的董事会自办，书院更名中学。

同文书院参照美国的教学方式，没有严格的分班制度。第五年以上的，采取某教师固定在某一教室，让学生自找教师上课的方式。同一个学生，第一节课在这班这一教室，而第二节课又属于另一班另一教室。它起初分为文法科五年毕业和高等科七年毕业，设置英语、英美文学名著、英语修辞课、算学、三角、几何、代数、天文学、物理、化学、政治学概论、万国历史、地理、地质学、商业簿记、商业法律、矿学、打字、身体学（生理卫生）等课程，学生可以凭自己的需要选修。而所有这些课程，都是采用原版英文课本，采用英语授课。

辛亥革命前夕，在民主革命浪潮的冲击下，部分学生和社会人士对于同文书院的美国学制表示不满，曾经发生过罢课风潮。院方不得不改变学制，分为英文、汉文两部，实行汉英并重，中西兼顾的教育方针，让学生任选一部或兼学两部。英文部有幼稚园班、小学班、中学班；汉文部有小学班、中学班。大学部有文、理两科。英文部的小学班四年毕业，中学班七年毕业。照韦荼荠的说法，凡在同文英文部小学、中学毕业的，相当于美国小学、中学毕业的程度。中学班成绩优良的学生，毕业后可直接升入美国哥伦比亚大学肄业。大学部文科仅有一个班级，只在每天下午全校放学后上课两小时。1921 年陈嘉庚先生创办厦门大学，同文书院的大学部于 1922 年停办。

同文书院的课本，除了非用中文不行的《四书》、《五经》、《古文观止》和唐诗、宋词之类外，其他各种教科书，最先是采用伦敦出版的"皇家读本"（Royal Reader）。1905年以后，中国人民反对美国排斥、侮辱华工，全国各地掀起抵制美货运动。美国为了收买中国人心，同文书院全部改用美国出版的课本。据了解，当时我国的商务印书馆早已出版了外国文学名著，书中附有中文注译，如《英文商业常识》、《英文商业文版备要》，而同文书院却舍近就远到美国采购原版教科书。

四、教师和学生

同文书院的师资，具有不同于其他学校的特点。改为中学以前的同文，规定以英语作为教学用语，因而它的师资通英语的占90%强，不懂英语的不及10%。通英语的教师有三个来源：

第一，是来自美国的教师，先后达40多人。除上文提到的几个院长外，有Coiolul（加勒不）、Sink（星咸和）、Ghon Atte（郁约翰）、Gielel（宣为霖）、Govll（高礼）、Miss Weel（韦荼荞夫人）、Miss All Good（吴禄贵夫人）、Howes（孝诗）、Miss Howes（孝诗夫人）、Coan（顾恩）、Eliat（伊理

1936年同文书院英汉教员合影

![1941年太平洋战争爆发前夕，同文书院部分师生欢送美籍老师返美]

1941年太平洋战争爆发前夕，同文书院部分师生欢送美籍老师返美

雅）、Stervsel（石敦信）、Padget（白质）、Hissh（何恩）、Miss Hissh（何恩夫人）、Bradshan（孟列绰）、Bsissel（勿礼邵）、Mamuel（万纽威）、Mackenjie（麦坚志）、Asnald（安乐）、Warner（思那）、Rathlun（雷敏）、King（王）等。这些美国教师，有的是兼职的，例如安乐当时是美国驻厦门领事，同文聘他兼职教"政治学概论"，勿礼邵一面任美国驻厦门副领事，一面在同文教"英语修辞学"，伊理雅是厦门基督教青年会总干事，每星期到同文上一小时的"心理学"，孟列绰也是厦门基督教青年会干事，并在同文兼职教体育。

第二，是聘自国内或香港的华人教师。比较早期的有陈超运（香港大学毕业），谭泽民、郑文生（广东学堂毕业），林志诚（福州鹤龄书院毕业），杨建南（南洋学堂毕业）、马怀德、张文涛、赵璧等。

第三，是选拔同文书院毕业的学生留院任教。辛亥革命以前有陈大弼等，辛亥革命后居多，如陈瑞清、吕城都、吕山河、邓世熙、郑培敏、叶清华、黄河源、陈金钟、曾亚西、邓世英、吴文传、黄传宗、王远昌、陈清保、林家寿、杨添水、郑天祐、曾玉林、唐伯湖、杨文昭、曾西村等。

第四，是从社会上聘来的教师。这些教师担任汉文课教学，不懂英语，他们有不少是科举出身或国学较渊博的人。早期的汉文教师有海澄县庠生余鉴堂、同安县庠生戴敬堂，稍后有蓝璜，是个秀才，蓝璜离职后的马文卿、马怀德、陈南谷、徐屏山、赵壁等等，不是秀才，就是童生。李禧、萧幼山、苏警予、谢云声、陈桂琛、吕猷等也曾在同文任汉文教师。他们对国学都有很好的修养。

后来学制改为英文、汉文两部，汉文老师增加了。周墨史当汉文部主任，汉文部按年级的不同，分别讲授历史名人书简、古文、历代诗选、四书、五经。周先生对学生要求较严，学生对汉文较前重视，有的学习还认真。但一般来说，在当时西方势力显赫的社会中，崇洋思想很严重，而同文书院又一向以英文教学为主，当然英文在同文仍然占有重要的地位，实非汉文教学所能望其项背。

当年同文书院的学生受到西方文化的影响，幻想着读好英语，毕业后能到外国银行、洋行、海关或邮政局谋个好缺，思想上认为要吃洋人的饭，重要的是英语，汉文学不好没啥关系。同文书院的校刊《同文声》第一期刊载过一篇题为《我们所负的责任》的评论，其中就有这么几句话："（同学）个个都是希望做洋书记（即文书、文秘）而来的，因为如果会讲几句洋言，认得几个洋字，便可以在海关、邮政……当差，至少一个月也得拿三四十两银子。"而书院当局推行重洋轻汉的教育方针，对学生也有负面的影响。

五、学生的爱国运动

与巴詹声办学的主观愿望相反，同文书院也有一部分具有民族自尊心、思想进步的老师和学生，他们在中国民主革命形势的影响下，曾经起来反对帝国主义妄图摧残中华民族文化，戕害中国青年灵魂的文化侵略，闹过学潮，如1904年美国胁迫清政府续订《中美合订限制来美华工条约》，内有许多苛待华工的规定，激起中国人民的强烈抗议。1905年，全国许多城市开展反美爱国运动，成立"拒美约会"，抵制美货，举行聚会和示威游行。同文书院学生"有感各埠学生筹制美约，亦相约罢课一天"，响应厦门各界的反美爱国运动。没想到一向标榜民主、自由的美国人、院长韦荼荠，竟然使出强硬手段，制止学生参与拒美爱国运动。又如1907年，即将毕业的第七班全班学生要求院长韦荼荠增设汉文课程，院长悍然拒绝，并威胁如不取消增设汉文课的要求，就要开除全班学生。学生们据理力争，院长坚持不接受要求，导致罢课学潮。七班同学们不屈服，全体离开同文书院。

1911年辛亥革命前夕，同文师生参加中国同盟会的有徐萌山、蒋保和、陈昭光、周连茂、吴锡煌等好几人。继武昌起义成功之后，各省纷纷起义响应，厦门也于11月15日光复。为推动周边城镇光复，厦门学生组成学生军分赴泉、漳的安海、海澄（今龙海）等地。同文书院参加中国同盟会的师生吕城都、周连茂、吴锡煌、邱世定等人也组成一支拥有170多人的"火车军"，奔赴海澄协助当地人民进攻县衙。

1919年5月，以"巴黎和会"外交失败为导火线而爆发的五四运动消息传来，厦门同文书院、省立十三中学和大同、竞存、紫阳、蒙泉等小学的高年级学生，从5月6日开始，先后分别聚会，愤怒声讨北洋军阀政府的媚外卖国罪行。各校学生还联合举行反帝示威大游行，声援各地的爱国运动。5月16日中午，厦门和鼓浪屿30多个中小学校的四千多名学生，从四面八方汇集同文书院大操场。二时整，参加游行的学生从同文书院出发。学生们还携带宣传反帝爱国、痛斥军阀政府卖国罪行的传单、宣言，沿途分发。

在青年学生的革命热情推动下，5月18日，由商会、教育会等各界代表和学生共同组织的"厦门国民大会干事部"正式宣告诞生。19日，干事部发出"抵制日货，实行经济断交"的传单，并宣布20日下午三时在同文书院大操场召开国民大会的决定，号召各界人民积极投入五四运动。在声势浩大的爱国运动中，同文的院长想要阻挠也阻挠不了。

1923年5月1日上午，同文书院的学生为了庆祝国际劳动节推举各班班长为代表，联袂去见院长吴禄贵，要求放假一天让学生们集会庆祝。吴禄贵一口拒绝说："昨天才放假，今天不能再放假。"学生代表说："昨天放假是院方要我们去给王校董的父亲送殡，与庆祝劳动节无关，不能以此作为今天不放假的理由。"吴禄贵被学生代表说得无言可答，竟然蛮不讲理地怒斥代表："不放假就是不放假，你们快给我回教室去！"他自以为这样一来就能把代表吓退，没想到学生胆敢与他顶撞。有一个学生代表提出责问："一个校董的父亲死了，就要全院放假一天，全体师生赴丧家吊唁送殡；而劳动节这么一个重要的节日，反而不肯放假庆祝。"吴禄贵还是强词夺理，说："校董捐钱让你们读书，劳动节同你们有什么关系？快给我上课去，否则你们代表一律要受到停课一星期的处分。"代表们还是屹立不动，另一个学生代表发言，并带着讽刺的口吻："劳动节是始自你们美国的，院长你不是时常告诉我们美国最讲民主、自由的？那么，庆祝劳动节放假一天，不是比给校董的父亲送殡放假一天意义更重要吗？"吴禄贵听了，恼羞成怒，一面声色俱厉地呵斥代表，一面回头叫另一个美籍老师石敦信拿皮鞭驱逐代表。代表们看到这些美国人不可理喻，回身下楼，把交涉经过向同学们传达。同学们说，不管他同不同意，庆祝会我们一定要举行，于是大家纷纷走出教室。就在这时，石敦信满脸杀气地冲进学生群中，扬起皮鞭，任意抽打。这突如其来的袭击，同学们再也无法容忍，有人高喊："大家到黄厝宫教育会开会去！不上课！"霎时，学生成群结队地往院门外冲，齐奔教育会集会，举行庆祝大会。没想到院长竟悍然贴出通告，处分充当代表的各班班长和部分违抗院令的学生停学一星期，由此引发学生罢课，并成立以林镜屋、杨绪宝、潘再传、陈湘潭、洪天生、卓柏鹤、林镜民、吴子健、陈森绵、柯天水等24人为委员的"罢课委员会"，刊发《罢课宣言》，举行记者招待会，报告罢课经过情形，呼吁舆论界及各方面支持声援。一方面又通电国民政府福建省教育厅，要求接办同文书院，改为中国学校。

之后，在多方面强劲压力下，罢课斗争最后不了了之，但它前后坚持了三个多月，铁的事实撕下美国民主、自由的画皮。新学期开始后，参加罢课的学生，大部分转到其他中学，部分家庭经济富裕的转学上海，家庭经济不好的，有的在本市中小学执教，仍然回到同文的，为数不多。至于所有罢课委员，全部他去，没有一个再回同文。而经过这次的学潮，同文书院的学生锐减，一向执本埠体育界牛耳的篮球队也几乎溃不成军。

到了1926年，在全国反对列强文化侵略的浪潮冲突下，同文也由中国人的董事会收回自办。自此以后，同文改称中学。抗战爆发后，搬迁鼓浪屿，又恢复书院的名称。

六、校友会和校友

厦门同文书院最早的校友会，诞生于清末宣统二年（1910年）三月，至今已有百年历史，不过当年不叫校友会，而叫同学会。据民国四年（1915年）刊印的《厦门同文书院章程》记载，成立同学会的宗旨是"欲使本书院肄业及离院各学生互相研究……推促书院之进步"。《章程》对同学会成立后的工作，给予充分的肯定："做了许多有益于母校的事。"

早年同文同学会的正、副会长等职务的人选，都是通过民主选举产生的。从一份民国三年（1914年）同学会公举的名单，得知早年同学会的正会长是李槃煌，副会长是陈允彩、陈大弼、黄天一、邱世乔，还有曾西村、郑培敏、吴彩耀、林嘉秀、戴森然、陈瑞清、林安登等九人，分别担任英文、中文秘书和会计、干事。

辛亥革命推翻了清王朝，结束中国漫长的封建专制统治。民国初期，同文同学会人数不断增加，组织也较早期健全，改名同文校友会。

同文书院的学生在校期间，接受的英语训练和当代科技知识，学有所用，不论是升学或是谋生，也不论是在本地或异国他乡，大都能尽各自的知识和能力，奉献社会，服务人群。

早年在本地的同文校友，大多在海关、邮政、洋行和外国驻厦的领事馆等部门任职，如汇丰银行的叶鸿翔、宝记洋行的李朝基、亚细亚洋行的李盘璜、德忌利士洋行的陈金榜、德记洋行的叶益六、太古洋行的邱世定、丹麦大北电报局的吴金秋；在美国、法国、德国驻厦领事馆任秘书、翻译的有林西锦、陈清池、唐伯湖、叶鸿书等三四十人；在海关任帮办、税务员、稽查员和在邮政局任职的有陈允彩、周家森、刘丕扬、唐崇熹、方建农、陈瑞清等二三十人。这只是笔者从老师和学长听来的一部分名单。

同文书院早年在厦门的校友中，也有中国共产党党员，并有为革命付出鲜血的烈士。有一位陈三民烈士，厦门人，1926年加入中国共产党，1934年从苏联留学回厦门后，一直在厦门和闽南一带从事革命活动，1935年底被国民党反动派的特务暗杀。另一位是今海沧区新垵乡霞阳村人。1926年毕业于同文书院，中共党员，曾任霞阳小学校长，因国民党在厦门四处搜捕"共党嫌疑分子"，被迫南渡缅甸仰光。抗战期间及战后，在仰光创办《南国生活》等进步刊物，当过"仰华公学"校长等职务。1953年奉调回国，曾任中侨委委员、全国侨联委员等。1981年11月18日病逝于泉州华侨大学。

在台湾的同文校友也不少，笔者有一份20世纪50年代在台湾的同文校友名录，其中有中国招商局局长陈德坤，"国军"某部高官黄蔚庭，台湾大学法学院教授、大法官洪应灶，国防医学院教授陈耀朝，台北市议会副议长陈少辉，台北厦门市同乡会会长李宗吉等80多人。

香港的同文校友会，有文字记载可稽考的，是民国五年（1916年）在香港南北行街（文咸西街）广源盛行行东的林子丰。

林子丰，广东揭阳人。他经商致富后，热心基督教会工作和教育事业，长期担任香港中华基督教青年会会长、香港浸信联合会主席，曾任香港政府高等教育委员会会员，力主创办中文大学。1947年元旦，英女皇伊丽莎白二世授予 O.P.E 勋衔勋章、纪念章和奖状。他还曾膺任香港各界纪念孙中山先生百年诞辰大会筹备委员、常务委员和联合国难民年的中国委员等职。1971年4月病逝香港。

几十年来一直是香港社会知名人士的黄长水，也是早年香港的同文校友。黄长水，祖籍福建惠安县，菲律宾华侨。抗战前，他襄助其父在香港永乐西街经营泉昌有限公司。抗战期间参加抗战。抗战胜利后，他积极支持中共领导的解放战争，掩护南来北往途经香港的中共要员和著名爱国民主人士，还捐献巨资购买药品和医疗器材支援解放区军民。新中国成立后，历任福建省政协副主席、广州市副市长、全国侨联副主席、中侨委副主任、第一至第五届全国人民代表大会代表等要职。

早年在香港的同文校友较有名气的还有：曾任香港福建中学首任校长的陈文总，电影导演吴村等。

同文学生到菲律宾的最多，不少校友还是菲律宾华侨华人社会的领袖人物，如名闻遐迩的李清泉，历任多届马尼拉中华商会会长、菲律宾华侨基督教青年会会长、国民政府福建省政府委员。抗战初期，他发起组织菲律宾华侨抗战后援会，并出任主席。南洋华侨筹赈祖国委员会成立时，推举陈嘉庚任主席，他与庄西言两人被推选为副主席。林西锦，历任马尼拉中华商会副会长、菲律宾华侨各社团副会长、华侨教育会会长。陈掌谔，菲律宾华侨体育总会主席。李天送，中兴银行总经理。菲律宾各文教社团、同乡会、宗亲会和各行业商会的"长"字人物，如曾廷泉、王江水、蔡扶西、洪天生、李锋锐等，都是同文书院的校友。

菲律宾的同文校友多达二三百人，有个"厦门同文旅菲校友会"，1923年成立于马尼拉。名誉会长李天送、曾廷泉、林西锦，正副会长王江水、虞永容。校友会经常开展各种联谊聚会，增进友情，并组织文体活动，有一个厦门同文旅菲校友篮球队，有一年，华侨举办庆祝国庆运动会，还获得乙组第二名的优秀战果。

1926年，校友会成立三周年，出版一本纪念刊，请陈丹初（桂琛）老师作序。陈老师勉励校友们要"淬砺自强，以立己立人为心，以爱国爱群为志，谋所以为祖国光，庶不负母校育人之旨也"。在菲律宾宿务中华学校任教的校友陈智平也有一篇"序"。他写道：1925年秋天，旅菲校友举行宴会，他在席上参与校友们谈论母校的话题，当谈起母校进步则喜，谈到母校退步则悲，使他深信旅菲校友们"之不忘母校，亦犹出嫁女儿之感念慈母也"。隔了一年，他因送胞弟回国再次途经马尼拉，适逢校友会举行三周年纪念会，耳闻目睹旅菲校友会的"言词行事"，不但不忘母校，"且能竭其心力，谋所以益母校光母校者"，使他"更乐且慰矣"。旅菲校友对母校的深情跃然纸上。

　　旅菲同文校友会三周年纪念刊还有校长周殿薰的"赠言"和教师杨文昭的"詹言"，激励校友们要"振奋"，要"建立事业以为母校光"；"借着群德群力，来替人类播公正的佳音，给社会下确切的针砭，则将来风雨飘摇的祖国，受着你们的援助未可限量"。在"年刊"里，也有苏宗信等校友写的《校友会前途之希望》和《同文旅菲校友会应具之精神》的文章，相互切磋，共同奋进。

（洪卜仁）

私立集美学校

　　爱国华侨领袖陈嘉庚先生创办的集美学校，是一所具有百年历史的中国名校。百年来，集美学校业绩辉煌，学子遍五洲，声名播四海。直至今日，历经百年风霜的集美学村依然以其无与伦比的魅力、高雅壮丽的雄姿耸峙在祖国的东南海疆，继续传承陈嘉庚先生的教育理想，发挥其文化教育重镇的巨大作用。

兴学报国，倾资办校

　　集美学校的创办始于1913年。那一年，陈嘉庚在他的故乡创办了第一所学校——集美两等小学。自那时开始，陈嘉庚先生陆续办起了一所所不同类型的学校，形成了以"集美学校"为总校名，包含幼稚园、小学、中学、师范、水产、商科等专科在内的综合性学校。集美学校的创办，寄托着陈嘉庚兴学报国的雄心壮志，饱浸着陈嘉庚先生倾资办校的毕生心血。

　　陈嘉庚，1874年诞生于福建省同安县的集美社（今属厦门市集美区）。他的青少年时期，正处于列强环伺、国运颠危的多事之秋，国弱民贫，留给少年陈嘉庚许多痛切的感受。在家乡读了九年的私塾后，陈嘉庚因私塾老师病故而辍学。16岁的他离开家乡，南渡新加坡，到父亲经营的米店里学商。在异国他乡，青年陈嘉庚目睹殖民主义者对华侨的奴役和欺凌，深感"国弱人受欺"，心底渴望自己的祖国强盛起来，渐渐地萌发了兴学报国

私立集美学校

1913年,集美小学师生在第一排校舍前合影

的思想。1893年,陈嘉庚第一次回国。第二年,年仅20岁的陈嘉庚就倾其积蓄,捐资2000元在故乡集美创办"惕斋学塾"。这是陈嘉庚捐资兴学的开端。

1909年,陈嘉庚在新加坡认识了孙中山先生,次年正式加入孙中山领导的中国同盟会。受到革命思潮熏陶的陈嘉庚自此跨出了经商发家的小圈子,走上报效祖国之路。他不仅从经济上大力支持孙中山的革命事业,还想以自己的绵薄之力亲自报效祖国。辛亥革命的胜利给陈嘉庚极大的鼓舞,他感觉报国有门了,决意倾其所有兴学报国。正如他在《南侨回忆录》中写道:"民国光复后,余热诚内向,欲尽国民一份子之天职,愧无其他才能参加政务或公共事业,只有自量绵力,回到家乡集美社创办小学校。"

1912年,陈嘉庚第四次回到阔别九年的故国。怀着"教育为立国之本,兴学乃国民天职"的信念,他于1913年1月27日在闽海之滨的故乡创立了集美两等小学。偏僻的渔村集美社有史以来有了第一所新式学校,而集美学校也由此奠定下了第一块基石。

刚开办的集美两等小学,为高等一级、初等四级,有学生135名,聘同安人洪绍勋为第一任校长,教员5人。学校虽办起来,但借用"集美大祖祠"、"二房祖祠"等做校舍,终不是长久之计。集美社三面环海,空地很少，陈嘉庚四处寻址皆受阻，只好买下村头一口废弃的大鱼池，填为平地，花了1.4万多元盖起一所木质平屋作为校舍。

1913年9月，学校初创就绪，陈嘉庚第五次离别故乡，为其兴学之梦再战商海。翌年秋，第一次世界大战爆发，陈嘉庚在新加坡的实业遭受损失。在此艰危时刻，他凭着敏锐的眼光捕捉商机，另辟蹊径经营航运业，果然扭转乾坤。实业的获利为其兴学之梦奠定了物质基础，陈嘉庚按其规划开始了集美学校的事业拓展。

1916年，陈嘉庚委派胞弟陈敬贤回家乡扩建校舍，拓展办学规模。陈敬贤回国后，不辞辛苦，亲自选址勘地，高价收购地皮。遇上有些乡民不愿出让，则不厌其烦，和颜劝说。他还亲自巡视建筑工地，严冬酷暑从不间断。一年多的时间，就兴建起居仁、立功、尚勇诸楼和大礼堂、膳厅等设施。

1917年2月，由陈敬贤夫人王碧莲具体负责筹办的集美女子小学正式开学，假"向西书房"做校舍，由集美小学的第二任校长洪应祥兼任校长。当时的集美，封建传统观念根深蒂固，女子没有上学的权利。为了让女孩子上学，学校不仅有免费上学、提供津贴的优惠，王碧莲女士还躬访各户乡民，苦口婆心地动员学龄女孩上学，克服了诸多困难，终于招收了60多名女生。数百年来，集美社的女孩子第一次扬眉吐气地走进了学堂。

1918年3月10日，师范部和中学部两部同时开学。这一天，后来定为集美学校的校庆纪念日。创校伊始，陈嘉庚及其胞弟陈敬贤就手定了"诚毅"校训，将其作为学生道德修养的标准。"诚"，即忠诚祖国、实心实意之意；"毅"，即刚毅坚强、百折不挠之意。陈嘉庚曾语重心长地勉励师生："我希望于你们的，只是要你们依照着'诚毅'的校训，努力地读书，好好地做人，好好地替国家民族做事。"同年，学校还公布了校歌、校徽。悠扬的校歌与言简意赅的校训相得益彰，百年来一直激励着集美学校师生与校友团结友爱、自强不息。

1918年12月，学校呈报福建省长公署，转呈教育部立案，校名定为集美师范学校，中学部及男女小学隶属其下。

当年，集美师范共招收196名学生。根据学生的文化程度编为三年制师范讲习科甲乙两班、五年制师范讲习班甲乙两班、中学一班。为了给贫困失学青年提供读书机会，中学生只交膳费，学宿费均免，师范生则各费全免；每个学生住宿所需的被席蚊帐以及春冬两季制服，全由学校供给。如此优待条件，令闽南、闽西、广东潮汕各地及东南亚各国的寒门子弟慕名负笈而来，集美学校因此闻名遐迩。

1919年2月28日，幼稚园也办起来了，假集美渡头角的旧房子为校舍，聘请晋江人陈淑华为主任，招收了140多名学生。

1919年6月，陈嘉庚由新加坡回到集美。在回国之前，他为了集美学校的永久发展，义无反顾地将自己在南洋的7000多亩胶园、150多万平方英尺房产等全部不动产捐作集美学校的永远基金，并聘请律师按英国政府条例立字为据。陈嘉庚这一壮举，可谓前无古人、后无来者，正如黄炎培先生所说的，"发了财的人，而肯全拿出来的，只有陈先生"。更为可贵的是，为了办好学校，他亲自制定规划、指挥建筑、考察教育、延聘教师，事事躬身自处、呕心沥血、鞠躬尽瘁。为了兴学报国，他付出的不只是全部资产，更是他的毕生心血。

陈嘉庚回国之后，即着力推进学校的发展。1920年2月，四年制的水产科开办起来了，聘冯立民为主任，招收旧制高等小学毕业生45名；8月，四年制的商科开办起来了，聘李敬仲为主任，招收学生20多名；9月设立了医院；11月设立了图书馆；次年，又增办女子师范部。

至此，集美学校已形成了规模。1921年2月，陈嘉庚规范学校的组织机构，定总校名为"福建私立集美学校"，属下划分为师范、中学（包括中学、水产科、商科）、女师（女小隶属其下）、小学和幼稚园等五个部，聘任了部主任，成立了校长办公室。此时，全校共有学生1409人。在短短的九年时间内，集美学校形成从幼稚园到小学、中学再到师范、水产、商科等专科的多层次、多类型的教育体系，其规模为当时国内所罕见。

礼聘名师，开明办学

要办好一所学校，师资力量很重要，而校长更为关键。集美师范初创时期，先后聘任王绩等三人为校长，然皆无法承担大任，令陈嘉庚甚为失望。两年半三易校长的挫折与困扰，使陈嘉庚决心亲自遴选能委以重任的校长。1920年4月，由黄炎培介绍，陈嘉庚在厦门认识了1917年毕业于北京大学的安溪人叶渊，经深入交谈，认为叶渊很有才干，"教育上洞识底细，又有负责精神，即敦请叶渊任集美师、中、商、水产学校附属两等小学校校长"。

1920年7月，叶渊走马上任。接任校长之后，他首先把北京大学"学术自由"的办学机制引进集美学校，并于1923年亲自到北京、上海等地罗致大批经过五四运动洗礼的名师来校任教,其中有钱穆、杨晦、阮真、吴康、马瑞图、徐在兹、苏眇公、伍献文、施之勉等颇有名气的教育专家。叶渊认真地执行陈嘉庚关于德智体劳美五育并重的办学方针,把陈嘉庚创办的图书馆、科学馆、体育馆、美术馆、音乐厅等教育阵地办得有声有色。在全校师生的共同努力下,集美学校形成勤奋、严谨、诚毅、进取的良好校风,一时名师荟萃,校誉远播。

在叶渊主持校务期间,正值中国大地各种政治思潮激荡时期,人们都在探索中国的出路,不同思潮的激烈碰撞,也冲击到集美学校。叶渊的办学思想比较开明,允许学生信仰自由和研究各种主义,因此学校的政治环境较为宽松。叶渊曾邀请一些社会名流来校演讲,既有辛亥革命要员胡汉民、朱执信,也有中国无政府主义肇始人吴稚晖、李石曾;既有国内著名学者鲁迅、蔡元培、马寅初、黄炎培、林语堂,也有美国教育家杜威等。在学校图书馆,马克思主义书刊和无政府主义、国家主义的书刊公开地摆在一起。同学们自行组织社团、出版刊物,经常开展大讨论,甚至出现针锋相对的激烈争辩。如1922年的一场"人生目的"问题的大讨论,在学生中引起极大反响,《集美周刊》为此而连续几期开辟讨论专号。这种大讨论澄清了一些糊涂认识,对培养学生的正确人生观起到了促进作用。

也就在这个环境下,接受马克思主义的学生李觉民、罗明、罗扬才、刘瑞生和邱泮林等人在共青团广东区委的领导下,前来集美学校秘密建立国民党左派的组织,吸收同学加入,开展革命活动。1924年冬,他们发起组织了"星火周报社",出版宣传马克思主义的《星火周报》。1925年6月,李觉民等7人加入了共青团,在集美学校成立了闽南的第一个共青团支部。这个共青团支部,在五卅运动中领导学生开展反对英、日帝国主义侵略,声援上海学生联合会的斗争,并组织学生到厦门工厂和农村扩大宣传。这个共青团支部,还为广东农民运动讲习所输送了9名优秀学员。

开明办学,使科学、民主和爱国主义思想在集美学校得到传播。学生的爱国热情也激发了叶渊的爱国情怀,此时,他旗帜鲜明地发动组织全体师生积极参加爱国活动。1923年4月16日,集美师生参加争回旅大的保卫国权运动,叶渊亲自带领全体师生乘船赴厦门参加示威游行;1925年6月,集美师生投入五卅运动,叶渊亲任学校"救国团委员会"主席,组织学生进行反帝宣传活动;1928年5月,日本帝国主义制造"济南惨案",集美学校师生掀起大规模的反日怒潮,叶渊提议各校教职员积极指导学生爱国运动,并指示加强早操的军事训练。

1920年至1926年期间,学校发生了三次罢课风潮,尤以第三次为烈,其矛头直指校长叶渊。1926年春夏间,叶渊鉴于学生中有人加入政党之事,提出禁止学生加入任何政党的规定。他认为学生主要任务是学习,过多的政党活动会影响学生的学习,亦可能引起学校内部纠纷。叶渊的这一规定,引起学生的不满,学生要求成立由国民党党部、学生及学校当局三方组成校务革新委员会,并提出"本校一切校务皆由本会议决议施行"。叶渊认为此款不符现实,给予修改。而学生不同意更改,由此引发了第三次学生罢课风潮,要求撤换校长。

消息传到新加坡,陈嘉庚赞成改进校务,但反对罢课,尤其反对更换校长。陈嘉庚自聘叶渊之后,对其高度信任,一切校务皆交与叶渊。叶渊亦不负陈嘉庚重托,主事之后,集美学校的发展甚让陈嘉庚满意。因此,陈嘉庚认为:叶渊虽性情过刚,但不可因寸朽而弃连抱之材。罢校长,教员必解体,学校前途不堪设想。于是陈嘉庚以"千军易得,一将难求"一语,力排众议,保住叶渊。而此举也保住了此后近10年集美学校的稳定和发展。

定名学村,永续发展

20世纪20年代初,军阀混战,闽南战事紧张。1923年8月,闽军与北军对峙于高集海峡,闽军数千人驻扎学校,严重滋扰学校的正常秩序。当年9月3日,中学部侨生李文华乘船赴厦门,被闽军臧致平军枪击身亡。学生无辜遇害,激怒集美学校师生。学校在厦门教育会举行隆重追悼会,并在送葬队伍返回集美时,沿途抗议军阀暴行。

集美学校的现状,令学校领导深感忧虑。中学部主任郭季芳提出了将集美划为中立地点,请各军领导共约勿相侵犯的想法,得到大家认同。讨论时,又觉"中立地点"措词不妥,逐由秘书课主任蔡斗垣改定为"永久和平"的"集美学村"。在叶渊校长的主持下,由蔡斗垣草拟《承认集美学村为中国永久和平村请愿书》,分投国内军政当局。

9月28日,郭季芳、林德曜两人带着请愿书前往同安面见北军师长张毅。张毅当即出示他27日发出的通电,表示"拟撤退驻防队伍,并愿诸公公认集美为教育区"。电文发出后,很快收到各军方复电。北京政府任命的福建督理孙传芳和帮办王永泉、粤军总司令陈炯明、驻安溪民军第三路军司令杨汉烈、潮梅粤军总指挥林虎、粤军第七军军长黄大伟、粤军各路总指挥叶举、驻泉州民军旅长高义以及民军之叶定国、庄文泉、陈国辉等都对张毅的通电表示赞同。

叶渊在向各方请愿的同时，将此事件函告陈嘉庚先生。陈嘉庚立即会同新加坡中华总商会会长林义顺联合致电陈炯明，敦请从集美撤军。

叶渊还派人到福州请愿于省议会，并赴北京、上海、汕头、广州、保定、天津等地，吁请社会各界支持。10月13日，福建省议会决议通电表示赞同，并请省政府立案。省议会的通电，迅速扩大了集美学村的影响。全国各界函电交驰，支持集美学村为中国永久和平村。10月19日，福建省长公署恣请孙传芳、王永泉、臧致平等人，令各军保护集美学校。10月20日，孙中山领导的大元帅府内政部，电请闽粤两省长转致两省统兵长官，对集美学校"务宜特别保护"。

至此，集美学村得到广泛的舆论支持，也得到福建省官方法律保证。校方又拟定《承认集美学村公约》，得到上至国务总理、各部总长，下至军政商学各机关、社会名流承认签诺。从此，"集美学村"之名享誉海内外。

集美学校定为永久和平学村，办学得到了安全保证，事业遂蒸蒸日上。

1927年3月，遵照陈嘉庚的意见，学校进行体制的重大改革。各部改组为校，设立校务执行委员会，各校事务由执行委员会讨论解决。叶渊由校长改任校董，代表校主监察各校一切事宜。涉及集美学校的重大事务，由各校联席会议议决，联席会议以校董为主席。同年9月，根据国民政府颁布的私立学校立案规程，学校呈报设立董事会，经省教育厅核准立案，又经国民政府大学院核准备案。但实际上，集美学校董事会一直到1933年6月才正式组成。

经过一年实践，学校感到校务执行委员会制度成效不大，故于1928年2月恢复校长制。聘张灿为师范学校校长，杨孙赞为中学校长，苏师颖为女子中学校长，冯立民为水产航海学校校长，黄绶铭为商业学校校长，殷良弼为农林学校校长，叶维奏为男子小学校长，陈淑华为幼稚园主任。后来，杨孙赞辞职，改聘郭鸿忠为校长；苏师颖辞职，以邵挺继之。1929年6月，师范与中学又合并为集美中学校，聘贺鉴千为校长。

在这段时期内，陈嘉庚先生按照他原有规划，继续推进学校的建设发展。

1927年9月，创办了集美幼稚师范学校，以培养本土的幼稚教师和小学低年级教师。因为陈嘉庚先生认为，幼稚教育不能靠舶来品，只有立足闽南研究现代闽南的幼稚教育，才能适应时代发展需要。

私立集美学校

1920年8月，陈嘉庚先生创办集美学校商科

1941年，集美高级水产航海学校上课情景

1931年夏，创办乡村师范学校，以"培养乡村儿童及农民敬爱的导师"。乡村师范先由集美初等教育社张宗麟等捐资筹办，学校教育推广部拨款补助，半年的时间，发展成为五所中心小学、二班师范生。1932年，乡村师范由集美学校收归管理。

1933年2月，商业学校开办了高级商科；幼稚师范学校增设艺术专修科。

1933年6月，陈嘉庚先生增聘蔡斗垣、郭季芳、苏师颖、陈延庭为校董，正式组织董事会，以叶渊为校董会主席。

1933年12月，男、女中学合并为中学；师范、幼师、乡村师范合并为师范学校。

1936年9月，南京国民政府教育部不准办私立师范学校，集美师范停止招生，旧生归入中学，称师范中学校。

在这时期，虽然学校组织几经变更，各校校长更换频繁，经费也因陈嘉庚先生的企业在经济大危机中遭受打击而日益困难，但在校董会及全体教师的共同努力下，优良校风仍继续发扬，学校充满生机与活力。

在陈嘉庚先生爱国兴学精神的感召下，不少有名望的教师都乐意应聘到集美任教。在这时期，有文学家吴文祺、许钦文、王鲁彦，诗人潘训、汪静之、方玮德，农学家章文才，林业专家叶道渊，体育教育家吴振西、吴德懋，画家林学大、张书旃、张振铎等在集美学校任教。学校拥有雄厚的师资，教学质量获得保证。教师们不仅教授有方，而且循循善诱，学生们则尊敬师长，认真学习，形成了十分融洽的师生关系。学校还经常开展师生"交谊会"、"联欢会"等形式的活动，以增进师生间的感情。

集美学校历来提倡劳动教育，要求学生参加一些必要的生产劳动，如整理校园环境，从事养猪、养鸡、磨制豆浆等生产劳动。学校制订了"劳动服务竞赛办法"，通过劳动竞赛的形式在学生中树立劳动风气。

集美学校十分重视体育教育，把体育当作一门主课来抓。学校成立"体育联合会"统一领导组织各校的体育活动。为了使体育活动普遍化，学校曾采取"强迫体育"的办法，要求学生一律要参加课外体育活动，并严加考核，体育一科不及格者不得升学或毕业。在普及的基础上，学校组织各种运动员训练队，以提高运动水平。通过严格的训练，集美学校的体育运动获得了卓越的成就。1929年至1935年间，学校的篮球队、田径队在全省、全国的锦标赛、运动会上获得了一系列优秀成绩，被誉为集美学校体育繁荣的"黄金时期"。

集美学校的课外活动亦十分活跃。学校明确规定："凡本校学生，皆应参加课外活动。"各校都成立了"学生课外活动指导委员会"，有组织、有计划地引导学生参加各种活动。学生们可以根据自己的兴趣爱好参加文学、音乐、戏剧、美术、书法、数学、理化、外语、时事及南洋问题等各科研究会，或者参加铜乐队、歌咏队、航模队、救火队等业余训练队。这些研究会、训练队都是学校统一组织，有学校指派的导师、教练。学校还经常举行各种课外竞赛，增加活动趣味，鼓励学生积极参加。丰富多彩的课外活动，不仅活跃了学生们的学习生活，更培养了不少多才多艺的人才。集美学校的一大批毕业生后来成为社会活动家、作家、画家、音乐家、体坛健将等，是与他们在集美学校所受到的熏陶分不开的。

辗转播迁，坚持办学

自1934年叶渊辞去校董职务后，陈嘉庚一直为集美学校缺乏一个可能胜任的校董犯愁。1936年12月，原任集美中学校长的陈村牧应马来亚蔴坡中学之聘离开集美途经新加坡。陈嘉庚知悉后，劝其留下，委托他回集美主持校董会。1937年6月，陈村牧回到集美，接任校董。当陈村牧亲自拟定了《改进集美计划大纲草案》，准备按陈嘉庚的吩咐推进学校的发展时，"七七"事变发生了，中国人民进入了艰苦卓绝的八年抗战，集美学校也开始了其辗转播迁、艰苦支撑的八个春秋。

1937年9月3日，日寇飞机、军舰袭击厦门海口；10月，日寇侵占金门，集美成为前线。为了师生的安全和教育不致中断，学校决定迁校到地处山区的安溪县继续办学。

1937年10月13日，师范中学迁往安溪文庙；10月27日，商业学校迁往安溪后坪乡；12月7日，农林学校迁往安溪同美乡；12月16日，水产航海学校迁往安溪官桥乡。公路被破坏，从学校到安溪六七十公里，师生们背着行李，步行抵达目的地。1938年1月，水产航海、商业、农林各校亦迁入文庙，改设为科，与师范合并办理，称"福建私立集美联合中学"，以陈村牧校董兼任校长，各校校长改为科主任。图书馆书籍集中运到文庙。

留在集美的小学，也因敌机轰炸集美而迁移。1938年5月10日，日寇在厦门五通登陆，集美小学的师生先是避入后溪乡。厦门沦陷后，集美小学又迁往同安石兜。5月22日，敌炮滥炸集美学校，小学延平楼中三十余弹，三楼之图书馆屋顶坍塌，科学馆、幼稚园、居仁楼、尚勇楼等中弹。据不完全统计，抗战八年来，集美这个小小的地方，敌机轰炸共达四十多次，其财产损失不计其数。

集中于安溪文庙的集美联合中学，办学条件十分艰难，单单一个大成殿就住了一百多名学生，十分拥挤。而随着沿海局势趋向紧张，到内地来上学的学生日益增多，文庙的临时校舍已经爆满了。为此，于1939年1月将水产航海、商业、农林各校迁往大田县，定名为"福建私立集美职业学校"，调叶维奏为校长。中学取消"联合"二字，称"私立集美中学"，师范科隶属其下。不久，陈村牧受陈嘉庚先生重托，专任集美学校校董，改由王瑞璧任校长。集美职业学校迁往大田，可恶的日寇竟派六架飞机飞往大田轰炸。校舍被炸毁了，职业学校不得不再度迁移到大田城外的玉田村。1941年8月，职业学校再次变更组织，各部独立为校。为了便于闽南各县渔民子弟就学，1942年8月，水产航海学校又从大田全部迁到安溪。

留于安溪的集美中学于1940年秋结束师范班，改为分设初中部和高中部。1941年秋，高中部改部为校，迁址南安诗山登科头，称集美高级中学，以戴世龙为校长。初中部留在安溪独立为校，称集美初级中学，以杜煌为校长。1945年秋，集美高级中学又迁返安溪县城，仍独立为校。

由于小学迁往同安，集美村及附近儿童多数失学。1940年10月，陈嘉庚返国回到同安，决定把小学迁回集美。1941年春，小学回到了集美，在常年的炮声警报声之中坚持办学。与厦门沦陷区仅一水之隔的集美小学，可称得上全国最前线的一所学校。

　　此时，是集美学校办学以来最艰难的时期，校舍拥挤、经费紧张，陈嘉庚先生除了殚精竭虑出资维持办校经费外，还发动校友捐款支持母校办学。而全校师生则患难与共、共度难关。在播迁的日子里，集美学校的学习风气比战前更加深厚。学生们不但认真学好原有课程，而且充分利用课外时间在设于文庙内的图书馆里阅读，贪婪地吮吸着知识的乳汁。学校虽然缺乏娱乐设施，但师生们坚持开展一些有益身心的活动，如举行书法、演讲、作文比赛，组织篮球、排球比赛，课余生活仍然是那么的丰富多彩。

　　在那艰难时期，集美学校的师生们更感激校主陈嘉庚先生的恩情。1940年10月25日，陈嘉庚先生完成了率领南侨总会慰问团回国慰问的任务后到达安溪，集美学校在安溪的全体师生在祥云渡热烈迎接，而后又举行了隆重的欢迎会、歌咏会，以表达他们对校主深厚的爱戴之情。在陈嘉庚先生七十寿辰（虚岁）之际，学校于1943年10月21日在安溪校舍举行了集美学校成立三十周年、陈嘉庚先生七十寿辰和英语教师陈大弼执教二十五年的"三庆"活动，以此来感谢陈嘉庚先生。分布于南安诗山、大田、同安各校的师生，以及晋江、同安、永春、安溪等地的校友，纷纷云集安溪县城，举办各种庆祝活动，盛况空前。

　　1945年4月，世界反法西斯战争进入最后胜利阶段，日本帝国主义也大势已去。随着胜利的来临，集美学校开始制定复员计划，并着手进行校舍的修复工作，先后修复了务本楼、允恭楼等楼房。当年8月，水产航海学校从安溪迁回集美；9月，水产航海学校和小学在原址开学了。1946年1月，高级中学、初级中学和商业职业学校也全部迁回集美原址。不久，科学馆修复了，分散于各地设备陆续运回，教室、实验室等均恢复了原样；图书馆也修复了，全部图书集中整理，恢复开放。

　　在复校期间，全校团结互助，励精图治，学校很快地得到了恢复。校董会多次召开教学研究会议，制定了一系列改进教学的规定，连学生的课外自修，都有《督导学生自修办法》。这些规定和办法，有效地促进教学质量与学生学习水平的提高。教学上，强调理论联系实际，注重实习，以培养学生的实践能力。水产航海学校的学生有一学期的航海捕鱼实习；商业学校应届毕业生要轮流到校内的实习银行、实习商店担任营业员、会计；对中、小学生则开劳作课，开展力所能及的生产活动。这个时期，集美学

1954年8月,陈嘉庚在福南堂对师生讲话

校各校的学术研究气氛十分深厚,有时事研究会、文艺研究会、理化研究会等团体,由教师给予指导。《集美周刊》也专门开辟教学研究专栏,开展学术讨论。

解放战争爆发后,集美学校不可能有什么发展,处于维持状态。1949年夏,学校停课,留校寄宿的师生分别疏散到同安石浔、莲花。1949年9月23日,集美解放,师生们又从同安石浔、莲花回到了集美,再次进行复员工作。正当集美学校师生喜气洋洋地开始新时代的学校生活时,1949年11月11日,国民党军的飞机对集美学村进行狂轰滥炸,制造了骇人听闻的"双十一"大惨案,集美高中校长黄宗翔等8名师生和21名村民被炸身亡。修建中的校舍又重遭破坏,学校再度疏散。直到1950年,各校才陆陆续续迁回集美。至此,集美学校结束了多次播迁的颠沛生活,进入稳定和大发展的新时代。1950年至1955年,学校部分经费由国家拨给,仍保留私立名称。1956年,学校全部经费由国家拨给,改为公立学校。

英才乐育，桃李天下

在漫长曲折的发展历程中，集美学校以百折不挠的"诚毅"精神、谨学笃行的优良校风，陶冶着万千师生的心灵，为国家输送一批又一批的人才。在新中国成立前的36年中，集美学校小学毕业生有1348人、中等以上各类毕业生有6746人。这些校友遍布海内外，他们鲲化鹏飞，卓有建树，为社会的进步与文明做出了应有的贡献。

在轰轰烈烈的大革命时期，集美学校曾是闽西南共产党人的摇篮。革命先驱李觉民、罗明、罗扬才、刘瑞生和邱泮林等最早在集美学校建立革命组织。福建早期革命家朱积垒、朱思、翁泽生、郭滴人、卢肇西、卢其中、吴敦仁、董云阁、李金发、陈康容、陈乃昌、谢景德等人就是在集美学校接受马克思主义而走上革命道路。后来，朱积垒、朱思创办了平和县的第一个共产党支部，创建闽西南第一个农会，并领导"平和长乐暴动"；翁泽生曾在读书期间回台北组织反对日本殖民统治的台北青年会，后又联络台籍中共党员成立中共台湾地方组织；郭滴人组建了中共龙岩支部，领导"后田暴动"、建立闽西第一支红色游击队；卢肇西、卢其中在永定陈东建立农会开展农民运动，领导"金丰暴动"；吴敦仁在惠安建立农民武装，组织"惠安暴动"。

在抗日战争时期，集美学校许多中华民族的优秀儿女丹心许国、投笔从戎，奔赴延安，走上抗击日寇的前线。其中有为国捐躯的抗日民族女英烈李林、战斗英雄林有声以及新中国成立后担任省部级领导的黎韦、胡明等人。

集美学校造就的卓越人才，许多在中国科技界享有盛誉。其典型的代表人物有早年留学法国的动物学家、鱼类学家、中科院生物学部委员伍献文；有物理化学家、量子化学和配位场理论名家、山东大学校长、中科院院士邓从豪；有国际著名的化学家、厦门大学副校长、中科院院士蔡启瑞；有全国政协常委、厦门大学化工学院院长、中科院院士张乾二；有中国工程物理研究院科技委主任、微波遥测专家、中国工程院院士李幼平；有国防科技专家、主持研制"银河"大型计算机、被中央军委授予少将军衔的陈福接等。

集美学校被誉为"水产航海家的摇篮"，所属水产航海学校从创办到厦门解放，计有毕业生470人，其中担任船长就有110人，占该校毕业生1/4左右，成为我国渔航界的重要支柱。仅在香港的166名校友中，任总船

陈嘉庚视察工地建设　　　　陈嘉庚向华侨回国观光团介绍集美扩建计划

长12人，船长71人，企业经理20余人。在上海、南海和福建三个渔业公司任船长、轮机长者也达数百人。他们足迹遍及五大洲的多个国家和地区的多个港口。在共和国成立初期，水产航海学校还为新中国海军输送一批批优秀青年，他们先后分别担任海军院校的教官、研究员，海军基地的技术骨干，舰队训练中心的研究室主任，海军舰队的船长、政委、艇长、作战参谋等。其中，校友廖超然担任"海上先锋艇艇长"，校友叶桑平屡获战功，被授予一等功臣称号。

集美学校还被誉为"企业家的摇篮"，海内外许多卓有成就的实业家和社会活动家都从这里毕业，如大力支持陈嘉庚办学的新加坡中华总商会会长、福建会馆主席、新加坡南洋大学的创始人陈六使；曾任新加坡总商会会长和名誉会长、荣获新加坡政府公共服务勋章、倡立陈嘉庚基金会重奖我国成就显著科学家的陈嘉庚侄儿陈共存；为教育和公益事业做出巨大贡献、名扬海内外的华人企业家、慈善家李尚大、李陆大昆仲；旅居澳门的全国政协委员、著名诗人、书法家、创办黎明大学的教育家和社会活动家梁披云；旅居香港的全国政协常委、大正、永固企业董事长、荣获香港特区政府大紫荆勋章的黄克立；旅居香港的全国政协委员、香港工商界实业家曾星如；香港著名的企业家、社会活动家、庄士（集团）有限公司董事

陈嘉庚与集美学校学生在一起

陈嘉庚与中侨委负责同志一起研究集美学校建设问题

主席、美中贸易咨询组主席庄重文；印尼归侨著名爱国侨领，曾任全国政协委员、福建省侨联副主席、厦门市人大常委会副主任等职的颜西岳等。

集美学校还走出了许多著名的文学艺术家和运动健将，如艺术大师黄永玉；著名画家林学大、谢投八、周碧初、胡一川；著名作家白刃、杨骚；著名诗人鲁藜；著名音乐家蔡继琨；著名导演黄健中、汤晓丹；著名作曲家李海晖；奥运教练黄德国；奥运会国手林绍洲、戴淑国，著名运动员黄柏龄、余怀安等。

百年来，集美学校培养出成千上万的栋梁之材，举不胜举，正如电视纪录片《陈嘉庚与集美中学》的解说词中所说："古代的东方孔子办学，弟子三千，贤人七十二而流芳千古；现代的东方，陈嘉庚倾资办学，历时69年，先后创办和资助学校118所，学生数十万，成大器者，何止三千？"

百年集美学校可谓"桃李遍天下,行行出状元"。

（许十方　陈　峰）

参考文献

校史编写组:《集美学校七十年》,福州:福建人民出版社,1983年。

厦门集美中学编:《厦门集美中学》,北京:人民教育出版社,1998年。

韩林:《厦门"集美学村"得名由来》,《福建史志》2012年第2期。

集美学校校友总会等:《集美学校校友名人录》,北京:中央文献出版社,2009年。

毓德女子中学

毓德女子中学是厦门第一所女子学堂，其起源可追溯到1870年创办于厦门竹树脚的女子学堂。这所原本以培养女基督教徒为目标的学校，在历史长河的波澜变幻中，因着中国校长的接手执掌，而发展成为培养"德智体群，四育并臻的巾帼完人"的摇篮。

厦门第一所女子学堂

同治九年（1870年），美国归正教会打马字牧师的夫人在厦门竹树脚开办了一所女子学堂。这所学堂初为读经班的形式，集数个女童于一厅，教以识字、读经，旨在培养女基督教徒。次年，这所学堂还在鼓浪屿的协和礼拜堂开办了一个班。不久，学堂由打马字牧师夫人第的二女儿马利亚·打马字姑娘接办。光绪六年（1880年），因竹树脚礼拜堂失火，马利亚·打马字姑娘就将女子学堂迁到鼓浪屿田尾，故称田尾女学堂。又因为隶属于美国归正教会，也称为"花旗女学"。这就是毓德女子中学的前身。

田尾女学堂创办后，采用主理制，首任主理是打马字·马利亚。开始它只是

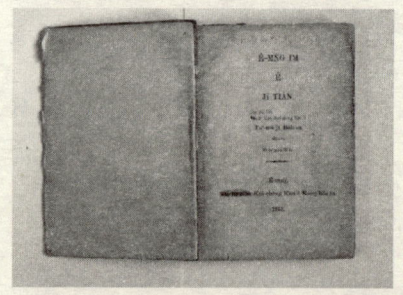

打马字编的厦门音的字典1913年三版

毓德女子中学

毓德小学1932年毕业生　　　　毓德小学校舍

一个近似小学的妇女学校，没有明确的学制，大约为五年。美国归正教会开办这所女学的目的是传教，培养女教徒，因此，读《圣经》是主要的功课。要读经，则须识字，学习罗马字、学习用罗马字拼读厦门方言（白话）也就成为功课之一。罗马字容易学，学生很快就能学会读《圣经》和用罗马字写信。除了宗教课和教罗马字外，女学还开设中文和算术。中文教材用的是《四书》，聘请的教师多是清代秀才。算术则没有教材，由教师自编自教。学生每周上课五天，每天早晚都要做礼拜。礼拜六大扫除，礼拜日休息，上教堂做礼拜。

光绪十二年（1886年），为纪念归正教会海外传教会妇女部已故通信秘书 Charlotte W.Duryee 女士，田尾女学堂更名为"毓德女子学校"。

毓德女子学校当时还只是小学，后来附设了两个师范班，具备了中等学校的雏形。毓德女子学校毕业后，可进入师范班读三年学制的师范教育。师范毕业后，毕业生多数在闽南一带担任教会学校的教员。然而，有许多毕业生不愿升入师范班，而考入其他的中学，因此，当时的主理、美国人理莲认为有必要添设中学部以应社会的需求。可是，归正教会却持反对意见。理莲据理力争，并个人出开办费用。1920年9月，学校将原有两个师范班改习中学课程，并且招致已毕业的学生3人编为第三年级。1921年春，学校在原有基础上，进一步拓展为四年制中学，正式成立中学部，即毓德女子中学。毓德女子中学成立后，归正教会改变态度，决定支持办学，承担起学校的经费，并派主理主持学校工作。首任毓德女子中学主理即力倡

毓德女中于1925年迁往东山顶校舍

建校的理莲。主理下设有校长，实际负责教务与总务工作。首任校长林安国。

毓德女子中学成立后，开设的课程有中文、数学、物理、化学、动物、植物和英语等，大多采用商务印书馆的正规教材。宗教课、做礼拜仍是重要的教育内容。

1925年春，归正教会把寻源中学迁往龙溪芝山，将位于鼓浪屿东山仔顶的校舍让与毓德女子中学。至此，毓德女子中学的校舍以及行政管理就与小学部完全分开了。毓德女子中学成为闽南首创的女子中学校。

1926年秋，毓德女子中学根据国民政府颁布的《学校系统改革案》（即"壬戌学制"），改行新学制，设三三制两级中学，使用统一教材。1928年，主理理莲退休返回美国，校长林安国也辞职而去。学校在无主理和校长的情况下，按省教育厅的规定，成立了校务委员会，负责学校工作。委员有福懿慕、邵庆元、朱鸿谟等，由福懿慕任校务委员会主席，学校的权力仍掌握在美归正教会手中。

当时，国民政府颁布了《私立中等学校及小学立案条例》和《私立学校规程》。这些条例规定：私立学校，包括外国人设立的学校的开办、变更或停办，须经主管教育行政机关之核准；私立学校应于开办后一年内呈请立案，并受主管教育行政机关的监督和指导，等等。美归正教会为逃避教育行政机关的监督和指导，将毓德女中改名"毓德女书院"，不向省政府注册立案。

在声势浩大的"收回教育权"运动之大势所趋之下，毓德女子中学于1930年春成立了立案筹备委员会和学校董事会。董事会由中华基督教闽南大会、校友会和美归正教会各派三人组成。首届董事会成员有薛永黍、徐成金、洪清波、邵锦绣、福懿慕、麦淑禧等，薛永黍任董事长。董事会接办毓德，恢复"毓德女子中学"校名，聘任邵庆元为校长。中小学行政合而为一，毓德小学成为毓德中学的附属小学，并向政府注册。越年，福建省政府教育厅批准立案。

邵庆元的教育理念

毓德女子中学注册立案后，邵庆元执掌学校校务，翻开了毓德历史的新篇章。邵庆元，字觉庐，同安人，生于1895年，从小在鼓浪屿教会学校接受教育。他从寻源书院毕业后，即进入厦门大学，1921年至1926年担任厦门大学校长林文庆的秘书，兼任出纳簿记课主任和文学院国文讲师。1926年，他先出任《民钟日报》编辑，后又到《江声报》任总编。1930年，毓德女子中学向省政府注册立案，聘请邵庆元出任立案后的首任华人校长。根据当时教育主管部门对校长任职必须要有大学学历的要求，邵庆元被送到协和大学进修两年，取得了大学毕业文凭，1932年回到毓德女子中学正

现存最早的一张毓德女学师生合影，摄于1911年

式出任校长。

邵庆元出任校长之后，即制定了毓德女中"教育总纲"。"总纲"提出了毓德教育的总目标是，集团生活中的"人"之发展。不忽视书本知识和前人的经验之授予，但更注重创作之启发。他曾说，我们不是要养成一班"书虫"，而是要养成"人"，集团生活中的人。希望教育如同校歌中所提倡的"德智体群，四育并臻的巾帼完人"。他认为，毓德女中所教育出来的理想学生，应具有明敏的观察力、缜密的思考力、健全的判断力和刚毅的致果力。学生应利用这四种能力企求至善、与人为善。他期望学生在生活中，要以远大的眼光、热烈的心肠、恢宏的气量，特立独行的精神，以治职事、以应世变，表率群伦、造福社会。

邵庆元在任职的八年时间，身体力行，努力地去实践他的教育思想，使"诚、洁"的校训不只是停留在表面文字上，而是真正落到了实处。

邵庆元的德智体群全人教育思想，首先是把学生的品德修养列为首位。诚以待人，洁以自善，贯穿在整个教育之中，具体又体现女生的言谈举止、生活习惯之上。毓德女中培养出来的学生，清纯矜持的"淑女气质"，一直到解放初都还保留着这种优良传统。

邵庆元认为，不忽视书本知识，

毓德女中的上课情况

毓德女中的课间活动

毓德女中的体操活动

但更要注重创作之启发。因此,毓德女中的教育更注重素质的培养。在各学科教学上,注重实践。生物课,老师带领学生采集动植物标本、设计庭院模型,加深了课堂学习的印象。家政课,是毓德女中具有特色的课程,学绣花、裁衣服、烹饪、布置居室等,都是十分实用的学业。

为了培养女学生的社会实践能力,邵庆元还别出心裁地仿造社会体制组织了个"校市会"。所谓校市会,即把学校称为"毓德市"。在"毓德市"里,设有市长和建设局、公安局、教育局、卫生局、出版局等"部门"。公安局,负责管理学生礼貌、仪表、纪律;建设局,负责管理学校环境、卫生;教育局,负责推行国语运动,促进课外阅读,组织作文、书法、文艺、演讲等竞赛活动;卫生局负责组织课外运动和球类比赛,管理球房及厕所卫生;出版局负责校刊、版报的编辑、出版。其中,"公安局长"下辖"公安局员",由各班的班长担任;"教育局长"下辖"教育局员",则由各班的副班长担任。全体"市民"(学生)就在"毓德市"层层机构的管理之下。各级干部由选举产生,但必须要有一步一步提升的资历。要当"毓德市市长",先从"局员"干起。推选上"教育局长",得必须干两年,然后再任

毓德女中蓝球队,1938年摄

毓德女中运动员于1934年代表厦门征战省运动会

毓德女生

"公安局长",最后才有可能选上"市长"。校市会实质上是个学生自我管理的组织,学校的环境,由学生自己来管理;学生的大小事情,由学生自己来决定;学生的活动,由学生自己来策划、组织。邵庆元通过这种形式,不仅起到培养训练学生干部的作用,更为重要的是,将"集团生活中的人之发展"的教育目标落到了实处。校市会的严密组织,贯彻着一种群体思维,增强学生们的合作精神;校市会的各种活动,激发着学生们的创造意识,培养组织和管理能力,也使学生们提高了知识,扩大了眼界。

毓德女中的体育,在那个时代是十分惊俗的,女学生穿着西式运动服装在大庭广众面前做操、比赛,一改封建女子见人要逆来顺受、低眉顺眼、噤声回避的"小媳妇相",与男孩子一样跑跳、一样喊叫。1931年至1936年5年间,毓德两次荣获厦门市中学的"女篮冠军"。1935年,厦门市第一届运动会在厦门中山公园举行,毓德夺取了女子组总优胜,而且校女子排球队和网球选手代表福建省出征全国运动会。毓德女中的体育不但增强了女生们的体质,更重要的是培养起她们"男女平等"的意识和新女性勇敢、进取的人格。

积极推广普通话更是毓德一项非常超前的传统。学校规定学生进校门后必须讲普通话，不许讲方言，违者受罚，并由学生会严格贯彻执行。当时，厦门通行闽南话，难得听到普通话。学校这一规定，培养了学生讲普通话的习惯，为学生毕业后走南闯北创造了有利的条件。

邵庆元本人其实也是德智体群全人发展的典范。虽然他并没有很高的学历，然而却有着十分厚实的文化功底。毕业于寻源书院的他，英语水平没得说，而国学基础竟然也十分的扎实。几年的报社生涯，亦练就了过硬的文字能力。他精通音律、研究诗歌，翻译了许多西洋名曲。他所译的《AuldLangSyne》(宁有故人，可以相忘)，可称得上是最美的译文版本。他曾说："译外国古典主义的作品，必得用旧诗词的句调才配。"并列举自己所译的《往日》说："原作者为古典主义的诗人，必得用毛诗或宋词的句法，才觉得铢两悉称。"他受的是西洋教育，养成他开放、宽容的性格。他又是有理想、有抱负、有社会意识的人，在中国"收回教育权"的时代背景下，被挑选出来担当办学的重任，他也愿意从办学中去实现自己的理想。于是，邵庆元就在毓德女中留下了他的教育思想和办学业绩。可惜的是，他在毓德女中的校长任上只有八年的时间。1938年5月13日，日军占领了厦门。当年7月，曾任厦门市抗日后援会委员的邵庆元，为躲避日本人的追杀而辞职南渡新加坡。

"诚洁"校训代代相传

毓德女子中学以"诚、洁"为校训。对于校训，不同的历史时期、不同的办学理念有不同的诠释。在毓德的主理福懿慕等美国人眼里，校训的这两个字，指的是对上帝的忠贞、圣洁，她们希望毓德培养的是信靠、顺从、规矩的学生。而华人校长对"诚、洁"校训的诠释，虽然也带有基督教信仰的印迹，但又加入了中国传统的观念，形成一种略有世俗化的诠释：诚，即诚实；洁，即高洁。德智体群全人发展的"巾帼完人"，应该是诚以待人、洁以自善。两种不同的诠释，体现着两个文化主体的差异。这两个文化主体在共进中磕碰摩擦在所难免，邵庆元与福懿慕之间在办学上的分歧与矛盾也确实是存在的。邵庆元的办学就不驯服于美国归正教会，他有自己的办学意愿与办学模式。但是，这种磕碰摩擦最后还是渐行渐合，福懿慕也得正视中国社会的实际情况，因此，各自的教育理念，终究要从"磨合"到"融合"，尤其是在"收回教育权"之后，邵庆元的德智体群全人教育思想在毓德占据着主导地位。

1938年5月,日军占领厦门,邵庆元辞职南渡。与其他私立学校一样,毓德女子中学名义上由美归正教会接办,挂起美国旗,福懿慕继任校长职务。1841年12月,鼓浪屿沦陷,日伪当局接管了毓德女中,改为市立第二女子中学。调陈竞明任第二女子中学校长。

陈竞明,1908年出生于缅甸的华侨家庭,1911年归国。1934年毕业于福州华南女子文理学院,再入国立燕京大学深造,获中文硕士学位。学成后回到家乡鼓浪屿,在毓德女子中学任教。在日伪当局接管了毓德女中后,她不愿看到鼓浪屿的女孩子们失学而虚度年华,挑起办学的重任。

学校虽仍以中国人任校长,但日伪当局在学校设"视学官"进行控制。教学上实施"日语化",一律增设日语课为主科,废除英语和基督教课程。陈竞明校长一面不卑不亢地应付伪视学官和日语教师,保护学生们的安全,一面尽最大的可能把德智体群全人教育的优良传统延续下去。在教学上,她采用启发式的方法,鼓励学生独立思考;在课外活动上,经常组织各种课外兴趣小组,举办展览,开展各类体育竞赛,以促进学生的多方位发展。不过,她受福懿慕的影响较大,"淑女教育"乃是主导,校风相对没有以往那么开放。

1945年8月,日本宣布投降。10月25日,美国归正教厦门办事处具文厦门市长,呈请毓德小学复校立案,1948年7月12日批准。11月17日,毓德中学校董会具文厦门市长呈请复校立案,次年2月核准。复校后,陈竞明继续担任毓德中学校长,延续着原有的"淑女教育"。一项精彩的活动颇能说明问题,就是学校统一安排女生们分批轮流到田尾一座小楼集体住家,自己料理半个月的生活。这半个月的集体生活,不但锻炼了女生们独立生活能力,更是培养了女生们生活、交际中的"淑女"气质和风度。使校歌中唱的"兰花素兮梅花则清,方吾洁抱莹莹"的愿景能真正内化为女生们的素质。这种素质还表现在毓德朴素的校风。学生穿着统一的校服,夏天白衣黑裙,冬天蓝色旗袍,全是布料,朴素大方。学校规定,入校必须剪齐耳短发,不许烫发,不许涂脂抹粉;要讲究礼貌,在街上不许吃零食,见到老师要行礼。而当时毓德中学开设的家政课和缝纫课,一直到解放初期还保留着。

1951年8月,毓德女中与怀仁女中同时为人民政府接办,合并为"鼓浪屿女子中学",以东山顶毓德女中为校舍。1952年4月,转为公办,改名"厦门女子中学",陈碧玉任校长。私立毓德小学也于当年为人民政府接管,并入厦师附小。1959 年 4 月,厦门女子中学并入厦门第二中学,毓德校舍作为二中的高中部。毓德作为独立的女子学校到此画上了句号。

毓德女中虽然画上了句号,但它的影响却是深远的。正如邵庆元所期望的那样,毓德培养出来的"人",无论是在治家教子,是在机关服务,抑是在教育界从事粉笔生涯,个个表现出毓德女中德智体群全人教育的特点。当年从毓德女中走出来的毕业生,后来成为女教授、女科学家、女医生、女工程师、女会计师、女建筑设计师、女企业家、女干部者,比比皆是。她们有的是各个科技领域的专家,甚至是享受国务院津贴的专家,在科学理论、应用技术及重大工程项目的研究、设计上做出了重大的贡献;有的是救死扶伤的医生,挽救了多少濒危的生命;有的是桃李满天下的教师,为莘莘学子的健康成长而付出心血……即使是在家相夫教子,也都遵循着毓德母校的"诚洁"校训,默默无闻地培养着善良正直的下一代。很自然地,她们会把"校训"变成"家训",代代相传。在这里,毓德女中的"校训"通过家长的言传身教,对子女们起到潜移默化的作用。这也是鼓浪屿教育生态的特色之一,鼓浪屿人特有气质的造就,与这种家庭价值取向和生活品位的传承有着很大的关系。

(许十方　陈　峰)

参考文献

朱鸿谟:《毓德中学成立二十周年之回顾》,见《毓德校刊》总 57 期,1941 年。

毓德市出版部:《学校市消息》,见《毓德校刊》总 52 期,1938 年。

张承志、张尚训:《毓德女中校史》,见鼓浪屿政协编:《鼓浪屿文史资料》第 3 辑。

厦门二中英华毓德校友会编:《陈竞明女士纪念册》(校友通讯第 15 期)。

英华书院和英华中学

在厦门教育史上，英华中学是办得较早的新式中等学校。与那些由女学、旧式师范或旧式书院转型而来的中学相比，创办伊始，它就定位于"与英国中等学校相对应的"新式中学。因此，人们都以百年老校称之。

历史悠久的百年老校

光绪二十四年（1898年）2月，英国伦敦公会的山雅谷牧师（Reverend James Sadler）来到厦门鼓浪屿，租用荔枝宅附近民宅创办了一所学校。不久，在新加坡从事教育工作的苏格兰人巴伯博士（Dr. G. F. Barbour）游历厦门，认为教会应当在鼓浪屿办一所中等学校，用英语介绍新学识，以培养新思想的青年。巴伯博士的观点，正代表了当时教会在中国办学的方针。早期教会在中国办学，是以初等教育为主，这是由于其生源主要是妇女、儿童，文化程度较低。渐渐地，传教士感到需要有另一种在某些方面能与英国中等学校相对应的教育，以便为小学阶段的优秀学生提供一个接受更高水平教育的机会。更为重要的是，这样做将有助于为小学及中间阶段的圣道学校提供其所需要的教师。于是，巴伯博士热心向英国长老公会游说。英长老公会遂与伦敦公会合办山雅谷创办的这所中等学校，租怀仁女学后面的白楼（今鸡山路8号）为校舍，取名"英华书院"（Anglo-Chinese College），又名"中西学堂"。

英华书院和英华中学

英华书院租用怀仁女学后面的白楼（今鸡山路8号）为校舍

两公会合办一年，英国伦敦公会无意继续办学。于是英长老公会乃独力承办，由巴伯博士代表公会管理，并承担购买土地和楼房及其开展工作费用的主要部分。1900年，英长老公会委派原本服务于新加坡教育界的金禧甫（MR. H. F. Rankin）来鼓浪屿接办英华学堂。金禧甫在新加坡认识郑柏年先生，敦请他同来襄理校政。1901年，巴伯博士以白银15000元向德记洋行购买荔枝宅华严楼作为英华校舍，俗称旧楼。次年，从鸡山路的白楼迁入旧楼，金禧甫就任第一任院长（主理）。伦敦公会还从爱丁堡派遣两名经过大学训练并经审定合格的教师来承担部分教学工作。紧接着，郑柏年向学生家长募捐5000元，于1903年在旧楼附近建造一座主理住宅。至此，英华书院在荔枝宅一带拥有了自己的楼地，奠定其百年的基业。

草创时期的英华书院纯粹是一所教会学校，它仿英国的高等学堂制，附设大学预科二年，开设有基础课程、商业课程和科学课程。商业课程包括书写信函、缩写、打字、记账及政治经济与商业的会话。科学课程包括化学、天文学、自然科学、数学、教育和心理学。学生还上音乐课、体育课和击剑课。书院完全采取英国式教育，除《四书》、《五经》等中文教材外均使用英文版课本，并用英语授课。书院专收男生，有寄宿生和走读生

厦门文史丛书

厦|门|老|校|名|校

1908年英华书院师生合影　　　英华书院1901年购地拓校园

两种类型。1901年已有学生106名，其中一半是寄宿生。教育费用每人每年24元。虽然书院仍在草创时期，但在教学人员、设备和课程设置等方面，却已经同中国的任何其他书院一样有了非常坚实的基础。长老公会希望在中国的东南部，建立一个遵循西方的思想和原则、按照英国的方式，以忠实于基督教理想为目的，以"拉夫德尔"和"马德拉斯"这样的学院为榜样的宗教启蒙和传播西方文化的教育中心。

　　和当时的许多教会学校一样，英华书院大约于1905年创设了英华基督教青年会，在青年学子中传播基督教义。到了1912年，英华基督教青年会已基本成型，有了正副会长、秘书，还设了德育、智育和体育三部。德育部负责查经班，并协助教会工作；智育部负责主办常会时的演讲会、讨论会、辩论会等；体育部则主持体育训练。英华书院早期的办学宗旨，在于促进青年学子之德、智、体三育发展。故当时只提"德、智、体三育"。基督教青年会即围绕"三育"开展工作，其重点的德育工作，实质上是为传教服务的。后来，这个组织逐渐从单纯以宗教活动为号召的青年团体,发展成以"德、智、体、群"四育为宗旨的青年活动组织。

经过十年耕耘,英华书院依靠海外的捐款继续稳步进展。1913年,英华书院在旧楼对面建造大礼堂,礼堂楼上为新楼宿舍,后边又建造浴室、膳厅及宿舍,连接新旧两楼,前面辟为小运动场,形成"同"字壳形校舍。

英华民众夜校教职员

此时,英华书院仍沿用"二四"两级中学制,教学仍是重英轻汉,学校规定上午授英文,下午教汉文。英文课本皆从英国购买,教师大都为英国人,一律用英语讲授,故英文程度特高,毕业生得以免试而升入英国的大学。汉文采用四书、古文、唐诗、尺牍等为课本,聘旧塾师授课,闽南名儒叶青眼、闽南名报人陈允洛以及教过私塾的晚清秀才傅维彬等都曾在英华书院当过教员。书院的最高权力虽属英国人主理,但一切校务则由舍

英华中学1913年扩建"同"字壳楼校舍

监独行支配，事实上是一位校长。当时的舍监是郑柏年先生。他管理较为严厉，但仍很关怀学生。1917年，主理金禧甫退休返回英国，由工部局董事长洪显理（Mr. H. J. P. Anderson）兼任主理。

1923年，全国教育联合会公布了根据1922年11月1日以大总统令公布的《学校系统改革案》而制定的《新学制课程标准纲要》，推行"新学制"（即壬戌学制）。次年，英华书院改名"英华中学"，按"新学制"要求，实施三三制，分高、初中两部。

1926年，郑柏年就任该校第一位华人校长。郑柏年担任校长后，重视中文教育，学校教学从重英轻汉转向英汉并重。为此得到热心教育事业的华侨人士大力支持。这一年，郑柏年为增建校舍筹措经费，远涉重洋到菲律宾募捐。一路上，他极力宣传英华中学的办学成绩，许多华侨因此把自家子弟送回国到英华中学攻读。翌年，郑柏年又到新加坡、爪哇募捐，再次得到华侨的支持，于是在荔枝宅旁边增建一幢两层建筑，称为第二校舍。第二年，即利用这幢校舍附设高级小学班（英华中学高小部）。在此期间，学校蓬勃发展，学生人数已增至数百人，英华中学成为在福建省乃至东南亚一带颇有影响的中学。

在轰轰烈烈的"收回教育权"运动的促动下，国民政府于1927年颁布了《私立中等学校及小学立案条例》等条例，规定私立学校应于开办后一年内呈请立案，接受主管教育行政机关的监

1919年英华教职员

英华学生上课情形

早期英华中学英文版的数学、物理、英文教科书（部分）

督和指导；应设立校董事会，外国人充任董事的名额，至多不得超过 1/3，并不得担任董事长；必须以中国人充任校长或院长，等等。把持英华中学校务的英长老公会迫于形势，成立英华中学董事会，并着手筹备立案。董事会由英长老公会、中华基督教闽南大会和英华校友会三个团体联合组成。首届董事会成员有陈秋卿、杨怀德、郑柏年、叶谷虚等。1929 年，英华中学呈请立案，至 1931 年 5 月才获得福建省教育厅的批准注册立案。

沈省愚兼容并蓄的教育思想

1930 年，英华中学校长郑柏年告老辞职后，董事会任命沈省愚为校长。沈省愚执掌英华达十余年之久，他的教育思想是在英华工作时逐渐成熟，反过来也对英华的"学校文化"产生重大的影响。

沈省愚毕业于厦门中学堂，接受的是中国传统士大夫教育，汉学精湛。"正心、修身、齐家、治国、平天下"的观念，在他的头脑中深深扎根。而至后来，在"万国租界"的鼓浪屿，他又受到了基督教的影响，尤其是与基督教家庭出身的邵友文结婚后，他潜研《圣经》，颇得其中三昧，成为虔诚的基督教徒。接任校长后，因按当时教育厅的规定，中学校长须有大学学位，故沈省愚于 1933 年被送到福州协和大学专修两年的大学课程。协和大学是美国人办的大学，在那里，沈省愚接受到正规的西式教育，杜威实用主义哲学教育思想对他影响颇大。这些因素的结合，形成了沈省愚的教育思想，以中国传统士大夫精神为体，以西方的个性解放、个性教育为用的中西结合教育思想。在沈省愚执掌英华中学的十年时间里，这一思想对英华中学的教育方针与办学质量起着较大的影响。英华中学"栽培有德智体群并基督精神之人才，以服务国家与社会"的办学宗旨，正体现了沈省愚的教育思想。

德，即要有服务国家与社会的责任感。沈省愚眼中的德育，不只是单纯信上帝、求真理，而是"栽培有德智体群并基督精神之人才，以服务国家与社会"。因此，他在为英华中学校歌写的歌词中勉励学生，要"乐群敬业"、"专诚尽智"，"要高瞻远瞩，逾驽骀"。

智，即要培养求知、思辨和实践的能力。他注重学生的个性发展，希望学生通过自己的主动探索去获取知识。他亲自在初中二年以上的所有班级开了一门课，叫做"O_4"课。他让学生将学习中、生活中碰到的任何问题提出来，他在"O_4"课上解答，或在班上讨论和辩难。更多的是把问题

厦门文史丛书

|厦|门|老|校|名|校|

英华书院毕业证书

记在本子上,每个礼拜交一次。他在学生交来的本子上批复,作个别回答。然后,在"O_4"课上,他挑典型的问题进行讲解。化学符号中有"O_2"氧气,"O_3"臭氧,没有"O_4"。这是个自创的符号,表示极为活跃的意思。沈省愚开此门课的用意,即活跃学生的思维,自由地交换思想,启发学生的独立思考,让学生从中学到许多课本之外的知识。

体,即要有健壮的体魄。英华中学的体育运动历来就富有传统,而在沈省愚任上,开辟篮球场及排球场,添置体育室,为学生的体育锻炼提供更好的条件。学校的体育课也是丰富多彩的,可踢足球,也教国术。沈省愚本人就颇有功底,他亲自开办了一个武术班,每天早上五点组织学生练武。

群,即通过组织各种各样的课外活动对学生进行群体教育。英华中学的课外活动丰富多彩,有话剧社、艺术社、摄影科、园艺科等。从初中二年级开始,每个学生可以选择参加一项课外活动组织,最多参加两项活动。在这些活动的组织中,他强调中西文化并举,供学生自由选择。艺术社分为中国书画和西洋画两个部分,有教素描,也临摹《芥子园画谱》;话剧社,与其并存的还有京剧组。沈省愚要学生对"东洋的雨,西洋的风","敞开胸襟说来吧!好的收下不客气,要是坏的就丢进垃圾箱里!"

沈省愚对学生组织社团抱宽容的态度,甚至允许那些非主流的、不公开的社团存在。他尊重学生的自由意愿,不强迫学生参加某一团体。英华中学作为教会学校,按教会的规定,教会子弟都要加入基督教青年会,但沈省愚却没有硬性执行。有一回有人向他建议,应该把这规定写进学生守则,沈省愚就站在过道前公开解释说,这规定是出于一部分信教的家长的要求,学校也希望教会子弟尊重自己父兄的愿望;但信仰是不能强迫的,到他们长大了,可以自己做出判断。

沈省愚的这种教育思想和方式，是五四运动以后，在中西文化碰撞中所形成的，与传统教会学校的教育方式有着很大的区别。沈省愚是英华中学建校之后的第二任华人校长，却是收回教育权之后的首任校长，与郑柏年任校长时相比，在办学上有更多的发言权。立案之后，教会虽然并未退出学校，但也开始"三自革新"的中国教会的参与，削弱了外国差会的绝对权力，而在校董会中由校友会选出的成员多于教会的代表，就使中国人对办学有更大的发言权。因此，沈省愚才有机会把这种中西方文化兼容并蓄的教育思想，付诸英华教育的实践之中。然而，他的实践却践行得十分艰苦。

沈省愚是在一个不平静的历史时期接任英华中学校长的。一方面，"九一八"事变之后，抗日救亡的社会思潮高涨，而当时英美对日本仍然持姑息态度，外国公会就挟基督教的和平主义反对学生参加救亡运动；另一方面，"闽变"失败后，国民党中央政府取代闽系海军权力及地方势力直接统治福建，利用群众的爱国情绪加速推行"党化教育"。沈省愚在执掌英华中学的头尾十三年里（包括其赴协和大学进修的两年），一直是处在不同势力之办学方针的夹缝中，为实现自己的教育理念而苦心经营。

立案后，国民党以党化教育钳制私立学校的办学。这与沈省愚按着自己的理念培养学生产生了许多冲突。那个时期，他心底常有许多抑闷，在给1935年英华中学初三毕业特刊作序时，他写道："我心里抱歉的，却是有许多东西，我们愿意教，很可以教，我们也铁真的知道，教给你们好，可是人家管住不准教，你不拉倒得吧？有许多东西，我们以为不必教，我们也教不好，不愿多教，人家却管住你非教不可，你怎好说一声'不'呢？"这段话，正是其当时心声的吐露。

沈省愚执掌英华时，伦敦长老会与中华基督教会不再资助英华中学，经费靠学生所交学费维持。此时，学校在不断发展，校舍需要扩大。1936年，沈省愚积极筹措资金，大事校园建设，将第二校舍增高改为三层大楼，还新辟了体育活动场地，添置了体育设备。同年秋，又兴建起由百名校友捐建的"百友楼"图书馆。至此，"英华"校园的建筑面积已达3930平方米，藏书数量在厦门诸中学图书馆中名列前茅。1938年，正值校庆四十周年，又获各级学生自动倡议集资，共得献金九百多元，建起劳作课课堂一所和升旗台。

厦门沦陷后，国民政府的市政府内迁了，英华中学的教育挣脱了国民党的党化教育的钳制。但另一方面，为了安全，英华中学归还长老会办理，

英华书院运动会

恢复"英华书院"的名称，重新挂上英国旗，李乐白（MR. Robert Tally）任校长，沈省愚则退居教务主任，外国公会的影响加大。虽然如此，沈省愚仍主持着英华的校务。在这一段时间，是沈省愚办学最为自如的时期。他可以不必再听命于国民政府的厦门市政府指挥，而按着自己的理念在培养学生的独立人格与创造力的路子上继续探索。而国难当头的忧患意识更激发了学生的自强精神，英华学子倍加珍惜读书的机会。

1941年底，太平洋战争爆发。12月8日凌晨，日军占领了鼓浪屿，驻进了英华，沈省愚被日本兵带走了。与日本人僵持了许久之后，他答应继续担任校长一职，大概是抱着维持英华书院局面的幻想吧。然而，过年后不久，日伪当局就强行接管英华书院，将其改称伪"厦门第二中学"，而把沈省愚调离学校，改由王寿堂（秀桐）任代理校长。沈省愚最终没能维护住英华。至此，这位自称为"守夜者"的人，终未等到"天明"就离开了英华。

沈省愚的处世与办学，力图将基督教精神与世俗的现实结合在一起，正如他的学生所评价的，"他想要把天国建在地上"，十余年的英华耕耘，就是他想造就的"地上圣殿"。然而，美好的理想终不敌残酷的现实。当日寇的屠刀血染家乡时，他以非暴力的"守夜者"留了下来，背起了那沉重的"十字架"，冀望以牺牲自我的基督精神来保全他心中的"圣殿"。但是，仁慈与博爱的心怀并没有使刽子手放下屠刀，反而令沈省愚自取其辱。在那段黑暗时期，沈省愚的妥协行为与他在校歌里写到"英雄胜迹，剩此荒台，狂澜谁挽，慷慨予怀"的那点中国士大夫民族气节与傲气产生了很大的反差，至今仍很难被人们所理解，这位老校长留下的只有"守夜者"的悲哀。

英华中学的教育特色

在厦门教育史上，厦门二中的英语教学和足球运动是独树一帜的特色，而这些特色，是与其前身之一——英华中学的优良传统分不开的。

英华中学的英语教学特色是伴随着学校的成立而开始形成的。

英华中学是英长老公会办的学校，早期教学都是照搬英国的学制与教学模式。在这里，英语教学历来是重中之重。从课程的开设看，英文课是仅次于宗教课的主要课程。从教学过程看，英语贯穿于大部分学科。如英华书院开办之初采用英国学制，分为初级部和高级部。初级部等于英国初级学校，高级部等于英国高级学校，最后两年学习的是英国大学的预科课程。课程分为商业和科学二科。无论是商业科的商业尺牍、英文簿记、速记和打字，或是科学科的数学、生物、物理、化学、天文、地质和心理学等课程，用的都是直接由英国买来的英文课本，用英语讲授，甚至课外的宗教活动，也都要以英语会话。这样，英语自然成为不可或缺的教学语言。虽然，学校也教授中文，但规定所有学生每天上午专上英文课，下午才上中文及其他课。

在学业的评价上，不管学校、教师或学生，也都是"重英轻汉"。学校当局在评定学生毕业资格时明显地偏重英文。从南洋来的侨生，一般都是英文程度高而中文程度低，对待这些学生，学校只要他们的英文成绩好就给予毕业文凭，不管中文程度之高低。相反地，国内学生一般是中文程度高而英文差些，但尽管中文已达到毕业程度而英文尚未达标，那就要等英文水平补到毕业程度，学校才肯给毕业文凭。由于有英语的功底，学生毕业后，可以进入涉"洋"的高薪单位工作，或到教会学校当教员取得较高的社会地位。少数八年级预科学生毕业后，可直接升入国内教会大学或英国大学深造，如1918年黄竹友同学直接升入苏格兰爱登堡大学，同年，林振明同学升入香港大学，1920年郑辉升同学亦升入香港大学。因此，学生和家长也普遍重视英语学习。

学校里英文教师大多聘请英国人或者归国的留学生，部分是毕业于国内名牌教会大学、英语流利、学问渊博的本地教员。他们平日很注意培养学生的英文写作能力，也注意训练学生的英语口才，以确保学生毕业程度与英国高级学校相等，能够免考而升入英国所属大学读书。

这种从课程、教材到教师，从课堂用语到课外宗教活动用语，彻底开放全盘西化的做法，从政治角度看确是当年"被开放"的租界环境和西方教会学校的产物，文化上也对中华文化的传承造成冲击。但从教学法的角度看，有其符合外语教学规律的一面：在教学中创设一个与所学外语相似的语言文化环境，这对学好外国语言极有帮助。这教学模式在百年历史的优胜劣汰中积淀下来，成为传统。

到了国民政府收回教育权之后，学校按国民政府教育部颁布的新课程标准开课，"重英轻汉"的现象有了较为明显的改变，然而，重视英语学习的风气已成为一种传统在英华中学延续下来。

在20世纪40年代，英华中学的英语课仍是教学中的重头戏，单英语科就开了多门课程：英语（Ⅰ）、英语（Ⅱ）、英语语法、英语朗读、英语翻译和英语演讲等，而且都是单独设课。英语课程多，任课教师也多，初中的英语老师就有5位，高中的英语老师多达6位，其中"胜安得"和"李乐白"是外籍教师。从初中起英语的课堂教学全用英语。久而久之学生们甚至可以辨认出，胜安得老师的英语是"纤柔动听的英格兰口音"，李乐白老师讲的是"浓郁的苏格兰腔调"。

而且，胜安得老师不仅在课堂里教英语，还对他的学生进行别开生面的课外教育。胜安得老师经常每周一个晚上邀请学生到他住宅举行teaparty。主人夫妇出面招待，人手清茶一杯（可随个人意愿酌加鲜牛奶、方糖），饼干数块。Party的活动有：先是边喝茶边交谈，接着由胜先生主持做集体游戏，然后再分三五人一组在胜先生预先布置的户内器械上玩游戏。这party活动，让学生在英国传统文化情景中进行英语口语交际实践。在交际中熟练了口语，学习了西方社交礼仪，感受了西方文化。怪不得英华出来的毕业生不但有一口地道的英语，还有那么一种风流倜傥的"英国绅士风度"。

新中国成立后，这些外籍教师离开了，而英华中学的英语教学传统却保留下来了。许多从英华中学毕业的学生，在高等学府修完学业后，又回到母校执教英语,把这种传统不断地延续下去。

英华中学的足球运动特色也是伴随着学校的成立而开始形成的。

19世纪90年代后期,鼓浪屿就已经兴起足球运动了。美国学者杰拉德·F.德庸在他的英文原著《归正教会在中国:1842—1951》一书中写道:"19世纪90年代后期,(厦门)当地的英国领事和'绅士们'提出在鼓浪屿的中学和蒙童学校设立板球和足球等运动,以促进体育的发展。"这始于中学的鼓浪屿足球运动,确切地说,是在英华书院兴起的。1898年创校伊始,英华书院就开展足球运动。在福建省,英华书院也是开展足球运动最早的学校。

英华书院田径队摄于1919年

英华书院开展足球运动得益于爱好足球的校长和教师,首任主理金禧甫就是一个足球迷,在建校初期便组建了学生足球队。其后接任主理的洪显理以及苏行三、王世铨、庄吉甫等教师也都是足球运动的爱好者,他们积极指导学生开展足球活动。学校还开辟了一个标准的足球场,为开展足球活动提供了很好的环境。

起初,英华书院开展足球运动是从"校队"重点抓起,从足球运动员的训练和培养抓起。每学期足球教练将运动员分成"虎"、"豹"、"狮"、"象"四队,每周三和周六的下午为训练时间,以防御、传递、掩护、冲刺为基础训练课程,训练出不少优秀的运动员。当时的足球代表队制服为白蓝相间的颜色。

1910年,英华足球代表队组训成军,由洪显理带队出征泉州,与培元中学足球代表队进行友谊比赛。英华足球代表队初露锋芒,节节胜利,凯旋归来。迨后又远征汕头、福州等地,与当地友校进行友谊比赛,都获得

1927年的英华中学足球队

优良战果载誉而归。自1920年始，英华书院与福州鹤龄英华书院约定每年举行一次足球友谊比赛，轮流作东，来往持续好多年。

在校足球队的带动下，足球运动逐渐成为英华学生最为喜爱的球类活动，参加足球运动的人数越来越为广泛。先是足球进入了体育课，大受学生欢迎。老师常常会在体育课留出一段时间让学生们"玩"足球。每当这个时候，欢呼雀跃的同学们自发地分为两拨，你来我往对攻起来，好不热闹。而后，一些爱好足球运动的学生，分别组织了跨班级的"健华"和"协同"两个民间足球队。又有一些班级的学生也组织了以班命名的足球队，如"闻籁"、"华辰"、"华年"、"英群"、"英英"等，有如雨后春笋，促进了足球运动在学校中的普及。这些足球队经常是以赛代练，每到下午放学后，数个班队在一个场地同时进行对抗赛，只见好几个足球在球场上飞来滚去，一大帮打着赤脚的球员在球场上追逐奔跑，简直分不出谁与谁比赛，只有那汗流浃背、满脸兴奋的球员才能找

英华中学足球队于1941年首次进入"番仔球埔"踢球

着他们自己的目标。这种热闹非凡的场景，几十年不变地持续着，成为这所中学的一道独特的风景线。

从普及中提高，英华中学的足球运动一直保持着良好成绩。

1932年，厦门基督教青年会附属的社团"厦门联青社"，举办了厦门市首届足球赛，参加者多为社会上的足球名将精英，英华学生队这一群名不见经传的毛头小伙子们，初生牛犊不怕虎，竟然踢得第三名。

1937年夏，英华中学足球代表队与来访的香港圣士提反书院（St. Stephen's College）师生队进行友谊比赛，取得了不菲的战绩。

1948年，英华高三年级两个班去台湾毕业旅行，临时组成足球队，一路与台北、淡水、高雄等地中学足球队踢过去，竟然保持不败的记录。

英华足球队还经常与进出厦门港口的英美军舰足球队比赛。英华学生在与欧洲先进足球王国英国水兵的多次对抗中，势均力敌，各有胜负。更为主要的是，在对抗赛中学习，胜似聘请外国教练临场示训。英华足球成长迅速，技高一筹，与此不无关系。

英华中学蓬勃开展的足球运动，不仅推动了厦门足球运动的发展，而且培养了一大批足球运动员。1943年夏，漳州举办"日兴杯"足球赛，参赛的各队足球运动员中，绝大部分是来自鼓浪屿英华中学的学生。1946年间，英华校友、上海中南银行副经理庄友仁在厦门设立"白马"烟草公司代理处，由于业务上需要，组织了"白马"足球队。其成员大部分来自具有相当足球水平的英华学生。1947年5月，上海足球劲旅厦声足球队抵厦进行友谊赛。本市劲旅白马队出抗上海厦声队，两队的队员绝大部分是英华学生，势均力敌，棋逢对手。结果白马队以四比一战胜厦声队。1948年，第七届全国运动会在上海举行，福建省派往参赛的本省代表队就是英华学生占绝大部分的白马队。

百年来，英华中学的足球运动传统一直延续到今天的厦门二中，仍长盛不衰。

英华中学的最后几年

1945年抗战胜利。是年9月15日，英华同学会成立复校筹备委员会，呈请厦门市长核准。英华中学在厦门诸校中最先呈请复办，10月就正式上课了。翌年，许扬三任校长。这一年开始，英华中学弃办小学部，专办初高中。1948年，许扬三留学美国，由其弟许四福代理校长。

厦门二中以原英华校园为校址

　　正当英华中学着力恢复正常秩序，因战争失学的学子们正想把失去的年华追回来之时，独裁、腐败、通货膨胀、白色恐怖和内战又使这种期盼破灭了。国民党、三青团组织进入学校，对教师和高年级学生实行"甄别"，加强对学校师生控制。种种做法直接造成了学生的不满，英华中学的学生纷纷投入"反饥饿、反内战、反迫害"的斗争行列。解放战争期间，"英华"师生自发组织"英华中学剧团"，公开演出进步话剧。进步学生还创办"英华民众夜校"，招收失学的劳动人民子弟入学。此时，中共厦门地下党组织在英华中学建立了活动据点，成立起拥有十多位中共党员的党支部，直接领导学生运动。地下党在学生中间进行时事、形势为中心的政治宣传，进而推进学校的民主学生运动，并引导学生走向社会，认识社会。这一切，改变了英华中学封闭、平静的学习生活，加强了学生独立思考与参与社会生活的能力，开始了鼓浪屿教育政治化、社会化的时期。在厦门解放前夕被国民党特务头子、杀人魔王毛森杀害的十几位烈士中，周景茂烈士就是1947年毕业于英华中学的学生。

　　1949年10月，厦门解放。1952年8月，英华中学改为公立学校，并与1951年3月先改为公立且易名为"厦门第二中学"的厦大校友中学合并，定名为"厦门第二中学"，以"英华"校园作为厦门第二中学的校址。以"英华"命名的这所中学就此打上了历史的句号，而它留存下来的优良传统，为厦门第二中学所继承，并在新中国的阳光下不断地发扬光大。

（许十方　陈　峰）

参考文献

[菲]胡国藩：《英华中学编年大事记》，见鼓浪屿政协编：《鼓浪屿文史资料》第3辑。

《英华书院》，见汪方文主编：《近代厦门教育档案资料》，厦门：厦门大学出版社，1997年。

习辛盛：《1892—1901海关税务司报告》，见《近代厦门社会经济概况》，厦门：鹭江出版社，1990年。

沈省愚：《我说什么话好呢》，见《芒种》英华初三毕业特刊，1935年。

沈省愚：《学校史料的另一页》，见《英年》圣诞特刊，1940年。

黄猷：《未完成的理解——记沈省愚先生》，见厦门二中校友通讯。

厦门市委宣传部、市社科联：《口述历史：我的鼓浪屿往事》，厦门：厦门音像出版有限公司，2011年。

邱玉崑：《英华足球史话》，见《鼓浪屿文史资料》第4辑。

怀仁女子学校

怀仁女子学校的前身是创办于光绪三年（1877年）的"乌埭女学"，比起1880年由厦门迁到鼓浪屿的田尾女学（毓德女中的前身）要早三年。可以说，怀仁女子学校是鼓浪屿的第一所女子学堂。

鼓浪屿首家女子学堂的诞生

封建时代的中国，女子想要入学堂读书受教育是难乎其难，即使是经过"戊戌变法"冲击，在近代新学兴起之时女子受教育的权利仍受到限制。光绪二十九年（1903）的《奏定学堂章程》说："少年女子断不宜令其结队入学，游行街市，且不宜多读西书，误学外国习俗，致开自行择配之渐，长蔑视父母夫婿之风。故女子只可于家庭教之，或受母教，或受保姆之教，令其能识应用之文字。"因此，即使开明一点的家庭，最多也只能让女孩子在家中与自己的兄弟一同念书。19世纪40年代，西方传教士刚踏上厦门的土地时，对这里的妇女不能识文断字甚感惊讶。为了让基督教进入中国家庭，传教士们设想先引导妇女皈依上帝。然而，文化程度极低的中国妇女，根本无法跟着他们一起读经习道，也难理解"道理"。为此，传教士们觉得必须先教这些妇女识字，然后才能传道。具有学塾性质的"女学"就这样在厦门应运而生，最早的是美国归正教会打马字牧师的夫人于1870年在厦门竹树脚创办的女子学堂。七年之后，鼓浪屿也有了它的第一所女子学堂。

怀仁女子学校

1876年，英国长老会倪为霖牧师夫人和吴罗宾牧师夫人决意在鼓浪屿办一所女学，她们竭力向英国的朋友和厦门的牧师娘及商家劝募捐款，募得银元1323元，在鼓浪屿乌埭角购地建楼。1877年6月，校舍竣工，她们招收了一批女生，开始了办学。当时也没有个正式校名，因校舍地处乌埭角，故人们称之为"乌埭女学"。又因为在当时的厦门人眼里，西洋白人统统是"红毛番"，所以这学校也被称之为"红毛女学"。

怀仁女学于1900年在乌埭角建的校舍

草创初期的乌埭女学是所义学性质的学堂，办学尚不规范。学校的一切事务由几位英国牧师娘担任，她们有自己的家事，在这里工作纯粹是义务性质，凭着的是一股"要中国的女子得着道理和一点儿教育"的热心。首期招收的24名女生是从厦门港、鼓浪屿、安海、石码、白水营等地的教会送来的，年龄在7岁至15岁之间。她们不用缴学费，英国长老会拨出定额津贴给学校，负责学生在校之学杂费和膳宿费等。即使是这样，有些家长还是不愿把女孩子送来受教育。在那时，人们对女子接受教育有许多偏见，"做父母的人都不明白，有许多人以为女儿念书是逗她玩耍而已，也有许多人怕她变做骄傲和懈怠，不理家中的事务，又因为校规禁缠足，禁学生和世俗结婚，也有许多人不敢令他的女孩子来就学，女孩子也很多啼哭不愿来"。为了让更多的女孩就学，教会不仅为学生提供免费就学、食宿，还给学生发放衣服和日用品，吸引贫穷人家的女孩入学。

虽然生源不多，规模不大，但乌埭女学已开始向西方现代教育迈开了步伐。开办初期的近十年里，这所女学设置的学科虽然还较少，主要以教读《圣经》为主，引导学生信仰基督尚置于首位，但与那些以"识字"为主、"读经"为目的的女子读经班相比较，它已将教育的对象定位于学龄女童，免费为适龄儿童和少年提供某种程度的学校教育，具有普及教育的性质；它的学习内容也不局限于识字读经，而是有了以基础科学知识如算术、自然常识等为内容的教学，初具学校教育的形式。尽管当初的办学动机还是为了传教，但不可否认这在中国的教育中是一场革命，它打破了几千年封建社会不把女子当人看的社会劣习，让许多学龄女童走进神圣的教育殿堂。乌埭女学作为鼓浪屿的第一所新式女子学堂，首开鼓浪屿女子教育风气之先，在鼓浪屿的教育史上留下了一笔。

仁历西："怀仁"校名的由来

1881 年，倪为霖牧师夫人去世。两年后，英国女子公会的麦克拉根小姐（Miss Maclagan），即中国人称之为"安姑娘"的受托料理乌埭女学。1885 年，英国长老会正式委派仁历西姑娘担任乌埭女学的主理。

仁历西（Jessie M. Johnston），英国大英长老会女传教士，1861 年 10 月出生在英国格拉斯哥的一个基督教家庭。其父仁信（James John stone）早期到厦门传教。受其父的影响，1885 年 10 月，仁历西刚过完她的 24 岁生日，即乘船前往中国，于 12 月 11 日到达厦门。此后的十八年时间里，仁历西就在以厦门为中心的闽南地区从事传教和教育活动，尤其是致力于教育事业。在主理乌埭女学期间，仁历西为这所学校的规范化发展奠定了基础。

仁历西接任时，学校教师不多，除了她自己和麦克拉根小姐外，就是本校的创始者之一、也是第一位学生吴罗宾牧师的夫人林红柑。学校除了宗教课程外，还设有算术、地理、天文、身体生理、缝纫、家务经济等课程。课本皆用罗马白话字，不但宗教之书用白话字，其他学科亦为白话字。当时没有国文课本，汉语学习则读《三字经》、《四字经》、《初学阶梯》，继而每礼拜一二次读古文《四书》，只识意义，不重文法，以至学生六年后离校，汉语程度不及其他学校的毕业生。

身为"洋教师"的仁历西却很重视把教育"本土化"，到了厦门后，她很努力地学习厦门方言，引用她自己的话说，就是"要培养有能力、有智慧的基督教徒，就让我懂得罗马拼音字的方言"。为此，仁历西认真向人请教，"随时听到的片言只语，她都很快把它记录下来，一旦有机会就用上去。她常常喜欢找时间和女学生们聊天或做游戏，从她们那里听到的谚语或优雅的表达方法，很快就补充到她自己的词汇表里"。经过刻苦学习，仁历西到厦门一年之后，就能为学生们授"方言"课。为了讲好课，她都要

怀仁女子学校

做精心的准备。在给其母亲的信中谈到"方言"课的准备，她写道："备课的时间长而且累，一个半小时的课程往往要有不止一个下午的准备"，"我得学习一本有五六章讲帝王将相的书。……不但要理解其大意，而且还要知道每个字的意思，什么时候用它"，"掌握了要领以后，我着手写出大约50道问题"。

怀仁女校学生宿舍

虽然如此，但仁历西还是认为，对中国学生来说，必须加强对汉字和词汇的教学。她不仅认真学习方言，也努力掌握汉语言，凭着刻苦学习，她的中文水平进步极快。为了让学生能更快更好地掌握汉字和词汇，仁历西针对学生大都具备罗马白话字基础的现状，自创了一套"汉语拼音"法。1902年，仁历西与马利亚·打马字合作编写了《字汇入门》一书。该书分上下卷，按由浅入深之法编写。每课五六个汉字，编成语句，且于汉字旁边，注罗马字音解，使人易于学习。在还没有使用审定的国文教材之前，学校的汉语词汇教学就是用这自编的教材和独特的教法上课。

在仁历西与其同事的努力下，乌埭女学在教会中的名气渐渐传开来，许多基督教徒家庭愿意将其女孩送到学校来就读，学校的规模也随之不断扩大。1887年，乌埭女学已从初办时的24名学生增至104名，为教会培养了不少"有能力、有智慧"的女教徒，长老会由此看到通过办学来推进传教乃大有成效，于是把办学的视线投向了更广阔的闽南地区。仁历西负起了这个重任，在安海、白水营、马坪、金井等内地建起了数间教会的小学校。这些学校的师资，都是出自乌埭女学。仁历西特别培养一批具有奉献精神的学生，采取有效的办法指导她们学习教育法与各种有关技能，使他们可以胜任教员的工作。1890年，林红柑受派到泉州开设女学校；1892年，已经前往漳浦传教的安姑娘在那里开设了女学校，都是从乌埭女学获得教员。1898年，永春创建女学校的时候，受派去担任学校教员的陈秋洁和陈端正，也都是乌埭女学的学生。

随着学校的发展，地处乌埭角的校舍越来越显得不够用了。光绪二十六年（1900年），学校的学生已增至200多人，住校的寄宿生也有80多人。虽然已经有两三次加建课室和宿舍，但还是跟不上发展。于是仁历西遂与英长老会商议，计划购置土地来建筑更大的校舍。大英长老会的女子公会支持仁历西的计划，寄来银元15200元，这笔资金足够建筑一座颇像样的新校舍。仁历西又在本地的几位姑娘和外国的朋友中间进行募捐，也捐2000多元，用于预备课桌椅及学校的各种器具。仁历西在日光岩下选择了一块地皮，即今人民小学所在地，开始建筑新的校舍。

仁历西没有看到新校舍的建成，1904年，她因病离开了厦门返回英国，1906年，仁历西在她的故乡逝世了，而学校的新校舍直到1911年（宣统三年），才全面落成。新校舍落成后，全校即迁入上课。此时，教会所有的人都很怀念她，感激她为这所学校所做出的贡献，于是就以她的名字来命名这间新的女学，称之为"怀仁女子学校"。

学制与课程的变化

光绪三十年（1904年），清朝颁布《奏定学堂章程》（时称"癸卯学制"），标志着中国近代学制的正式建立，中国教育从此有了制度计划、教学年限规定和完整衔接的学校系统。西方教会学校也借《章程》之力，将西方课程在中国"合法化"。怀仁女校的学制与课程，一方面顺应潮流要求逐渐实现规范化，另一方面又在政府所规定的基础上，自行设置一些课程，以适应其教育的目标。

仁历西离开学校后，虽然教会委派英籍人士棣赞美担任主理，但很快就改由华人主持校务。1906年，林红柑受任怀仁女校的首任校长。改由华人主持校务后，学校根据"癸卯学制"规定实行分班教学，并内设师范班。学校生源不断增加，至1907年已达457名。1910年，在羽清洁姑娘的提倡下，怀仁女学首次给毕业生发毕业文凭。所使用的文凭，是学校自行制图印制的。此时的毕业生虽中文程度不深，然精识《圣经》道理，可以担任教会小学的教员。

1912年1月，民国临时政府成立教育部，提出了新的教育方针，颁布了《普通教育暂行办法》和《普通教育暂行课程标准》两份改革封建教育的纲领性文件。这两份文件，不仅革除清末的封建教育，对租界的教会学校也有很大触动。

怀仁女校取消了三十多年来只限于招收教会子女的规定，开始面向社

怀仁女子学校

怀仁女中1938级毕业生

会招生。教会外的子女来就学者，已达半数之多。学校开始收缴学杂费了。此后，学校的经费来源就主要依靠学生缴交的学杂费，不足部分才由英国长老会捐助补充。其中，学生所缴交的学杂费占总支出的70%，英国长老会年均拨给的定额津贴则占总支出的30%。

1914年，怀仁女学增办相当于初中文化程度的旧制师范科，学制为2年。1915年，首届师范生毕业，学校发给自行印制的文凭。至此，怀仁女学已形成了初小、高小和师范（相当于初中）三等学制。当时的学制，分为初小4年级，高小3年级，师范2年级。因初小学生数过多，课室容不下，故分为甲乙两组，而教授程度，则无差异。学校根据1912年9月教育部公布《审定教科用图书规程》关于中小学和师范学校教科书"须呈请教育部审定"的规定，也渐次改用审定的课本，并加强了中文的教学，聘请国语教员教授普通话，教学的宗教色彩逐渐淡薄下来。高小、初小两级毕业生所用的毕业文凭，采用的是国家统一印制的小学校毕业证书，而师范部的文凭仍是自行印制的。

1922年，国民政府颁布《学校系统改革案》（即"壬戌学制"，又称"新学制"）实行"六三三制"，而怀仁女学则一直拖延到1927年秋才开始

怀仁女校全体师生 1939 年

改行新学制。初小仍为 4 年级，高小由原来的 3 年级改为 2 年级，师范由原来的 2 年级改为 3 年级。初小、高小的课程依照新学制规定，学校另增设女红、圣经和厦门方言等科。师范 3 年分预科 1 年，讲习科 2 年。预科的中文依初中一年级课程教授，此外还有圣经、地理、动植物等科目；讲习科的中文也依初级中学课程教授，并学习初级中学各科目，另外增加风琴、西乐、黑板画、研经等科目。

1930 年夏，怀仁女学增设初级中学普通科。1931 年 6 月，怀仁女学将小学与中学分开办学，成立了怀仁女子中学，任命王淑禧为校长，同时，停办旧制师范科。当时，怀仁女子中学制定的办学方针是"遵照教育宗旨及实施方针，继续小学之基础，以发展青年身心，培养健全国民，并为研究高深学问及从事各种职业之预备"，表明其承担中等学校教育的任务。根据教育部于 1928 年 8 月颁布《私立学校规程》的规定，当年，怀仁女学的小学与中学分别向省教育厅办理注册立案手续。1933 年，怀仁女中又增设高中程度的家事职业学校，先后由邵友文、刘葆华、欧施美担任校长。至此，怀仁女学进一步发展成为包括初小、高小、初中和职业高中在内的女子学校。

1938年5月,日寇占领厦门。为安全起见,怀仁女学挂起了英国旗,名义上由英长老会接办,恢复主理制,以英国人欧斯姑娘为主理。1941年12月,太平洋战争爆发,日寇占领了鼓浪屿。次年,日伪当局解散怀仁女中,把怀仁小学改办为鼓浪屿第二小学校,开始招收男生入学。与其他学校一样,日伪当局在怀仁女学推行奴化教育,英语和基督教课程被强迫取消,代以日语为主科;国语课以读四书五经代替;其他普通教科书则删去有关反日及爱国思想的内容。但学制未采用日伪政府的"六四二制",仍沿用初小4年,高小2年,初中3年,高中3年。

1945年,日本宣布投降。岛内的中小学陆续恢复原有的办学。怀仁小学重新成立董事会,并于1947年11月6日具文厦门市长呈请复校立案,1948年7月13日得予核准,王祖基担任小学校长。怀仁女中亦复办,由吴着盔担任中学校长,后由黄嘉穰接任。同年,怀仁女中增设高中班。学校恢复了以前的学制与课程,进入了正常的教学活动。

学校的课外生活

怀仁女学的学生每日除了上课外,还有不少丰富多彩的课外生活。

作为典型的教会学校之一,学校的课外生活免不了有许多宗教活动。在1927年12月国民政府颁布《私立中等学校及小学立案条例》等条例之前,学校可以在课堂上堂而皇之地上圣经课、开祈祷会,而在此之后,条例规定的"信教自由,教会学校不得强迫师生参加宗教活动",使学校无法把宗教科目作为必修科目,只能作为选修科,且不得强迫学生修读。为此,学校只能把宗教活动置于课外活动之中,通过举行一些特别聚会与团体聚会来进行崇拜活动。每周的星期一至星期四早上8点40分安排朝会,全体师生齐集礼堂崇奉上帝;星期五则各班级于课室中举行祈祷会,主席由学生轮流担任。每年的圣诞节和复活节,则每班学生举办唱诗会,或特别训练唱诗团举办赞美会,有时举办文娱会。会上还组织慈善活动,邀请社会上的一些贫困儿童赴会,学生们踊跃捐资,在会后购置一些物品分送给这些贫困儿童,有时亦将捐款送给一些贫穷的校友。

除了宗教活动外,学校还组织各种文艺活动。每星期六下午,高年级的学生都会举办国语会与游艺会,低年级的学生可以旁听参加。国语会均以学生自己组织，或演说，或讲故事，或讲笑话，或演双簧，或唱诗，或奏西乐，皆以国语为主，由本校国语教员乔杰臣指导。游艺会则有女教员指导，选择一些较有意义的道德故事，采用通俗易懂的表演形式将其表现出来。有时，则举办音乐会、歌咏会，或举行游戏、猜谜等活动。所有这些活动，旨在激发儿童天真烂漫之本性，以引导其学习兴趣。

实习，是学校的课外生活之一，用今天的话来说，就是社会实践活动。每星期日下午，高年级与师范部的学生到怀德幼稚园担任主日学的教员，实习主日学的侍奉工作。到了放假时节，学生则到社会充当义务教员，或招数人共设一义务学校，或自己邀集数名邻居儿童，教以识字、读经等。学校为此特备各种普遍适用的书籍，如《初级国文》、《算术》、《罗马字》、《圣诗》，以及《教员指南》、《普通卫生讲义》、《强健须知》，以供义务教员之用。学生通过实习，得以将其所学的知识付诸实践，促进教学相长，同时亦培养服务社会及人群的精神。

学校的课外生活还有文体活动。学校经常开展徒手体操、游戏、唱歌、跳舞、篮球、活板、秋千等各种文体运动，以强壮学生的体魄，活跃学生的生活。在开展这些活动的同时，还组织比赛及展览，以促进学生的向上心理。

弦诵遗韵传百年

从1877年在乌埭角办学开始，怀仁女学由小到大逐步发展，每年学生数都在增加。1887年，累计学生数已从初办时的24名增至104名。1897年，为253人；1907年为457人；1917年，为798人，至1927年，学校的累计学生数已达到了1558人。其中，后15年所招收的学生达950人。在弹丸之地学校林立的鼓浪屿，这个数字甚为可观。

作为一所囊括初小、高小、初中和职业高中（先后有师范和家事）在内的女子学校，怀仁女学为社会培养了不同层次的人才，也为高等院校输送了不少优秀的生源，而其中的许多人后来成为教师、医生、护士以及闽南基督教会的牧师、传教士。据1927年倪玛义校长对办学五十年的毕业生就业统计，在1558名学生中，有230人走上了教师的岗位，有50人成为牧师或牧师娘，有15人当上了女医士。怀仁女学的首任校长林红柑以及后来的何白云、吴贞玲校长，都是本校的毕业生。而在二十世纪的鼓浪屿乃至闽南地区的中小学，曾在怀仁女学接受教育的女教师更是举不胜举。

怀仁女子学校

新中国成立后怀仁小学改为厦门师范学校附属小学

从事医学工作者的怀仁女学毕业生,最有成就的就是当代中国妇产界的泰斗、与林巧稚并称为"北林南何"的何碧辉。出生于 1903 年的何碧辉少年时在怀仁女学接受启蒙教育,毕业后曾留校担任代课老师,后来往福州继续升学。1933 年,30 岁的何碧辉从北平协和医学院毕业,获博士学位,并受聘于南京中央医院妇产科。1944 年,何碧辉借着在怀仁女学打下的坚实英语功底和妇产科的实践经验,负笈美国著名的约翰·霍布金斯大学医学院和密执安大学医学院深造,归国后出任南京中央医院妇产科主任。新中国成立后,何碧辉先后担任中国人民解放军华东军区医院主任和南京军区南京总医院副院长、一级教授,为我国的医学事业做出了巨大的贡献。

新中国成立后,已有 75 年办学历史的怀仁女学焕发新生。1951 年 8 月,怀仁女中和毓德女中合并为"厦门私立鼓浪屿女子中学",次年 4 月为人民政府接办,转为公立,改名"厦门女子中学",以毓德女中原址为校址。1951 年 9 月,人民政府将怀仁小学移归厦门师范学校接办,改名为"厦门师范学校附属小学",校址仍在怀仁小学。1952 年,私立毓德小学也由人民政府接管，并入厦师附小。1960年9月，厦门师范学校迁同安，厦师附小更名为"鼓浪屿第一中心小学"。1966年，鼓浪屿第一中心小学改名为"人民小学"，沿袭办学，百年不衰。百年来，这所学校的优质办学传统和优良办学作风，浇灌培育出一代代优秀人才。其中，出类拔萃者不乏其人，他们中有专家、学者、教授、企业家，有在海内外知名度很高的指挥家、钢琴家、教育家，有肩负重任的领导干部，更有许许多多在平凡岗位上为祖国、为社会默默奉献的劳动者，他们为母校写下一页页光辉的篇章。

（许十方　陈　峰）

参考文献

倪玛义：《怀仁女学校50禧年史》，见《鼓浪屿怀仁女学校50禧年纪念刊》，1927年。

史何自云：《最近20年》，见《鼓浪屿怀仁女学校50禧年纪念刊》，1927年。

怀仁女学校：《学校概况》，见《鼓浪屿怀仁女学校50禧年纪念刊》，1927年。

米塔、莉娜编：《仁历西在厦门生活纪略》，见何丙仲译：《近代西人眼中的鼓浪屿》，厦门：厦门大学出版社，2010年。

私立厦门双十中学办学实录

在近代，厦门迈入民国门槛后出现的一波波学堂改制过程中，教育层次较高的中等中学、并兼办职业类学科的学校相继出现，创办于1919年的"双十乙种商业学校"就是一例。

几经演变、数度易名，多少年过去，人们对它的昵称，还都是用"双十"。因为它与厦门、与厦门市民贴得很近，厦门市民看着双十沐风栉雨，双十也与厦门市民患难相随。双十自办学之日起，似乎都在厦门引领一泓新式办学、务实办学和精致办学的清流。

还是回头看看双十的办学之路，也许会有更深的体会。

一以贯之的办学方向

1919年10月10日，厦门各界举行了辛亥革命9周年提灯游行活动。在热闹无比的氛围中，素有教育兴国之宏愿的马侨儒先生，却惆怅再生，他时时感念厦门虽为"商旅辐辏"之地，但"病于无学"，尤其缺少专门培养商业人才的学校。看着满街兴奋无比的人潮，他便萌发了教育救国、创办商业学校培养经贸人才的设想。马侨儒先生的构想很快得到余金隆、白嘉祥、蔡鹤友、杨辉煌、林昭荣等挚友的支持，并表示愿意在经费方面给予支助。从那时开始，马侨儒先生便与商界友人积极筹措经费，开始投身学校的创办。1920年春，旅居菲律宾华侨、马尼拉云梯实业公司总经理林珠光先生回厦门结婚，与矢志投身教育的马侨儒先生"一见如旧，遂成莫逆"，林珠光先生还明确表示愿为马侨儒先生的办学构想出力、出资。就这样在海内外商界人士热心赞助下，马侨儒先生筹得开办费千余元，再加上自己的积蓄，便有了创办学校的第一笔资金。他作为办学的创办人，先期在霞溪仔租赁一处民房，作为临时校舍，挂出了"双十乙种商业学校"的名号，办学之初就将学校冠以"双十"之名，其义自现，就是为了纪念推翻帝制的辛亥革命。

创校校长马侨儒先生

办学之初，马侨儒先生自任校长，先设初级两个班、高级一个班，另附设小学，学生120名。为了使学校永续发展，保有社会各界力量人力与财力的长久支撑，马侨儒校长自学校创办之日起，相继邀请林珠光先生与厦门商界人士石鼎宗、卓全成、林怡山、杨天乞、陈福星、陈清

马侨儒创办的私立双十商业学校

吉、高敬廷、余宗模、林逢春、梁绳国先生等为校董。林珠光先生首先倡捐 8000 元，马来亚华侨刘育才捐助 1000 元，厦门诸校董捐助数千元。校董会的建立，诸位热心家的期望，无疑给学校的发展助力甚多。不久，办学势头看好，募集到账数万元资金，再加上林珠光先生捐垫的十万元巨款，马侨儒校长开始在鸿山北麓外清保箭场仔花园地，即原双十路（今镇海路）南侧启动双十校址建设，这就标志着双十永久基业全面建设的启动。这一期建设的校舍是一座四方形两层楼房，上下共 8 间教室，每间可容学生 56 人。校园内还兴建 1 个排球场，那时学校的位置还是偏僻，学校后山的左、右、后三面是鸿山的北麓和白鹿洞毗连处，荒山一片、坟墓一片，可见办学条件尚属艰苦，直到厦门 1924 年开始大规模市政建设，将这一带列为将建设的新市区后，居民日益增多，才脱离僻静，生气倍添。

此期间还有个插曲，1921 年，林珠光先生为完成父亲的遗愿，真诚邀请马侨儒先生在他的家乡禾山前埔村创办云梯学校。马侨儒校长亦决计鼎力相助，同时也将创办云梯学校视为己任。他不辞辛劳，日夜奔波于双十、云梯两校之间，锲而不舍地专注于学校教育事业，其情之真切、其行之笃实，堪为当时厦门商界与教育界人士交口称道，但这对当时中年有为的马侨儒校长来说，所承受的各方压力是一般人难以承受的，他的打拼也不是一般人可以理解的。

马侨儒校长的办学理念是追求办学的完美、完整和完善，尤其追求学校精神的培育。应马侨儒校长之请，1923 年，受聘为双十国文教员、前清秀才、诗人、《思明日报》主笔贺仙舫，悉心为双十校歌作词。校歌的曲谱作者不详，但从黄其华校长是虔诚的基督教徒来看，所选用的曲子与教堂圣诗极度相似，音高不高，曲式简单，曲调平和，易于传唱。依曲而做的歌词基本配合了乐句的字数与风格，朗朗上口，而且深潜着一股励人上进的推进力。双十的校歌歌词是这样的：

钦吾侨学生雍融相聚一堂，
鹭岛上，鹿洞旁，
共磨研，奋发图强。
习琴书，和弦歌，乐未央。
一班班，一行行，气象煌。
勤毅信诚，敬业乐群。
同学记着勿相忘，

努力为国争荣光。

歌词中"勤毅信诚"四字言简意赅,马侨儒校长几经斟酌,将此四个字选定为学校校训。从那时开始,双十就开始踏上一条漫漫办学之路。这条路走得艰难、时有坎坷,几多磨难,但"勤毅信诚"的校训始终激励师生砥砺学行、自强不息、谋求发展。

自1923年起,双十从霞溪仔迁至新校址,仍循旧制,共有学生110名。

1924年春,学校改名为"双十商业中学"。学制4年,附设两年毕业的预科。那年只设商中一年级1个班,学生12人;预科一年级、二年级各1个班,学生30余人。小学部因校址偏僻,交通不便,不甚适宜小学生就学,暂告结束。这一年,学校又增购山地500余方丈,准备用于添建校舍。

到了1925年春,学校设商中一年级、二年级两个班,预科一年级、二年级两个班,学生共计80名(预科只设两年,该年度后即不招生)。黄其华先生应聘担任第一任教务主任,全校教职员共计12人。那一年8月27日马侨儒校长终因积劳成疾,英年早逝,年仅36岁。校董会为纪念他的业绩,将他的遗体安葬在校内,立石铭记,并约定把第一座新校舍命名为"侨儒楼",以资追念。

1926年春,校董会聘请厦门基督教青年会总干事王宗仁兼任校长。王宗仁校长事务繁多,校务实由黄其华先生负责。那一年,双十已有学生130名。

1927年2月,校董会改行董事长制,由林珠光担任第一任董事长,常年经费大部分由他捐助。从这一年起,双十开始招收女生,开厦门私立中等学校实行男女生同校之先河。1927年8月,双十遵令改行新学制,改成普通中学。设初中、高中两部,学制各三年,改校名为"双十中学"。

1928年1月,双十的第一届商科学生毕业。学生渐众,学校共有学生170名。4月,林珠光捐建一座学生宿舍,占地50方丈;可容学生116人,命名为"珠光宿舍"。当时学生生源中闽南、闽西、台湾和广东省汕头、惠阳、梅县各地的寄宿生约占三分之二,南洋各地回国升学侨生约占三分之一。

1929年春,双十正式定名为"厦门私立双十中学"。这一年,对刚刚办学十载的双十来说,可谓崭露头角的一年。5月份,在福州举行的福建省第三次运动会上,陶文忠同学获男子五大项第一名、10000米第一名、1500米第二名，杨万雷同学获男子铁饼第三名等，获奖人数与获奖排名熠熠夺目。时任福建省教育厅程时奎厅长闻讯欣然赠给学校两块题有"体育救国"等字的牌匾。5月底，著名教育家蔡元培、马叙伦先生莅厦讲学，黄其华教务长数度前往拜访，并请蔡元培先生为双十学生自治会自办刊物《炉炭》半月刊题写刊名。10月，厦门市中等学校联合会成立，黄其华教务长被一致推为主席，这个职务由他领衔直至抗战爆发，该会结束时。在这一年的办学中，双十商科的办学令人瞩目，其原因就在办学的形式活泼，注重实效。10月28日—11月14日，商科四年级9名学生在王蕴玉、王逸云两位教师带领下，到台湾高雄、屏东、台南、嘉义、台中、新竹、台北、基隆等地，除游览风景名胜、参观各类学校和博物馆外，还参观了洋灰工场、农林试验场、制糖会社、飞机场、织布株式会社、盐水养殖试验场、信用社、制冰株式会社、蓄草拓殖株式会社、台湾银行、日日新闻报社、烟草工场、酒工场、台北医院、铁道工场等。

1930年是双十办学的一个转折点，转过了这个关节点，双十开始进入一个更符合教育思想和发展规律的时期，直至抗战军兴。7月份，王宗仁校长因受基督教青年会新制度中"关于不得在会外兼职"规定的限制，辞去他所担任、实为兼任的双十中学校长一职。8月份，校董会聘黄其华任校长，并兼任总务主任。黄其华校长接聘之后，随之提出自己已深思熟虑的办学理念及一整套实施方案，即以陶行知教育思想为指导，根据陶行知"教、学、做合一"的理论，推动全员"德、智、体、群、美五育并进"。黄其华校长还有创见性地提倡师生同生活、同甘苦。在学校建设方面，学校孜孜以求，切盼扩大学校校园范围，千方百计谋求教育资源的扩充渠道。学校雇工开垦附近校地，建筑食堂及体育场，增加享受奖学金名额数至20名，以此优待一些勤苦学生。学校开设双十暑期学校，招收了170多名学生，真正扩大了办学规模。到了秋季开学时，双十已有在校全日制学生275名。

1931年2月，双十按照当时福建省教育厅新颁行的规定，即"在私立学校校董会的成员中，文教界人士须占1/2"，改组校董会，增聘厦门大学教育学院院长孙贵定、教育系教授朱君毅、中文系教授黄鸿翔、文学院院长周辨明和法学院院长区兆荣等著名学者为校董。这也就在很大程度上为双十的办学注入新的活力，使学校的发展真正有了强有力的助力。这些新任的文教界名流学者，成了双十的教学与学术普及的后盾。他们为双十举办学术演讲会，学校每周还邀请厦大其他知名教授来校做专题演讲。一时间，双十的学府气息浓郁了起来，令当时厦门教育界同仁为之侧目，继而欣羡。可就在这春风荡漾、双十全校上下惬意办学的时候，却出了一件震惊当时厦门的大事。4月下旬，双十因化学教学实验室在实验操作中发生小事故，伤及数名学生。学生伤势不是太严重，可严重的是这小问题却引发了校园风波，部分学生挑动，鼓动学生持续罢课三星期。双十风波骤起，引起岛内外诸多媒体关注报道，被称为双十的"化学风潮"。事态还在发展，5月8日，黄其华校长在离学校不远的周厝巷内被人开枪击伤手臂。5月9日，双十校园风波再起，竟然出现混乱的场面，学校课堂桌椅玻璃窗等被捣毁，学校秩序陷入混乱。5月11日，风波终于平息，学校教学秩序恢复正常。此次"化学风潮"持续一个多月，这个学期不得不提前结束。所导致的结果是校内有教职员多人辞职，高中部暂时停办，学校应急措施就是7月5日，学校董事会董事长林珠光在本埠报章登载启事："黄校长被刺后，学生已于5月11日照常上课，并于月初提前放暑假，下学期仍继续开办。"并对原有高二下、高一下学生发给转学证书。为了全面加强办学管理，双十接受教训，在7月24日发布招生广告时，特地加上《来学者注意》附言："欲加入非法政治活动者请勿来学；欲干涉行政者，请勿来学；不肯接受本校之严格训练者，请勿来学；不肯从事本校勤劳诚朴之生活者，请勿来学；不肯专心读书者，请勿来学。"

  1934年的双十又在自创办学特色上，开始走出了自己的路子。1月份起，双十开始全面改行"生活指导制"，取消教务处、训育处，创立"生活指导委员会"，将人格之培养、思想之领导以及智慧健康之训练，打成一片，实施"教、体、训"合一的教育。学校成立生活指导委员会，设主席1人，副主席1至2人，主持会务。原有的教务主任、训育主任、体育主任、舍务主任、教务员、舍务员等一概不设。各班设生活指导主任1人。依据"教育即生活"的原则，对学生的自由活动加以指导，要求通过学习与教育的过程，促进生活，改造生活，使生活更能满足理想的要求。还要求教师注意学生全面的生活，不论是专任教师、兼任教师还是职员，都称作"生活指导员"。要求全体生活指导员经常关心学生，接触学生，并以身作则。黄其华校长和部分教师搬进学生宿舍住宿，每日早晨带领寄宿生爬山，做健康操半小时，日夜与学生生活在一起，注意对学生的人格感化。11月23日，全市各中等学校训育主任、公民教员、军事教官、童子军教练等到双十参观学校的训育情况，搜集训育资料。可这样的做法却得到不一样的结果，那年秋天，福建省教育厅认为双十中学试行"生活指导制"、创立"生活指导委员会"、取消训育处是与政府对抗，下令取消双十高中部备案。但是，双十还是自持己见，继续推行，认为这样的办学方式所培养的学生才是社会所需要、能适应社会的受教育者、社会新人。

1935年，双十在继续实行生活指导制的同时，强化全校的学务管理制度。加强对学生的考勤，学生无故旷课1小时者，即分别致函该生家长及该级主任，查明原因，共同训斥。每周一上午公布上周旷课学生名单。在这样严格管理之下，双十学生少有人旷课。双十严格统一着装，要求初中部学生上课均须穿童子军服，高中部学生均须穿校服，违者以缺席论处。双十还奉上级教育行政部门之令，禁止学生蓄发，作出的规定是：是年3月11日—13日为"光头运动期"。因事先已有多位男教师理光头发，全校男生踊跃争先，14小时内全校300余人一律"颅顶生光，同放异彩"。由此可见双十就是有着严明的校园制度管理，方能雷厉风行，由此可一叶知秋，可感受其风行草偃之效。

校长黄其华

要说双十的发展，也有一组数据为证：1936年6月22日，厦门市政府府二科（教育科）公布"本年度本学期各中学及短期小学状况，双十中学简况如下：级数——11，教职员数——32，学生数——514。……本学期计招收商业科一年级新生30人，新闻科新生11人，初中一年级新生4个班，计198人；连原高、初中各级旧生358人，全校学生共计597人。这样的数字是一个标杆，它创下双十中学开办以来历年学生数的最高纪录，也是闽南各中学学生数的最高纪录。

抗战爆发，双十也随着苦难的祖国走进那段凄苦的蹉跎的岁月。1937年9月3日，校董张圣才先生因宣传抗日被当局逮捕入狱，黄其华校长在全校大会上宣示："我们爱国，我们没有罪，我们不怕你们。"不久，日本军舰侵入厦门港，炮击胡里山和屿仔尾两炮台，厦门局势骤紧，学校决定迁往内地。平和籍教师蔡启新建议内迁平和琯溪，平和县琯溪镇商会会长周耕民来访，表示欢迎双十中学迁往琯溪。琯溪地方人士蔡乾六、林植青等以及原东溪中学董事长林友梧及诸校董热诚表示，愿将琯溪原"东溪中学"全部校舍与设备让出供双十中学使用，经费也由他们在当地筹集。经过商议，双十中学校董会和教职员均认为若要内迁，平和琯溪作为迁校继续办学地点及其他条件都很适合。

双十内迁平和后,以生产化、军事化管理学校。内迁时期,师生每日4点起床,在童子军教练的率领下,坚持不懈地进行军事训练。课余,以校园空地为生产基地,大种瓜菜,改善伙食。双十在平和的九年中,广泛进行抗日救国运动,学校的"中国童子军团"走上街头,开展抗日救国宣传活动,学生深入城镇、农村抵制日货,募集棉衣棉鞋慰劳前线将士,学校组织剧团公演抗日救国话剧《天长地久》、《此恨绵绵》等,唤起民众一致抗日,童子军团还常模拟敌寇入侵时采取的防守进攻相结合的军事行动,分别在各县、区进行露营训练。在平和9年,使平和及邻县学子得到中等教育者达3000名以上。双十的校歌也经历抗战的考验,在原有的歌词的格式上,相对应增加了一段,不仅是一段校歌歌词的增添,而是当时双十师生爱国热情的直抒。歌词是这样的:

> 际吾国多难,非常迁地为是。
> 天马高,琯水长,
> 施教育,不亚沙场!
> 曰三民,曰五权,何堂皇,
> 军事化,生产化,力量加强。

1935年,由胡文虎、胡文豹倡导并捐资(部分)兴建的虎豹体育馆

> 礼义廉耻，国之四维，
> 同学共勉共发扬，
> 复兴民族争荣光！

厦门沦陷期间，日寇占用双十校舍，以虎豹体育馆作拘捕、迫害我抗日爱国志士之所，甚至任意拆毁校舍。图书馆、职业科教室、总办公厅、膳厅、美术音乐等教室、劳作室、军训团团部、创办人马侨儒先生住宅和双十小学一部分校舍等，都遭到日寇夷毁。图书、仪器、校具均被破坏。到日寇撤退时，体育馆也遭破坏，徒存四壁，损失惨重。

熬过抗战的双十终于在1946年6月迁回厦门。黄其华校长抗战期间均在菲律宾马尼拉创办中正中学，并拓展实业，抗战胜利，他转道上海回到厦门，开始主持学校复员工作。黄其华校长离菲时，向黄文开募得的双十中学复员费菲币1万元（折合美金5000元）。返厦后，马上把这笔款项直接拨付用于修葺校舍，添置教具。抗战期间部分师生借用鼓浪屿鸡母山另设分校，双十复校时，抗战期间寄存在鼓浪屿分校的仪器图书虽已损失过半，亦搬回，用于复员办学之用。双十复员第一学期高、初中各年级共11班，学生470余人。黄其华校长还赴福建省教育厅，提交续办高中部的申请，很快就得到准许。7月27日，复员工作基本就绪，双十中学董事会召开会议，公推黄其华为董事长，张圣才为副董事长，卓全成、胡资周、黄本源为常务董事，并由黄本源兼财务董事。又请林珠光为名誉董事长。出席董事有：黄其华、卓全成、陈福星、石鼎宗、余金隆、周辨明、胡资周、丁锡荣、张圣才、黄本源、李世俊等。新聘叶道渊、陈联芬、张述、黄式厚四先生为校董。主席董事长黄其华作报告，宣布已获教育厅批准续办高中，并拟聘请莆田人黄玉树教授为校长。同时也决定：考虑厦门校舍及其他房屋均被炸毁，计损失五分之二，本年度拟先复员高、初中部，高级职校（商科及新闻科）、小学部暂无法复员。9月，双十校董会聘请吴厚沂任校长。吴厚沂校长继承双十中学的传统，从各方面罗致优秀教师，并聘请厦大教授到校兼课，如厦大化学系陈国珍教授、中文系郑朝宗教授、历史系韩国磐教授等都在双十中学兼过课。

1947年的双十又恢复了办学之初的元气，学校开放学生自由组织社团，社团在进步教师的指导下开展各种活动，举办各种报告会、时事讨论会、专题辩论会、出墙报等，学生思想十分活跃。办学条件也在不断改善，黄其华董事长捐赠美金3600余元，从上海购进大批理化仪器和药品，专门用于提高实验教学的仪器配置水准。这做法亦因为，学校办学的外部条件日趋恶劣，学校经费捉襟见肘。当时，由于市民生活日益穷困，学校不得不扩充免费生。名额占学生总数25%~30%的免费生的开支占了学校经常费相当比例，加之法币不断贬值，学校"经常费"赤字差额越来越大。黄其华董事长再度赴菲，向侨胞募捐。复隆兴公司、李清泉公司、中兴银行、交通银行及侨友杨启泰、郑汉荣、郑崇璀、姚道昆、蔡孝忍、杨永葆、李孝锦、吴宗明、杨金灯、洪采年、薛芬士、庄万里、许友超等30余人捐助菲币37000元、折合美金18500元，使"经常费"的不足得以弥补。除募得基金外，还募得奖学金名额100名、升学奖助金12名，募得建筑费重建图书馆、膳厅，并添建美术馆、宿舍、菲律宾校友楼。这在当时的厦门实属难能可贵。

就这样拮据地办学，蹒跚地前进，学校教学还是在艰辛困苦中长足进步。1948年，学校学生增至700余人，分15班。1948届高中毕业生、也就是复员后的第一届高中毕业生，62人参加全国大学入学考试，被大学录取48人，录取率达80%，而当时全国大学录取率为7%，约15∶1，而且大多数毕业生被录取在国内名牌大学。福建省唯一一所国立大学——厦门大学17个系录取的新生中，有9个系的第一名均为双十毕业生，双十中学报考厦门大学生学生录取率为65%，而其他学校还达不到30%。投考清华、复旦、暨南、岭南等大学的双十中学学生，也多被录取。创造了当时福建省公、私立中学毕业生大学录取率最高的纪录。

到了1949年8月初，为免遭蒋介石派遣到厦的军统特务头子毛森迫害，学校副董事长张圣才先生于8月22日潜往内地，黄其华董事长也于翌日携眷乘船赴香港。临行前夕，组织"校政委员会"，请教务主任黄卫世、前教务主任张堆金、训育主任罗旭升、体育主任杨绪宝、会计主任林寄尘、秘书林屿及高中教师萨兆琛共7人为委员，指定黄卫世、张堆金、罗旭升分别为第一、二、三召集人。指定由第一召集人担任代理校长，倘遇第一召集人被迫出走，即由第二召集人、第三召集人依次顶上。双十就这样以稳步的办学，迎来新中国的曙光，一步步踏向人民教育事业的门槛。

过眼云烟三十载，双十在始建阶段、草创时期，走的就是一条多种教育因素交集的路子，从设想到筹资、从定办学方向到招募师生、从租赁校舍到筹资建校、从不见经传不循旧制到自创办学模式，年复一年，都在创新中、在摸索中找寻着符合社情、关乎民需、属于自己的发展轨迹。

知行合一的教育践履

作为一个办学实体,其最重要的任务,也就是不仅要有遵行教育规律的趋向性,还要有阐释教育的独创性,还要有发展教育的可持续性。要做到这样,在那个年代,对于一般的学校来说,几乎是不可能的,其原因在于,那时社会整体的接受教育的水平甚低。若在那样的外部条件下还能有所设想、有计划、能实施,真可谓真知灼见。就这一点,当年双十是做了,而且还做出了成效。

在回望双十办学历程之后,再来聚焦当年双十的"生活指导制"和其所凸显出的教育认知与实践,从中也可体会在当时社会条件下,办学者的用苦良心。

在《双十中学创办始末》中,张圣才先生是这样来解读和阐释当时对教育的认知和任务的实施的,他告诉我们:

> 1925年,我主要工作任务是做《思明日报》总编辑,其二是双十中学的教务长,一身两职,事情没做好,《思明日报》在我手里没有发展。1925年底,我哥(社长)决定将报馆卖掉,让我全心做教育工作。1926年初,厦门《思明日报》卖给原来做经理的徐吉仁去处理了,我退出。
>
> 我离开协和大学时就有这样的见解:认为中国处于一个半封建半殖民军阀猖獗时代,一定要有一个大革命,然后才可能改变社会面貌,这个工作要做两个,一是从事革命,二是从事教育。我认为革命是非常时期的教育行为,通过革命能教育民众,让民众明白过来;教育是正常时期的革命,等于是长期要做阵地战,教育群众,让他们认识现实,认识国际形势,是正常时期的稳定工作。
>
> 离开《思明日报》后,我专心从事教育工作,就是参加黄其华先生的双十中学工作,1925年我接手《思明日报》,黄其华也刚刚接手双十商业学校,他做校长,在他手中改为厦门双十中学。校址在鸿山寺后,前清箭场仔这个地方,就是现在的镇海路。
>
> 当时双十只有百来个学生,是个小小的初级商业学校,改做正规中学后,招生多了,按中学体制办学,他做校长,聘我做教务,事实上教育工作是他在做,让我抓政治教育,政治问题多数由我掌握。学生对国际形势、国内情况,以及革命的认识情况,我是比较了解的。

经过我的提倡和教育,学生间渐渐形成浓厚的爱国思想,学生有了责任感。

1925年到1937年,我名义上是双十的成员,做了教务长,做了副校长,做代理校长,副董事长,我几乎与双十中学发展同步,但学校的进步发展主要是黄其华的贡献,黄其华先生是陶行知教育学说的实行者,他按照陶先生的理论来办双十中学,学校切合社会的需要,学生越来越多,到1935年,中学部有700多人,小学部有400多人,学校大了,是闽南学生数最多的学校。

从学校的发展史看,张圣才先生是厦门双十中学校史中举足轻重的人物,但他还是当时福建省、厦门市著名的社会活动家,即使承担再多的社会事务、抗日爱国事业大任,他对教育的关注与投入,并没因此而减弱。

在双十中学办学前期担任校长多年的黄其华先生,在当时的厦门教育界应该可以算是一位青年才俊,在办学和办学管理方面做了许多大胆的探索和有成效的实践。1988年出版的《福建文史资料》第20辑中发表的《厦门私立双十中学简史》就是他的办学回顾与办学思索。摘录其中几段,我们便可从中探知这所厦门老校的历史沿革与办学艰辛。

黄其华先生回忆概要之一,主要谈的是学校的草创时期,从校名变更为线索,将当时倡办学校的厦门商界与教育界知名人士的作为——体现,同时学校办学的发展历程也得到如实展示。黄其华先生是这样回忆的:

> 双十是马侨儒先生在1920年创办的,当时叫"双十商业学校",第二年,菲律宾华侨林珠光,与石鼎宗、卓全成、林怡山、杨天乞、陈福星、陈清吉、高敬廷等相继被邀为校董。林珠光首先倡捐8000元。
>
> 1924年春改校名为"双十商业中学",学制4年。1925年春季,设商中一年级、二年级两班,预科一年级、二年级两班。1927年2月,校董会改行董事长制,由林珠光先生担任第一任董事长,余金隆、石鼎宗、白嘉祥、杨辉煌四先生担任常务董事,常年经费大部分由林董事长捐助。同年秋季改行新学制,分高中、初中两部,各三年毕业,并改校名为"双十中学"。

黄其华先生回忆概要之二,就直接谈及学校办学的理念与实践,其重点是讲述双十中学自 1934 年 2 月创行"生活指导制"的要点。

　　1932 年 2 月，省教育厅规定，在私立学校董事会的成员中，文教界人士须占二分之一，双中仍于是年改组董事会。我以厦门大学教育学院院长孙贵定、教育系教授朱君毅、中文系教授黄鸿翔、文学院院长周辨明和法学院院长区兆荣在教育界有威望，建议校董会聘为校董。教学问题，亦多向他们请教。同时举办学术演讲会，每周邀请厦大的名教授来校做专题演讲。

　　我当时主张：要办好学校就须注意三点，一是须有完善的教学设备，二是须有优秀的教师，三是须有用功的学生。这三点以第二点为纲，因为有了优秀的教师，才能培养出优秀的学生；有了认真负责的教师，才能有用功的学生；有了苦干、实干的师生，就能克服一切物质上的困难，为自己创造出必要的物质条件。

双十鉴于当时学校组织及教育方法诸多妨碍学生的全面发展，乃于 1934 年 2 月创行"生活指导制"。实验三载，取得一定成效。兹将"生活指导制"的试行办法及指导原则，简略介绍于下：

　　1. 改革教学、训育、体育分立制度，实行教、训、体合一。依据青少年身心发展之程序，予以积极指导，务使成德、智、体健全之少年。

　　2. 依据"教育即生活"之原则，对学生的自由活动加以指导，要求通过学习与教育的全过程，促进生活，改造生活，使生活更能满足理想的要求。

　　3. 励行师生共同生活，注重人格感化。

　　4. 矫正教师偏重教书，忽视教人的观念。

　　5. 教师应该注意学生全面的生活，不论专任教师、兼任教师还是职员，都称作"生活指导员"。要求全体生活指导员经常关心学生，接触学生，并须以身作则，做好榜样。

　　6. 各班设生活指导主任（以下简称"生指主任"）一人。组织生活指导委员会（以下简称"生指会"），设主席一人、副主席一人至二人主持会务。原有之教务主任、训育主任、体育主任、舍务主任、教务员、训育员、舍务员等概不设置。

7．生活指导目标：

（1）发扬民族精神。

（2）锻炼健全体格。

（3）陶冶高尚人格。

（4）养成纯正思想。

（5）注意纪律训练。

（6）培养生产技能。

每项大纲之下，均订有具体实施的细目。

于今看来，黄其华校长是位用心的人，有两个观点值得我们现在的人在思索。

其一是"生活指导制"的试行办法及指导原则具有全方位的特点和可操作性，使"知行合一"的理念在一所学校的办学过程中得到确立和落实。"实行教、训、体合一"，点中了学生身心健康发展的要义；"对学生的自由活动加以指导"，关注了学生学习与生活的全程；"励行师生共同生活"，强化了师生的相融关系；"矫正教师偏重教书，忽视教人的观念"，定位了教书与育人的正确关系；"教师还是职员，都称作'生活指导员'"，有形地扩充了对学生教育的群体；6条"生活指导目标"，使"知行合一"的终极目标得以分解。作为当时的有见地的教育工作者，对自己从事的事业能够这样细致入微地指标拆分，定向、定性、定时、定质地核定培养目标，实属不易、也属不多。

其二是正确把握学校、教师和学生三者的关系，他所确认的三者关系是互相制约、互相促进的和谐关系，诚如他所言，"我主张：要办好学校就须注意三点，一是须有完善的教学设备，二是须有优秀的教师，三是须有用功的学生。这三点以第二点为纲，因为有了优秀的教师，才能培养出优秀的学生；有了认真负责的教师，才能有用功的学生；有了苦干、实干的师生，就能克服一切物质上的困难，为自己创造出必要的物质条件"。如此看来，教师正处于轴心的位置，有着纲举目张、举足轻重的作用。

以人为本的教学宗旨

与双十所经历的事件相比，这是一个微乎其微的一件小事，但这一件小事，直接触碰的是教育者与被教育者之间的关系。诚然，教育者与被教育者的关系，是办学、办教育的根本点之一，是可互动、可牵动，也可能趋向反向。教育者的智慧，很大程度上被牵系于此。

有件小事，在双十流传很久，是当年一段关于学校处理教师与学生关系的实例。那是张圣才先生的一段回忆。

> 双十中学是有爱心的学校，难得开除学生。按我的记忆，我是没有开除过学生的，但有一次，一个学生陈承基，他是毕业班学生，比较调皮，在运动场讽刺女运动员，体育教师认为这很没礼貌，向学校教职员会提出要开除这个学生的要求。这个体育教师叫洪得胜。
>
> 洪得胜先生是双十十几年的老先生，数学教得极好，兼教体育和音乐，是非常完全优秀的老师，但他对学生有成见，一定要开除陈承基，这个见解与我和黄其华是相悖的，学生初入学校犯错，应该要原谅他，孩子是需要教育才来学校的，有问题应该是教育而不是开除；至于高级学生，已经入学三五年，竟然再犯不可原谅的错误，那就是应该由学校负责，证明我们学校有毛病，没有做好。
>
> 因此洪得胜先生要求开除陈承基的时候，学校开教员会来讨论。
>
> 三十多个老师参加，会上老师们辩论很激烈，洪得胜坚持一定开除陈承基，他才愿意在学校待下去，否则他要离职。好几个小时的讨论，这个会从八点开到夜间，天都快亮了，争论得很厉害。我坚持这个学生要留着，原因是国民党教育部禁止被开除的学生重新入学，陈承基如果被开除，其他学校是不能收的，也就是说一旦开除，他将永远失学。此外，这个学生确实调皮，若在学校，我们可以继续教育，若开除，他就肯定没前途了。陈承基是寡妇的儿子，母亲只有这个儿子，很重视这个孩子，如果开除，家庭就会发生很大的问题。
>
> 教员会开到最后，争辩终于成熟，我就做了一个结论，我说为了陈承基这个学生的前途，主张还是不开除他，洪得胜老师如果确定这样他要离开，我们就赞成，原因是陈承基若被开除了，晚景肯定不妙，就很可悲了。而洪得胜先生是厦门闻名的数学教员，是多面手，他辞职，明天就可以找到工作，甚至可能有大学来请他去做讲师，离职对洪得胜的前途毫无影响。我请大家举手表决，是不是让洪先生离开，保留这个学生。后来，多数人赞成我的主张，洪得胜先生那一刻起就宣布明天离开学校……

厦门文史丛书

厦｜门｜老｜校｜名｜校

　　这是当年厦门双十中学办学的一个小插曲，虽然是个小插曲，无论从办学的角度来看，或是从尊师重教的角度来看，其说服力就在于将"知行合一"作为立校之本，将"以人为本"作为办学的初衷而贯彻始终。

　　记得，在30年前，我和张圣才先生与黄其华先生同时受邀担任政协福建省第五届委员会委员。与会期间，常与二老谈及三十年代双十办学的情况，作为民革中央团结委员的张圣才先生曾告诉我："双十中学在当时的厦门应该算是一所负责任的学校，当时我在学校主要做政治工作，所以学生的政治活动跟我很有关系，在'四一二'后，政府对学校管制很严，反对学生会这个组织，下令改成学生自治会，不准学生从事政治活动。我在这个学校里，经过黄校长同意，又恢复了学生会这个组织。学生会对当局的统治采取了对立的态度，学生会会歌是我做的，全部三节，我现在只记得一节，反映了那时学生的思想情况：

1949年双十中学合唱团成员合影

双十，双十，我双十，涛涛（滔滔）生命之流，飞依独尽不止息。绵绵万古千秋，冲破社会旧壁垒。真理彻底追求，创新人类关系史，保障平等和自由。

同学，同学，光明路上去吧！热血涌上来了！叫那黑暗魔王，跌下宝座吧！黑暗魔王呀，跌下你的宝座吧！……

这个校歌有三节，后两节我忘了，从这里可以看出当时学生的思想意识与革命针对性相当明确，那时我们认为蒋介石背叛革命之后是黑暗魔王，是我们的革命对象，因为这个，国民党下令禁止我们唱校歌，要解散双十中学学生会，虽然没有抓人，却也陷入很紧张的情况。"

厦门双十中学纵然有多少办学成功的骄傲，有数万有才之学子，若无当年筚路蓝缕的草创与坎坷逆境的抗争，何以谈此后的蒸蒸日上和日新月异？

（李向群）

厦门大同中学

与厦门诸多学校的倡办与建校相比之下，厦门大同中学的过程就较为顺利，当然这里还有不少坎坷、波涌。

聚合的是一方殷殷教育情

20世纪初的厦门正处于城市建设发展的起步期，城市的地域特点和优势正在聚合，并慢慢显现。此间，厦门作为一座商贸港口、海防要塞之城，其政治与军事战略的特点尤为突出。1924年2月21日，北京政府下令撤销臧致平漳厦护军使职务，任命张毅为厦门镇守使，一时间，矛盾激化，统领厦门要塞多年的臧致平不甘示弱，立起抗衡。3月16日臧致平会同国民党在闽势力何成浚部，在厦门揭起"讨贼"大旗，渡海攻取嵩屿，随即占领同安和漳州。处于1924年1月实现第一次国共合作后兴奋之中的孙中山，正在戮力创建黄埔军校、建立革命军队、成立国民政府、编组国民革命军，从而统一和巩固了广东革命根据地和革命政权。3月21日孙中山知臧致平领军向漳州大举进攻，特委臧致平节制闽南民军，并资助臧致平军饷50万元。4月7日孙中山主持召开国民党中央执行委员会第十九次会议，决议设置厦门市党部，直接隶属福建省党部。不久，时任福建军务帮办、督办周荫人属下部队与臧致平、杨化昭部在同安激战。臧、杨的部队不敌，终于撤出同安、厦门，退守漳州，厦门遂为北洋政府海军所占。也在这个

1932年大同中学第七组毕业生合影

时候，中国国民党福建临时党部筹备处在厦门设立。下旬，经驻厦海军当局默许，党务工作由秘密逐渐转为公开。

政治军事情势吃紧，但厦门的市政建设还是紧锣密鼓地进行着，8月1日厦门第一条马路开元路修建竣工。该马路从提督街到浮屿，全长700米，宽9.1米，人行道2.4米。城市的格局在当时厦门市政会的策划推动下，正在不断扩开，厦门的城市市政建设的规划实施，现在来看，应该是当时厦门历史上空前的一次"城乡一体化"。当时政府当局市政建设重点还是放在在厦门古城的西南一方，就是把厦门新市政建设自厦门古城北门一带展开两翼，向西南推展。到了1927—1932年，厦门再度扩大城市面积，先后拆除厦门古城剩余的城墙，并开挖夷平先锋营、靖山、虎溪岩、白鹤岭、破布山、麒麟山、虎头山、镇南关、蜂巢山、鸿山、粪扫山、美头山、后江埭等区域海拔在8～20米左右的低矮山坡，填平原来的小河港汊、低洼地，使厦门的地貌发生了根本性的变化。

随着政治军事地位的提升与城市建设的推进，厦门的人气聚集已经到了一个新的阶段，周边的地区的人士涌入，从政者有之、经商者有之、港口航运业者有之、银行金融业者有之，这样一来，厦门城市人群的整体文化素养全面提高，随之而来的就将是文教事业的递进式发展。

　　进入20世纪20年代，厦门的教育事业的发展应该是势头迅猛，陈嘉庚之于集美学校，缔造了一个家族型、系列式、规模化全面办学的先河，这对当时的中国教育是一个震撼。几年内，一气呵成创办了自幼稚园至大学，从普通教育到职业学校"一条龙"的学校教育体系，在中国教育史上可属创举。这对当时的厦门教育的量的形成、积蓄和质的积累、提升，无疑是打下一个坚实的基础。

　　集美学校的办学还有一层意义，那就是为厦门当时民间办学加温，使厦门的民间办学的热度骤然升起。如此的热度提升，使不少有识之士、社会贤达跃跃欲试，以自身的投入和尝试，致力于厦门教育事业的崛起。其中尤为突出的就是大同中学的创办。

　　1924年7月，本市的爱国华侨和社会贤达黄廷元、杨景文、曹允泽、彭丙卯、许鸿图等发起创办厦门市大同中学。有识之士创校办学的苦心孤诣之处不仅在于筹资与招生，还在于校名的选定和确定。几经商议，终于确定将"大同"作为校名。源出于《礼记·大同篇》的校名"大同"，蕴含孙中山所倡导的"世界大同"之理想，因为深入当时全民之心，而且已为有识之士作为行动指南与奋斗方向。校名确立，学校办起，在当时厦门便初现其影响力。学校办校之初，还相继确立以"发扬踔厉，振我民族"为办学宗旨，以"诚信勤朴"为校训（后改为"励勤毅诚"）。这对一所将面向社会公众的教育机构来说，已经宣示了对社会、对受教育者的承诺和对受教育者的约定与约束。

　　几位创办者在厦门、在闽南以及海外，都属不凡之人，而且，这一群不凡之人以关注乡梓、热心教育的心迹、心力和情怀，终于携手扬起了厦门教育史上的一面非凡的风帆。

　　黄廷元（1860—1936），原名熙恢，字复初，同安县马巷镇西炉村人。早年参加中国同盟会，厦门光复后，他先后被举任为厦门统制府民团部长、省交通司路政科长、省府高等顾问、福建省议会议员、厦门总商会会董等职。在当时他曾创办报业，厦门最早的《厦门日报》《鹭江日报》皆他创办，堪谓厦门报业之元老。他还投资自来水公司、电灯公司、福建药房、江东制冰公司等大中型企业，为民众生活提供了方便。

　　杨景文（1878—1961），字子晖，南安县小岻村人，前清秀才，是位教育专家，早在清光绪三十二年（1906年）就与黄廷元、洪晓春等人发起成立厦门大同两等小学堂，被聘为校长。宣统三年（1911年），在林则徐之孙林炳章的督促下成立厦门去毒社，杨景文任社长。在他的教育经历上，他还任过厦门大同小学和宝善小学校长。抗战期间，赴港经商，任香港陶化大同酱油公司董事长达十年之久。

在大同中学创办过程中，有一位创办人的事迹令人难以忘怀，他就是曹允泽先生。曹允泽（1869—1942），福建海澄（今龙海县）豆巷人。少年至越南西贡谋生。1918年后，创立丰源成有限公司。为人慷慨好善，对社会公益事业，乐于捐助，深得国内外人士的钦敬。曾任越南华侨总商会会长，连任越南华侨福建帮长。在越南倡办学校、义祠、会馆、医院七所。在家乡独资创办树人学校，捐献厦门大同中学礼堂，捐赈华北水灾得到三等"嘉禾章"的奖励。1941年，日本南侵越南，妄想利用曾允泽的声望，作联络华侨的工作。曹却隐姓埋名，避居偏僻村落，终其一生。

大同中学创办了，它的创办使厦门的教育事业又添新军。

走来的是一条漫漫办学路

厦门市大同中学创办之初，聘杨景文为首任校长。为了尽快将学校办起，杨景文校长四处寻觅办学地点，当时位于现今思明东路的宝善小学校舍略有富余，杨景文校长便以暂借的形式，先借用了3间教室，办起了大同中学。1925年7月，学校得到当时政府的正式批准，给予立案。1926年10月，当时的思明县政府具文呈报省府立案，

到了1927—1928年间，学校从宝善小学暂借办学的临时校舍搬迁到傅厝墓巷，还是租借民房，继续办学，当时的校址在现今思明东路东端，学校后门与林氏宗祠可相通。当时全校仅有初中3个班，学生有100人左右。办学条件虽然艰苦，办学环境虽然简陋，但还是吸引了不少有抱负的年轻学子前来就读。1927年9月，卢嘉锡转学到厦门市大同中学，插入初中三年级。少年卢嘉锡有抱负，又好学，人聪明又刻苦，学习成绩总在班里的前列。据卢嘉锡回忆，当年的老师十分勤勉，真正做到诲人不倦，他对老师的名字记忆犹新，每位老师的名字开口就来，教国文的是章柳泉老师、英文是李锡爵老师、数理化是胡思齐老师，至于校长杨景文对他来说，更是永远不忘，这是因为1928年9月，学业相当优良的卢嘉锡为了挑战自我，便壮着胆子向杨景文校长索取一张毕业文凭，凭着这张学历证明和聪颖过人的学识，时年不满13岁的卢嘉锡顺利考取厦门大学理科预科，成为一名小厦大学生。

为了尽快走出办学窘境，彻底解决有校无校舍的困难，1928 年起至 1929 年，杨景文校长在董事会支持下，在厦门岛内南面的靖山头选定校址，确定在现今兴华路 2 号，就是现在大同中学兴华路校区。新址一经选定，校方旋即开建，开辟山林，建造教学楼舍。经过一年多的建设，大同中学有了属于自己的校园，新校园毗邻万石岩之麓，环境极佳，林木葱茏、空气清新、清净安适，确实是学子求学的最佳所在。由于经费筹措的进度所限，新校园里先建成的是"一字楼"，命名为越棠楼。越棠楼上下两层，建筑面积约 725 平方米。楼上有五间教室，楼下有四间教室，中间为校门通道。楼前有一棵南洋芒果树，八十多年过去，此树仍伫立校园。

20 世纪 30 年代初，学校为了扩充办学、增办高中，便筹划向海内外募捐，旋即得到积极反应。捐助巨款的爱国华侨有胡文虎、曹允泽、许文鼎等，相继增建文虎楼、允泽楼、文鼎楼，校园建设一直持续到 1936 年，校园建设基本大功告成，形成一组四合院似的建筑群。学校同时增添不少图书仪器等设备。据当时就学于大同中学的我国著名经济学家童大林回忆，"文虎楼"竣工后，还有些余款，胡文虎先生还捐了一万块银圆，专门用于购买理化仪器，开设实验室，故"文虎楼"又被称"科学楼"。童大林对当年的学校和老师仍留很深的记忆，几度回大同中学，对当年老师、特别是学校行政管理人员的姓名与职别朗朗上口，那时是校长杨景文，训育主任许鸿图，教务主任黄至元、孙焕新，总务主任林文鼎。

1931 年"九一八"事变发生不久后，训育主任许鸿图先生在全校集会时，愤怒地谴责当局"攘外必先安内"的不抵抗政策。许鸿图老师是位雷厉风行的人，在大同中学筹资办校的时候，他还参与这三幢校舍的筹款，特别是筹募文鼎楼的建设资金时，是 1935 年他身患严重肾炎的危急时刻。当时他曾被医生预言活不过两年，他决计"与其在家等死，不如去南洋募捐一笔资金"，于是再下南洋，四处筹募。在建校时，许鸿图老师几乎都在新校园建设现场，甚至夜间都独自一人住在工地上，直到竣工。

到了 1932 年，大同中学被确立为民办公助的私立学校，每年得到教育补助费 3600 元银元。这使捉襟见肘的办学局面得到一定程度的缓解。1937 年大同中学的办学已初具规模，第一学期初中 5 个班，学生数 131 人（其中男生 111 人，女生 20 人），教职员人数 15 人。第二学期初中 6 个班，学生数 163 人（其中男生 148，女生 15），教职员人数 15 人。

好景不长，就在新校园落成不久，1937 年 7 月 7 日，全面抗战爆发。金门沦陷后，厦门形势严峻。学校奉令内迁海澄。校董会决定让许鸿图继

1949年，大同中学歌咏团合影

任校长。许鸿图是海澄县海滨村人。在"全闽师范学堂"毕业后，返乡创办县立小学和吾养小学。随后又来厦参与创办大同小学、泉厦师范讲习所、大同中学，对学校情况十分熟悉，他又是海澄人，由他来负责迁校与续办学校十分合适。1938年2月，大同中学迁到海澄县，借用文鼎小学为临时校舍，从厦门随迁一部分学生，再加上在当地招生，第一学期学生数就有199人，第二学期学生数增至206人。当时的办学条件极为险恶，日寇飞机不时骚扰，只好将学生疏散到山边的港滨村和路边村上课。

1940年，为保证师生安全，大同中学迁往南靖山城，借用南苑楼为校舍。那里的条件也是艰苦，校舍临近溪边，溪边一片荒凉，但大同中学师生在抗日烽火中，谨记"抗日不忘读书，读书不忘救国"的口号，坚持学习。师生们披荆斩棘，开辟体育场，自建食堂，修理破漏房子，因陋就简，坚持抗日办学。在南靖办学期间，大同中学在课余组织师生上街下乡，开展抗日救亡活动，在街上写抗日标语，画抗敌漫画，纪念日在校外教唱抗战歌曲。

1940年至1945年在南靖期间，许文鼎任校董事会董事长，许鸿图任校长直至1942年秋，而后由沈君泽接任校长。沈君泽接任校长后致力整顿校务，扩建校舍，学生人数增至 300 多人，教职工 30 多人。

1945 年 10 月，厦门光复。大同中学迁回厦门靖山头原址复办，沈君泽、李文立先后为校长，学校办学规模发展到 10 个班，新旧生合并约五六百人。抗战胜利后，百废待兴，学校从外地引进一批优秀教师加强教师队伍，同时更新教育观念，注重健全人格的培养，尤以使德、智、体、群、美五育全面发展为指针，尤其加强对课外活动的指导与支持。

迁回厦门后，大同中学便开始在申办高中资质这一提升办学层次上，下了很大功夫，为的就是争取成为一所完全中学。

以下函件所串起的不仅是校史、校产、办校历程，其实就是大同中学办校到内迁，再到复校、再到申办高中资格的苦旅。

厦门市私立大同中学复校并复办高中呈及省教育厅代电
（1946 年 7 月—1948 年 12 月）

（1）大同中学校董会呈董字第 6 号（1946 年 7 月 20 日）

　　查厦门光复，本校复员迭经将情呈报察核在案。本会随校复员，因抗战中原有校董疏散南洋一带，无法随校执行职权，经临时在海澄、南靖一带增聘地方热心人士为本校校董，以维持抗战 8 年中校务。现厦市光复，原有校董多数回厦，而抗战中所增聘校董亦多数忙于职务，不能随校来厦共同肩负复员职责，经本会第 1 次会议公推景文等 15 人为校董，并互推景文为董事长，专责计划复员建设。理合检同第 1 次会议录及校董一览表各 1 份附文呈请察核，赐准备查。谨呈

　　福建省教育厅厅长李
　　附校董会第 1 次会议录 1 份、校董一览表 1 纸（略）。
　　董事长杨景文
　　校董（略）

不久，便接到福建省教育厅的代电，代电称已接到大同中学校董会的复校立案函件，而且，表示"应准备查"。

（2）福建省教育厅代电致申梗厅教乙 122494 号（1946 年 9 月 23 日）

　　私立大同初级中学校董会：董字第 6 号呈件均悉。应准备查。件存。教育厅。二。申梗。印。

虽福建省教育厅表示"应准备查",但是增办高中的申请,还不能确定能否同意。校董许文鼎先生即刻从侨居地致函时任福建省教育厅厅长的梁龙光先生,极力宣示大同中学的办校理念与艰难。这份函件言辞诚恳,极为打动人心。

(3)校董许文鼎致梁龙光函(1948年1月25日)
龙光厅长勋鉴:渝市一别,寒暑屡易,久违台教,曷胜驰系。回缅复员以来,积极整复旧业,事务繁什,未能早日奉候,良深歉仄,遥维政躬康泰,为颂,为祝。敬启者:查厦门市私立大同中学创办垂20余年,经历届校董、校长苦心经管,联合安南侨领曹允泽、泗水侨领李双辉及弟等共善其事,弟与曹、李均捐款建筑校舍,分任经常费,规模即具,发展可期。不料抗战军兴,奉令内迁,始则海澄,继至南靖,坚(艰)苦奋斗,以迄胜利,尤为难能。复员之初,幸在厦校舍完整,略加修缮则复旧观。自抗战以来,校中经费概由本人负其全责。最近增设高中,亦经函请本人增加常费补助,弟复信愿以所经营之米厂收益捐赠经常费每年缅币5000盾,约值国币15000万元。兹接该校来函,以该校呈请增设高中未蒙照准相告。窃谓方今国家奖励私人兴学之际,地方上多一学校即多一培育人才之所。该校为海外侨领联合厦门热心教育人士所设立经营之教育事业,经费比较充裕,校舍设备亦较完善,增办高级中学似非过分要求,伏望体念私人办学之苦心,准予增办备案,以奖以劝,教育前途实利赖焉。谨此函请,盼祈赐复。顺颂政安。

厦门市私立大同中学校董会董事长杨景文先生和校董兼校长许鸿图先生得知许文鼎先生致函福建省教育厅厅长梁龙光先生之后,再递呈函,将举办高中,为厦门弟子提供接受高一级教育的谋划,再向福建省主席刘建绪呈报,以期引起更高层级的重视。

(4)大同中学校董会呈露寅寒校字第2号(1948年3月14日)
窃查本校创办于逊清末年,设校之初为大同小学。民14年续办中学,奠基于本市靖山之麓,小学部分改归公立。16年10月初级中学奉准立案,场所设备日见扩张充实,计有大同、文鼎、允泽、文虎4座楼房暨集会运动等场所，图书、仪器亦称完备，足供学生600人以上之研读与活动。民26年秋曾报请增设高级中学二年级，并已正式开办。旋以抗战军兴，厦岛沦陷，举校内迁海澄，继移南靖。赖全校员生之戮力同心，图书、仪器大部抢运保全，弦歌得以未辍，惟高中部限于内地环境乃暂停办。厦市重光后，本校在厦校舍因为沦陷期间被敌伪占有办理伪市立中学，房屋得以保全。复员以来，惨淡经营，渐复旧观，复办高中部亦已一年又半。当前戡乱建国兼程并进，念育才之切要与兴学之不易，益感学校本身职责之重大。厦市小学及初中每苦人满之患，而初中毕业生之进入高中一阶段尤待急谋解决。故本校复办高中确为适应地方之需要，所需经常费已蒙本校旅越校董、现任国民参政员许文鼎先生年捐15000万元（捐款书附呈），并就原有校产整理增益，年计可达3亿元以上，足符部定标准。为此备文详叙本校；复员情形报请钧察，并乞将本校复办高中一节赐予批准。至本校复办高中后应行重新办理校董会备案暨学校立案等手续，自当于本学期内办理完竣。逕呈主席刘

附呈许文鼎捐款书乙纸。（略）

厦门市私立大同中学校董会董事长杨景文

校董兼校长许鸿图

过了半年，大同中学董事会将立案呈报表上报福建省教育厅，再由福建省教育厅转呈报教育部，以待最后批准。

大同中学董事会立案呈报表
（1948年10月8日）

名称：福建省厦门市私立大同中学董事会。

目的：本会负经营私立大同中学之全责并力谋其发展为目的。

会址：厦门靖山头兴华路2号大同中学内。

资产资金或其他收入详细项目：（1）海澄县海门北山农地80石种兼蓄水闸1口，年收杂粮、鱼利30亿元。（2）校董许文鼎常年捐5000罗比，原合国币15000万元，增值照加。（3）上海益中瓷电有限公司股票旧股100股，银币2500元，新股1000股，增值照加。（4）中国银行（民国）26年存款3000元，新值未定。（5）学费收入年约30亿

元以上。现有收入计值 615000 万元，增值及新值当另计益。（下略）

到了年底，大同中学董事会又按要求报送"私立大同中学董事会"的章程，为立案呈报和增办高中加上了实质性的筹码。

董事会组织规程
（12月3日）

第一条　本会定名为私立大同中学董事会。

第二条　本会负经营私立大同中学之全责并力谋其发展为宗旨。

第三条　本会会址设在福建省厦门市靖山头大同中学内。

第四条　本会董事名额定15人。第1任董事由设立者推选，任期1年。任期届满由本会全体大会推选之，但连选得连任。董事人选须有1/3以上以曾经研究或办理教育者为限。

第五条　本会设董事长1人，常务理事4人，文书、事务、会计、出纳各1人，处理日常会务。由全体董事互选之，任期1年，但连选得连任。

第六条　本会职权如下：

（一）校长之选任或改聘，但不得干预学校行政；

（二）经费之筹划；

（三）预算及决算之审核；

（四）财产之保管；

（五）财务之监督；

（六）其他重要事项。

第七条　本会开会时由董事长主席，董事长因事故缺席时，由常务董事或委托其他董事代理之。

第八条　本会开会时须董事1/3以上出席，其表决须出席董事过半数以上之同意方为有效。

第九条　本会每年开常务会两次，于学期开始前定期举行，遇有重大事件必须开会时，由董事长、常务董事或董事三人之提议召开临时会议。

第十条　本规程经董事会通过并呈报主管教育机关备案后施行，修正时亦同。

好不容易，总算到了1948年底的12月23日，福建省教育厅发来代电，这才算拿到准予复校立案和增办高中的批复。

福建省教育厅代电露亥梗厅教乙150513号（1948年12月23日）

> 厦门市政府：露亥府二第10556号来文管附件均悉。查私立大同中学董事会所报学校开办表册经核尚无不合，准予备查，希查照饬知。件存。教育厅。二。露亥梗。印。

这份电文的最关键字就是"准予备查"，那十分关键的4个字的批示，实属不易，因为这是经过了1946年7月至1948年12月近两年半时间，动用了从教育厅长到省政府主席，动员了海内外校友，还盘点了校产家底，才完成的浩大而又费时的接受审批的过程。

1948年12月23日，大同中学的高中部获省教育厅备案，从那时起，学校成为一所完中。据厦门图书馆馆长李禧主编的《厦门市志·教育志》记载，到1948年12月，全校计有高中3个班，初中6个班，在校生达576人，教职工38人。全校拥有6幢楼房，建筑总面积3028.40平方米。据统计，大同中学从1924年创办至1948年，已毕业39组（届）计725人。

1949年10月17日，厦门解放。大同中学也走入人民教育的行列中，虽为私立学校，新中国成立后，也得到人民政府的支持和帮助。1949—1953年初学校经费困难，人民政府鼓励自力更生，于是学校又组织校董会。市侨联正副主席林珠光、林采之为正副董事长，蔡衍吉、林大胜、杨景文、卢嘉锡等10多人为董事，由董事会各位董事参与筹募办学经费。

1950年2月—1951年1月粤侨中学、道立中学相继并入，吴忠翰任校长，卓杰华任副校长。

1953年3月1日，私立大同中学迎来了新的发展时期，改为公办学校，易名为厦门市第四中学。开学典礼在军人俱乐部举行，郭荫棠校长郑重宣布："从今天起，我们学校就是一所社会主义的公立学校！"

几经波折，大同中学再度扬帆。

（李向群）

闽南职业学校

戊戌变法以后，在实业救国思潮的影响下，职业教育开始得到清政府的重视。光绪二十九年（1903年）十一月，清政府颁布《奏定实业学堂通则》；光绪三十二年（1906年），学部进一步颁行《通行各省举办实业学堂文》，职业教育开始在全国兴起。辛亥革命以后，民族工商业的发展，更进一步推动职业教育思潮的发展。在厦门鼓浪屿，一位执着于教育事业的有识之士也投入了职业教育的事业中，他就是时任鼓浪屿福民小学校长的叶谷虚。20世纪20年代初期，他创办了一所面向平民的职业学校——"闽南职业学校"，在鼓浪屿的教育史上留下了一段非同寻常的史话。

衍生于私立小学的职业学校

19世纪末20世纪初的鼓浪屿，兴教办学之风盛行，各类新式学校林立。外国教会学校经过一番整合与规范，形成了从幼儿教育到高等教育的完整体系。而国人自办的学校也如雨后春笋，不断涌现。鼓浪屿岛上的士绅、侨商和教育界人士，或为教育救国的信念圆梦，或以自家子弟的栽培着想，也办起了一所所学校。到20世纪20年代初，"中国人开办的学校数量已越来越多地超过外国人开办的学校"。

叶谷虚主持的福民小学是当时鼓浪屿岛上近二十所学校之一。福民小学虽然也是教会学校，但创办以来，一直注重平民教育，尤其是叶谷虚主政之后，坚持贫富兼顾，一视同仁的办学宗旨，学生的学杂费比附近的小学要略低，对家境确实清寒而有志于学的学生，还特设了优待名额，尽量酌情减免学杂费。因此许多贫寒家庭都将其子弟送到福民小学就读，学校的生数年年激增。经过叶谷虚十年的努力，20年代初期的福民小学已由艰难维谷中走出来，颇具了一定规模。

叶谷虚并没有因为学校扶摇直上的发展状态而故步自封，一个现实的问

闽南职业学校

题引起他的思考，那就是"高小的毕业生，除了出自富裕之家可以一直继续升上大学求得专门知识者外，其他要直接进入社会抑或只能接受了普通教育的人们，到底得了什么专门的知识或技能去谋得独立生活呢？"特别是看到一些资赋不错、学行兼优，确实可以造就的学生，因家境困难，无法继续升学，又没有专门的技术特长，只能是当学徒、做小贩、当杂役，数年培养，归于徒然，如此现象深深地刺激着叶谷虚，而且，随着入学生数的增长，这种矛盾就越加显著，这种刺激就越加强烈，动摇着他原有的教育观念。经过反复的思索，叶谷虚得出一个结论："办职业教育。"

于是，叶谷虚约上其表兄、厦门女子公学校长庄英才，遍访热心教育的各界人士，探究开办职业教育的可行性。他们的想法获得了一致的赞同，旅菲华侨、菲律宾瑞隆兴的老板杨忠信尤其赞赏这一办学意向，慷慨地捐赠了200元作为调研费用。在杨忠信的支持与鼓励下，叶谷虚即于1920年暑假期间，与庄英才联袂沿海北上，考察教育。他们访问了福州及江浙一带教育发达地区的学校，一路走来，无不细心考察，尤其注重职业教育。考察归来，叶谷虚创办职业教育学校的决心已是更为坚定了。

1921年春，在广东藤工专科学习的林远峰学成回到厦门，叶谷虚便聘

他为技师，筹集设备，在福民小学开办"藤竹职业科"，于当年 5 月 25 日正式招生。叶谷虚由此开始了职业教育的实践，附设于福民小学内的藤竹职业科也就成了闽南职业学校的滥觞。

第二年春季开学，福民小学的生数突然激增至 400 多人，原有教室不够用了。叶谷虚舍不得放弃刚刚开始的职业教育实践，"一不作、二不休"，干脆扩大规模，在鼓浪屿内厝澳租下校舍，另办一所招收小学毕业生的"初级职校"，命名为"福民职业学校"。

职业教育从"手工业"开始，这是叶谷虚创办职业教育区别于鼓浪屿其他职业教育的特点。在此之前，鼓浪屿早有职业教育的出现。开办于 1898 年的英华书院，在设有公共课程的同时，还设了"科学"和"商业"两科供学生选读。"科学"科是为继续升学者设的，而"商业"科就有明显的为就业做准备的职业教育取向。1900 年，郁约翰在鼓浪屿救世医院里创办起"救世医院附设医学专科学校"，属于医科的职业教育。1901 年，鼓浪屿怀德幼稚园为培养自己急需的保育员和教师，办起了幼师培训班，后来发展成怀德幼稚师范学校。1906 年，培养小学师资的"厦门女子师范学校"也在鼓浪屿诞生。此外，鼓浪屿还有一些办得更早的、专为教会培育神职人员的"职业学校"。这些学校培养的人才，不是海关、洋行、银行、邮政的高级职员，就是医生、教师和牧师，都是社会地位挺高的"高薪白领"，因此说，在此之前，鼓浪屿的职业教育可谓是"贵族"的职业教育，能够读上这些学校的大多数是小康人家的子弟。而事实上，包括福民小学在内的一些较为平民化的学校，还有许多家境清寒的学生，为他们提供类似"藤竹科"的手工业技术教育，能使这些下里巴人的孩子们获得谋取生活的本领，从而在他们走上社会时能够独立地生活。相对于此前鼓浪屿的"白领"职业教育，叶谷虚所探索的职业教育，可以说是一种"蓝领"的职业教育，它符合当时鼓浪屿之岛情。叶谷虚的"蓝领"的职业教育，与其贫富兼顾、一视同仁的办学宗旨是一脉相承的。

为创业劝募海内外

职业学校与福民小学分开办学后，教学管理更为清晰有序，然而，同时经营两个学校，经费开支必然增大，而"贫富兼顾、一视同仁"的办学宗旨又不允许学校提高学生的学杂费，这不足的部分如何弥补？沉重的经费负担成为叶谷虚面临的主要难题。叶谷虚决定走出厦门，在海内外寻求支持，以破解难题。

1922年5月，叶谷虚亲赴上海、宁波，尝试着向旅沪、旅甬的漳泉同乡劝募办学经费。他自己也没想到，那里的乡亲们热情高涨，在很短的时间内，捐满了千余元的赞助款。天荒初破，这给叶谷虚极大的鼓励与信心，他坚信，只要抱着为事业勇于奉献、敢于牺牲的精神，脚踏实地地办好教育，就会博得社会人士的赞助。此后，他不厌其烦地进行了数次的募捐活动。

1923年元旦，叶谷虚赴香港募捐，得到闽南乡亲王少平、韩玉堂、柯鼎元等热心教育人士的竭诚襄助，仅一星期就募得2400余元。

自港返厦不久，叶谷虚又匆匆束装，买棹南下，赴南洋各地筹募办学经费。当时，闽粤一带南北军混战正激，局势不稳，而他的太太又卧病床榻。但他为了学校前途，不顾外患内忧，毅然前行。在菲律宾首府马尼拉，他再次得到瑞隆兴老板杨忠信的鼎力支持。在其协助劝募下，不过几个星期，叶谷虚已为职校募得捐款一万四千余元，数目相当可观。当他正准备因利乘便、继续前往各地劝募时，不料接到太太病危的电报，只得仓促北返。

有了经费保证，叶谷虚的办学信心更强了。他将一部分捐款用来购地，规划建设职业学校的校舍，另将一部分捐款用于拓展职业教育项目，添置学校教学所需的仪器、图书以及其他各种设备。

1923年冬，驻厦军阀臧致平大量拍卖官产地皮，作为出走厦门的盘缠。为了职业学校的发展前途，职校校董会研究决定，乘此机会购置荒地以备将来建设新校舍之用。叶谷虚选了厦门港附近的火仔垵一片荒山，面积有一千多平方丈。这块山地具有各种优越条件，负山面海，环境良好，有发展余地，且地点适中，交通便利。而且日后建筑校舍时，有山石可就地取材，既坚固，又经济。于是，职校以3500元的代价购置下来，于1924年春，完成契据手续的办理。

然而，火仔垵的这块地皮，却发生很多枝节，数度交涉，难以定谳。又其规模过大，而学校经费有限，如果要在此址建筑校舍，有点力不从心，故一直无法使用。随着学校规模的不断发展，解决校舍问题逼在眉睫。为此，叶谷虚与职校董事会反复商议，决定利用福民小学背后的空地，建筑临时校舍。1925年5月，临时校舍动工修建，至秋末，一幢三层楼的新校舍落成。这座校舍的建筑费用，完完全全是使用菲律宾华侨的捐款，因此，校董会在校舍的楼墙题上"菲律宾楼"四字，以资纪念。建完校舍后，华侨的捐款尚有剩余，于是又从捐款中拨出 2900 余元，在该校舍前面购买一块空地，作为操场之用。

福民职业学校的每一步拓展，都离不开海外侨胞的鼎力支持。除了为建校舍、添设备赞助捐款外，还有捐献基金与奖学金，为学校的发展提供保障，为有志于学的优秀学生提供资助。在叶谷虚南下菲律宾募捐时，杨忠信先生的儿子杨永保、杨永征兄弟除捐献校舍建筑费外，还将其先尊的鼓浪屿中华电气公司股金 5000 元，献给闽南职业学校作基金。杨永保的堂兄弟杨清波，也将其先翁杨忠权名下的漳嵩汽车路股份 3000 元，悉数捐作闽南职业学校作基金。而杨永保的弟弟杨永隆，也当仁不让，每年拿出 400 元，设立"忠信奖学金"奖励优秀学生，使许多贫寒人家子弟得以完成学业。杨氏兄弟热心教育、慷慨输将的义举，应当在闽南职业学校的发展史中留下重重的一笔。

闽南职业学校之所以能够不断地得到侨胞的捐助，除了海外华侨爱国爱乡的光荣传统和热心教育的尚义精神外，叶谷虚忠诚教育的一腔赤诚，也感动了海外侨胞，这点在劝募工作是起了十分关键的作用。1930 年春，他与校监、上海复旦大学校长李登辉博士东渡扶桑三岛，考察日本的教育。在神户逗留时，曾于数小时内得到当地热心教育侨胞慨捐千余元。1934 年，叶谷虚赴越南募捐，同样在较短的时间内，就获得旅越侨胞的 3000 多元捐款。海外侨胞不忘桑梓的热忱，也深深地感动着叶谷虚，他将这种爱国爱乡的精神化作自己兴办职业教育的强大动力与坚强后盾，更加倾注全部精力，努力推进职校的发展。

求发展一步一脚印

福民职业学校的创办，正值国民政府教育部颁布了新学制——"壬戌学制"之时。"壬戌学制"的一些新规定，对职业教育的发展具有一定促进作用，如改革学制，缩短小学修业年限，延长中学修业年限；重视学生的职业训练和补习教育；课程和教材内容侧重实用；实行选科制和分科教育，兼顾学生升学和就业两种准备，等等。这些政策，正合叶谷虚的办学思路，他也就紧紧抓住这个机遇，继续拓展福民职业学校。

20 世纪 20 年代初期，厦门的文化事业日趋发达，社会对出版印刷业有较多的需求，印务工人成为当时急需的人才。当时的鼓浪屿还没有印刷行业，各商店广告、商标等印务，均须到厦门印务馆去联系。叶谷虚瞄准

闽南职业中学第九界毕业生与教师合影

了这个空缺，决定在职业学校开办印刷科，一方面培养印刷技术人才，适应社会要求，解决学生出路；一方面对外兼营印务，增加学校收入，可获一箭双雕之功。1923年春，叶谷虚将在港募来的捐款，购买一部新式印刷机和铅字，在龙头街租赁校舍，开辟了职业学校的"龙头校区"，办起了职业学校的第二个专业——印刷科，并正式开班授课。印刷科附设印字车间，以福民小学名义发刊的《道南报》就在这里印刷。印字车间并承接街上商家的印务，不仅便利了岛上的商家，还借以弥补学校经费的不敷。

1925年，叶谷虚又根据"缩短小学修业年限"的规定，将福民小学高小第三年级改编为职校"商科"一年级，在龙头租赁的校舍开课，办起了职校的第三个专业。这年秋天，福民小学校舍后面新建的校舍落成后，成为职业学校的中心校区。此时课室较为宽裕了，于是把内厝澳的藤竹科和龙头的印刷科、商科一并迁入新校舍，教学管理更为方便。至此，职业学校已颇具规模了，校董会决定将学校更名为"闽南职业学校"，旨在面向整个闽南地区，扩大学校的服务覆盖面。

1926年春，职业学校又开办了第四个专业——皮革科。短短的五年时间，学校发展成为拥有商科、工科两大系列的职业学校。商科设有簿记、会计、统计等专业；工科设有藤工、印刷、皮革等专业，专业设置颇为可观。学校在校生达五百余人，成为当时闽南颇具影响力的职业学校。1928年春，职校又采纳发起人杨忠信开办裁缝科的倡议，在位于厦门岛上海岸街的厦门女子公学中分设女子职业部，为妇女提供职业技能教育。

职校既成规模，叶谷虚继而推进学校的规范化建设。一是申请学校立案，完善办学机制；二是继续开展对外交流，提高教育质量。

根据国民政府1927年颁布有关私立学校立案的条例和教育部1928年8月颁布的《私立学校规程》的规定，私立学校必须在教育主管部门立案，接受政府督学的视导。1928年秋，叶谷虚请中华职业教育社转函福建教育厅，要求给予补助经费。是年冬，教育厅厅长程时奎来厦，亲临职校视察，指示办理立案手续。

根据立案条例，私立学校应设立学校董事会，于是闽南职业学校重新健全校董会组织，公举职校创始人杨忠信为永久董事；聘林文庆、李登辉、胡宣明、蔡凤襥、陈之麟、刘光谦、黄奕住、李丕树、吕隆兴、许生理、林金殿、林富阁、王其华、郭汉森、杨忠懿、林寄凡、陈希尧、陈文麟、黄子芳、王秋虞、陈瑞麟、曾锦江、欧阳祺、胡资周等24人为名誉董事；聘李清泉、杨永保、戴金华、林聚生、郑焕彩、胡诸群、吕双合、杨伯钟、桂华山、于以同、吴天为、王尚琴等12人为旅菲董事；聘王少平、庄成宗、康镜波、黄德权等4人为旅港董事。成立执行董事会，以苏谷南为董事长，陈秋卿、周骏烈、叶攀桂、周辨明、杨永隆、王宗仁、庄英才、何其光、李克芽、叶谷虚等10人为董事；又聘黄伯权、林荣森、卓全成、马锡煅、叶文田等5人为顾问。在这份名单上，我们可以找到诸多近代史上的闽南著名人物，如厦门大学校长林文庆，复旦大学校长、著名教育家李登辉，中国第一位公共卫生专家胡宣明，厦大文学院院长、著名语言学家周辨明，厦门华侨公会会长苏谷南，侨商巨贾黄奕住、李清泉、李丕树、叶攀桂等，前党政要员周骏烈、蔡凤襥、陈之麟等。闽南职业学校借重这些人的社会威望、智慧学识和经济实力以提高办学水平。

董事会组织健全之后，职校于1929年呈报立案，很快就得到批准。立案后，闽南职业学校接受教育行政主管部门的领导和管理，执行国家颁行的教育方针与政策，并接受政府给予的一定经费补助。

在叶谷虚的20多年办学过程中，他注重与国内的同行交流，以他山之石攻自琢之玉。职校开办不久，他就应我国职业教育的先行者、中华职业教育社社长黄炎培博士之邀，到山东济南出席"中华教育改进社"年会，亲聆国内教育名流的鸿猷伟论，接受当时国内最前沿的职业教育信息。这次外出,他不仅得到黄炎培博士的道义支持,增强了办学信心,而且学到同行的不少办学经验,从中获得借鉴与启发。此后,叶谷虚就尽可能地外出考察,加强与同行的交流学习。自1922年至1932年的十年之间,他曾先后到过济南、杭州、镇江及福州等地,出席了四次的全国中华职教年会。1932年8月在福州举办的第十二届全国中华职教年会(自该届起,改称"中华职教社社员大会")兼举办福建省职业教育展览会,叶谷虚带了本校行政图表和商科、藤竹、印刷、皮革等各学科的作品参加展出,得到与会同行的好评。

这所华侨资助的"闽南职业学校"在叶谷虚的苦心经营下,一直开办到1938年厦门沦陷后,共培养上千名具备实用技能的社会有用人才。

(许十方 陈 峰)

参考文献

叶谷虚:《廿五年的回忆》,见《福民校友堂落成纪念刊》,1937年。

《私立闽南职业中学校董事一览》,见《福民校友堂落成纪念刊》,1937年。

厦门美术专科学校

　　创办于 1923 年的厦门美术专科学校，晚于 1918 年 4 月诞生的北京美术学校五年，而先于杭州的国立艺术学院五年，是近代中国最早的美术专业学校之一，抗战前福建省唯一的一所美术专业学校。

　　厦门美术专科学校原名为厦门美术学校，创办人黄遂弼，毕业于菲律宾国家艺术大学。1921 年，他学成归来，在今厦门中山路黄厝巷的"迎祥宫"开设"真庐画室"，教授西洋画。

　　在传授西洋画过程中，黄遂弼有感于厦门西洋画人才奇缺，很有创办一所美术学校的必要，但限于人力、财力，未敢轻易从事。1922 年，他与也是从菲律宾学成归国的同学杨赓堂，以及先后在集美学校和厦门十三中学担任美术教师的挚友林学大商议办校之

位于今厦门中山路黄厝巷的厦门美术专科学校

事，两人都表示全力支持。志同道合，三人也就成为共同发起创办的厦门美术学校创办人。经过一番筹划，因陋就简，以"真庐画室"作为临时校舍，于1923年9月1日宣告正式开学，校名为"厦门美术学校"，推选黄遂弼为首任校长，林学大任训育主任，杨赓堂主持教务，先开设西画系、国画系和艺术师范系。

厦门美术学校开办的第二年，生源增多，临时校舍已无法容纳，就在毗邻的顶释仔街租赁几栋民房，有的作为校舍，有的作为来自外地学生的宿舍。随着学生数量的逐年递增，师资、经费、校舍等一系列问题亟需解决。鉴于学校既没政治背景、经济背景，又纯粹民办私立，政府不拨款补助，只有依靠自力更生，才能推动学校健康发展。于是1926年成立校务委员会，明确分工，各尽其责，学校开始走上正轨。继而组建校董会，翁俊明、陈金方两位台胞知名人士出任董事会正、副主席，厦门知名房地产商柯清源、台胞张寿龄、郭水生以及本地社会人士陈朝煌、陈朝麟、陈长明、黄天乙等为董事。有了董事会的常年捐助，经济问题得以缓解；充实师资、教具和设备的难题，也就迎刃而解。此后，校名加上"专科"两字，全称是"厦门美术专科学校"，简称"厦门美专"。

1930年秋，厦门美专敦聘刚从法国留学回乡的艺术大师周碧初任教务主任。1931年春，邀聘也是法国留学归来的郭应麟为西洋画教授。同年，增设雕塑系，聘荷兰人葛默和女士为教授、系主任。1932年秋，周碧初教授另有高就，聘前国立北平大学艺术学院林俊德接教务主任兼西画系主任。

创办人黄遂弼先生

训育主任林学大先生

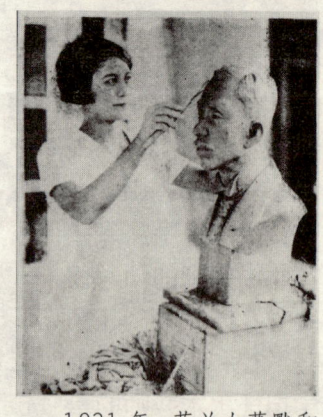

1931年，荷兰人葛默和女士为雕塑系主任

厦门美专重视品德教育和爱国主义教育，师生们都怀有爱国不落人后的情怀。1931年"九一八"事变爆发后，全国人民同仇敌忾，厦门美专也迅速成立"抗日救国会"，是全市学生反日救国联合会的常务委员、宣传部和图画股长，并出版《抗日画报》。直至日本占领厦门，厦门美专师生以画笔抗日的行动一直都没有停止过。

厦门美专拥有一支强大的教师队伍，除上文提到的外，还有许多大师、名师。如国画系主任赵素教授，西画和日文教授张万传，西画和美术史教授陈再思，国文教授邱应葵、曾玉林、苏警予、谢云声、

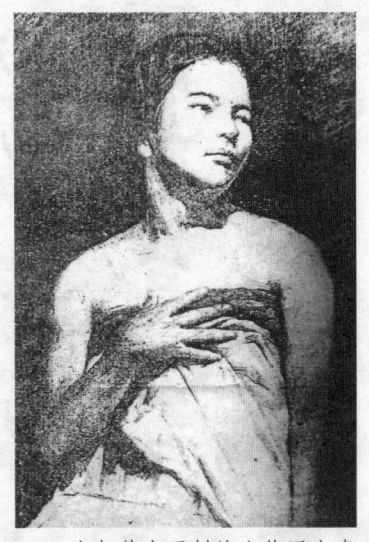

当年美专开创的人体写生素描开厦门风气之先

厦门美术专科学校艺术专修科第10届毕业生合影

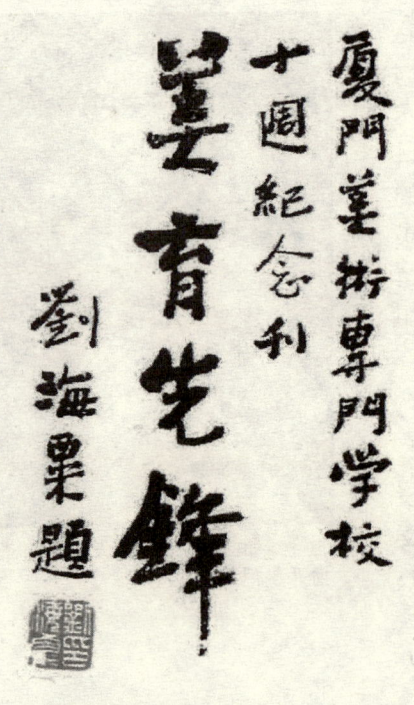

刘海粟题词（厦门美术专门学校十周纪念刊 蓄育先锋 刘海粟题）

陈丹初、欧阳桢等。1933年9月，当厦门美专庆祝创办十周年出版纪念刊时，国立北平大学艺术院院长林仲子、国立杭州艺专校长林风眠、上海美专校长刘海粟、苏州美专校长颜文樑、厦门大学校长林文庆等都惠赐题词，赞扬厦门美专为培育美术人才做出的贡献，"誉满艺林"。

1934年以后，厦门美专更上一层楼。这一年3月1日在报上刊登的"厦门美术专科学校招生广告"，说明学校分设两部一组：专科部有国画、西画、雕塑三个系；高中部包括艺术师范和女子图案；职业组设立"肖像"专业。4月下旬，厦门美专增设绘画研究室，登报公开征雇模特儿，进行实习模型的研究，主持这项课程的是郭应麟教授和新聘的谢投八教授。裸体的人体素描作品，在当时的厦门社会被视为惊世骇俗之举。6月下旬，厦门美专迁入中山公园东门内，在新校舍举办第三届"暑假学校"，开设的课程有：模型人体、静物风景图案、国画、艺术教育学、色彩学等，分别由郭应麟、谢投八、赵素、林学大、郭明盘、钟鸣世、吴怀椿任教，面向社会，服务人群。此外，还多次举办师生画展，丰富多彩的展品，备受观众称赞。

1935年间，出身名门的林克恭自欧洲回到鼓浪屿。他先后在英国、法国和瑞士的艺术院校深造，荣获瑞士日内瓦美术学院美术硕士学位。他回鼓浪屿的第一件事是发起组织厦门艺术协会，将美术创作活动推向社会。期间，厦门美专校长黄遂弼以自己年迈体弱，承担美专繁重校务力不从心，诚邀林克恭继任厦门美专第二任校长。林克恭接长后，聘谢投八教授为教务主任，郭应麟、林俊德等名师继续留校任教。林学大教授因接受新加坡侨校邀聘而离开厦门美专。

1937年初，厦门美专增设木刻科，聘胡一川教授授课。

厦门美专培育了一批又一批人才，分布在闽南、台湾、香港和东南亚

1934年，厦门美术专科学校艺术专修科第15届毕业生与教师合影

一带，他们对国内外的美术教育和美术创作影响不可估量。1938年5月10日，日军进攻厦门。13日，厦门沦陷。有15年历史的厦门美专被迫停办，师生星散。

抗战胜利后的1947年5月，几位曾经在厦门美专肄业、毕业的师生发起组织"私立厦门美专校友联谊会"，参加的有二三十人，大多在中学任教，如陈再思、黄敏、刘怡馥、叶永年等。20世纪50和60年代，在厦门各中学任教或在文化部门任职的厦门美专人，仅我认识的就有校董会董事郭水生、学生林英仪、叶永年、张（李）彦英、林维仁、杨柳溪、黄敏、陈绿声等。张丽娜已九十多岁，至今健在。本文有些资料就是得益于他们的提供。

（洪卜仁）

厦门民用航空学校

1928年至1929年间,厦门有个侨办的民用航空学校,其全称是"福建厦门五通民用航空学校"。当年,全国仅杭州、广州有航空学校,因而厦门民用航空学校的诞生,在神州大地和东南亚各国的侨居地名噪一时。

一

1925年的上海"五卅惨案"和1928年的"济南惨案"相继发生后,举国上下,同仇敌忾,"航空救国"的呼声响彻云霄,于是出现了一个全国性半官方的"航空救国同志委员会"(以下简称"航委会"),下设"常委会",由李济深任"常委会"主席,陈际熙、关汉光、萧佛成和崔明三等4人为常委。1928年夏天,"航委会"将"航空救国"宣传募捐运动向海外华侨聚居地推进,委派刚从法国留学归来的飞行员陈国樑和赵鸿汉两人为代表,前往菲律宾宣传"航空救国"、筹组"航委会"菲律宾分会,并为发展民用航空事业募捐筹款。

陈国樑、赵鸿汉抵达菲律宾的首府马尼拉后,拿着"航委会"的介绍函分别拜访了中国国民党马尼拉总支部主席吴记球,委员吴记霍、沈祖征、何祖炘,并通过他们的介绍先后拜访了中华总商会和华侨社团的头面人物薛芬士、薛敏老、李清泉、陈迎来、薛煜添等,得到他们的鼎力支持。发动侨众捐资办航空学校,吴记霍尤为热心,捐款最多,对办校也最积极。

厦门民用航空学校

二

1928年五、六月间，在"航委会"菲律宾分会成立的同时，组建以吴记霍为主任的"航空学校筹备委员会"（以下简称"航校筹委会"），决定在厦门选址办校，培育飞行人才，发展航空事业以报效祖国，并聘陈国樑为航空学校筹备主任，回国筹备办校事项。

在陈国樑等筹备建校期间，曾经前往厦门大学造访林文庆校长。时林校长在新加坡办事未回厦门，张副校长出差上海公干，由校办秘书长厦门禾山祥店村人黄开宗博士接待。陈国樑介绍筹办民用航空学校经过和将来计划，黄博士甚表赞同，并答应暂借几间空置楼房解决航空学校开学之需。期间，江头、薛岭等村的陈、王、李姓村民，也表示愿为航空学校提供建校用地。未几，航空学校选定五通为校址，立即联系厦门堤工处选派测绘员多人，对校址周边地形进行测量、绘制图纸，以备招商承建工程。与此同时，边向国外订购练习机，边物色教学人员和选购教学设备。

当马尼拉的"航校筹委会"接获厦门建校筹备工作就绪的报告后，就在侨办的《公理报》等华文报纸刊登通告，公开招考华侨子弟回国就学，并借侨办普智学校为考场。菲律宾各地华侨青年闻讯报名应考的有57人，笔试后经严格的体格检查，录取的仅11人。当年回国在民用航空学校就读的11位华侨青年中，有一位曾仁南先生1982年还健在，居住于梧村，我获知消息后，立即驱车前往拜访，据他回忆，当年录取的11名学生，都是闽南籍华侨青年，其中厦门3人，是他和刘领赐、王耀庭。此外，泉州城区和晋江、南安各2人，惠安、金门各1人。加上在国内招考的89人，开学时全校学生数正好100

福建厦门五通民用航空学校

人。采访后，我写了一篇《一所华侨办的航空学校》短文寄给《福建侨乡报》发表，并收入1984年1月《福建侨乡报》编印的《华侨史话选编》第一辑。

三

1928年10月10日，厦门民用航空学校正式开学，分别设置飞行、机械、无线电三个班，由陈国樑出任校长，飞行教官是陈子文、李逢煊和一位德国人。课程设机械学、航空理论、气象、外文、物理、数学、地理、无线电和摄影等。军事教官先是五通乡田头村的菲律宾华侨孙嘉武，后由漳厦海军司令部的一位副官接任。

按照航空学校原先的计划，首批招生100人，以后每年招生450人，学制一年半，用一年时间完成各科学业，半年时间飞行实习，学生经考试成绩及格者就可以毕业。

厦门民用航空学校开办前，虽募集了20多万元经费，但有8万元尚未收齐，筹备期间用掉开办费5万元，订购练习机用去13万元，开办后每个月经费8000元，仅德国教官月薪就得1000元，开办伊始，各项设备都需要钱，未及半年就已陷入经济窘境。

1929年元旦过后，在校的国内学生和华侨学生之间由于生活琐事发生冲突，校方处理不当，开除几个学生，致使学潮日益扩大。1月15日，校学生会召开大会议决，推举马冰若、李益众两人为代表，前往马尼拉向该"航校筹委会"请愿，提出如下要求：

甲、教员：1. 撤退害群之马的教师某；2. 聘富有专门科学知识之物理、气象、数理、地理等科教员。

乙、建设：1. 建筑校舍；2. 开飞机场；3. 置应用仪器；4. 置大架飞机预备长途飞行；5. 置快枪40支以为守卫之用；6. 置汽车两辆。

丙、经济：1. 筹备本校基本金；2. 确定本校每月经费。

丁、学生待遇：依照广州航空学校之待遇办理。

戊、校务：1. 务以党化、军事化、科学化、纪律化为本校之根本原则；2. 改良校中组织系统，指定校长，规定办学人员细则。

对于学生会代表提出的要求，"航校筹委会"只对其甲项第一条认为需待切实调查后办理，其余均予接受。之后，"航校筹委会"任命薛拱年为全权代表，回厦门处理校务。薛拱年，祖籍厦门庵兜而出生于菲律宾，从小受西方教育，不擅中文。他毕业于美国陆军学校，是个建筑工程师。2月初，他从菲律宾回到厦门，并没接任校长，而是以"福建厦门五通民用航空学校执行主任"的身份，掌管校政。他既没办学经验，又不深入调查学潮真相，到校后的第一件事就是发出布告，限令寒假回乡的学生于2月10日到校上课，过期除名。继而又在《厦门商报》刊登"添招新生"广告，"因欲将原有学生试验体格以为分班标准，仍有部分学生不愿来校应考，无从分配，特添招新生一班，学额20名"。考场设在厦门小走马路"基督教青年会"内，报名考试的学生需携带本人照片和拥有五万元资本的股东出具的保证书。这么一来，非但原先的对立得不到解决，反而加深矛盾，危机毕露。

四

经费困难加上管理不善，民用航空学校出现了诸多难以解决的问题。1929年4月，在马尼拉的"航校筹委会"开会商讨，决定委派吴记霍的女婿杨剑光前来厦门处理校务。杨摸清情况后，建议马尼拉"航校筹委会"将厦门航空学校交给南京中央政府航空署接办。经"航校筹委会"同意，仍委派杨剑光前往南京办理申请接办事宜。

1929年5月初，航空署接受申请，指派沈德燮、刘芳秀两人前往菲律宾和厦门调查。18日，沈、刘两人从上海起程，23日抵达马尼拉，下榻酒店后，立即趋访吴记霍、李清泉、薛敏老。是晚，"航校筹委会"为他们举行洗尘宴会。席间，沈、刘两人提出接办后校址必须从厦门迁往上海的几个原因，筹委们答以需待26日召开全体大会后，方能决定。席散后，李清泉和薛敏老与沈、刘私下交谈，表示个人赞同民航学校迁沪。

5月26日，"航校筹委会"举行全体大会，沈、刘两人未能受邀列席，只好将准备好的六条意见，用书面提交大会参考，全文如下：

（一）此次奉派来岷，任务有二：

1. 政府以侨胞热诚爱国，提倡民用航空，特命前来宣慰，（表示钦佩）并望继续努力筹款，以期我国航空发展。

2. 贡献办理及筹划航空学校意见，并为学校自身种种便利起见，校址必须迁移至上海西虹桥。（此点政府毫无其他用意，幸勿误会！）

（二）校址必须迁沪之理由：

1. 厦门飞行场狭小，扩充困难，四围又多障碍；而附近且难寻觅预备飞行场，甚非初级教练所宜。

2. 上海西虹桥有政府现成之宽阔飞行场，教练及练习飞行时，得免许多危险及经济损失。

3. 政府航空工厂即在上海西虹桥，将来校机如有损坏，及技工不敷分配时，可直接得其种种帮助之便利。

4. 桥机在沪，可得购买材料时间上之便利，且接近中央，凡事即可立时解决。

（三）处置厦门旧址办法：

厦门原有飞行场可留作将来沪厦航线航站及长途飞行或其他航线之用。

（四）政府对于侨胞创办民用航空学校之纪念办法：

校址迁沪后，可用种种方法以纪念之，即校名、飞机名、棚场名等均可用任何名义纪念之。

（五）学校学生之选择：

完全考取侨胞子弟。

（六）经费之办法：

政府按月维持该校之经费；惟开办费（即购机及建筑等费）及将来补充费，归侨胞完全担负。

政府航空署有处理学校之全权，而飞机式样之选择，亦归航空署办理；但侨胞可设立任何名称之委员会，以监督开办，及补充两项财政，并望此种委员会永久存在，与学校发生越密切关系越好。

会后，航空学校筹委会主席吴记霍回访，将会上的三项决议告知沈、刘两人。原文如下：

（一）校址仍在厦门，因以前募捐系以厦门名义，如校址迁沪，恐有异议；已募成之款，难于收集，以后募集，亦不易进行。

（二）用人行政，归政府航空署办理，以一事权。

（三）每月经常费，由政府担任。

5月31日，沈、刘离开马尼拉乘轮赴香港。先赴广州参观，于6月6日上午由港抵厦，寄寓鼓浪屿厦门酒店后，立即前往五通厦门民用航空学校，先与校务主任薛拱年会晤，了解情况，继而巡视学校设施。返回南京后，写成《调查厦门民用航空学校报告书》，向中央航空署汇报在马尼拉和厦门调查的经过。其中关于厦门民用航空学校部分，言之甚详，摘录于下：

飞行场——场设在五通山上，南北约长二百米达，东西仅四十米达，中心高而周围低，成斜坡形，且有公共汽车路横贯中心，不但绝对不能用为教练起落之场，即用为临时飞行场，驾驶稍乏自如者，亦必感下落之困难也。

停机栅厂——飞行场之西南角有蘆蓆棚厂一座，矮小无门，仅容小飞机两架。

飞机——飞机共有7架，式样计有五种如下：

一、美机两架

Eagle Rock 双翼，前后双座位式，发动机为 Curtiss 0×5 水凉式九十匹马力。此种机尚未开箱装置。

二、德机五架

1. Klemm 单翼前后双座位式两架，发动机为 erlmson 汽凉式四十匹马力，该校即用以教练学生者。

2. Grasunrike 单翼前后双座位式一架，发动机为 Anzani 汽凉式三十五匹马力，也已装好，因无棚场，放在露天之下。

3. Schwalbe 式一架，发动机为 Siemeng 汽凉式一百二十匹马力，此种机尚未开箱。

4. Pelikan 双翼前后双座位式一架，发动机为 Walts 汽凉式一百二十匹马力，前为场教练摔坏，尚未修理，放在祠堂之内。

以上飞机除散架也已装好、放在蘆蓆棚厂及露天之下外，其余为开箱三架，及摔坏一架，分存于相距颇远之古庙祠堂中，且有数部分放在天井之内，毫无掩盖，长此以往，该机必至不能用而后已。

校舍——教室、教员宿舍、学生宿舍共三处，均借用民房，地方狭小，不合卫生，每处相隔约六七百步。

教职员——该校现有校务主任薛拱年一员，飞行主任二员，一为李逢煊，一为德人 Cammann，无线电教授一人，由学生吴金良担任。德教授人极粗鲁，自言欧战时曾任航空队队长（以吾等观其举动谈论，及所写之文字，似系工人出身）。言谈之间，极为藐视中国人，并言中国无一人可任教官，及技工。且将来非请菲律宾委员会，任彼为校长，及再聘请德国教授来华，该校必不能办成。兹拟先带学生数名，即向菲律宾委员会作上项之委求，此彼固由该校所得之经验，竟敢武断，发此狂言，殊失礼貌，当即答以尔因坐井观天，致敢发此狂言，将来必有自悔顷刻言谈失礼之日也。

学生——该校前有学生十八名，后经陈国樑添招二十名，共三十八名。陈国樑去后，薛拱年主持校务，以检查身体，发生风潮，相继离校，现留校者仅十八名。身体健全，精神佳。

工作情形——内课已完全停止，飞行每早六时至八时；午后四时至六时。因飞行场狭小，现在只用四十匹马力飞机教练飞行，学生中飞行时间最多者，为两小时。刻下该校放暑假两星期。

技工——无。

守卫——无。

拟筑之飞行场——五通飞行场既万不能适用，薛主任拟在厦门高崎地方之盐池修筑飞行场，该池面积约五百米平方，惟当潮水涨时，竟低于海面三四尺，海水即行布满盐池。薛之计划，系四围筑堤，使海水不能流入场中，预计须时六个月以上，工料洋六万余元，地价尚不在内。惟吾等以为此场纵使费巨款而筑成，亦不合用，因筑堤虽可阻潮水之流入，其奈下雨时场低积水，无处排泄，且地质又系盐池，难免阴天潮湿，雨后难干之弊。此外，在厦门万难寻觅可用之飞行场。

经费——薛主任云：自去年八月至现在，已用经常费约五万元左右。此后维持月需八千元，德人薪水每月一千元。

以上系调查厦门民用航空学校所得之情形。

8日，漳厦海军警备司令林国赓君对于该校事，特约前往谈话如下："希望航空署即行发给该校民用航空学校条例，以资遵守。因该校飞机，常以极低高度飞行繁盛街市炮台，以及其他警戒区域之上，且时常未通知随意降落海军飞行场，并飞机符号系用青天白日红圈与军用飞机无所区别，请航空署设法指导并制止之。

又该校要求将高崎盐池拨归该校修筑飞行场一节。查此池系人民私产，只可照价收买，司令部无权拨给该校使用，且该校办理以来，殊欠条序，希望航空署派员常驻该校指导，以免发生误会情形。……"

该校筹备情形既如上述。设校址仍在厦门，将来定无结果，非至数架飞机，完全损坏，数十万筹费无用，辜负侨胞一片热诚爱国之心不止也。

五

厦门民用航空学校不愿意迁址上海,中央航空署也就无法接办。1929年11月的厦门《昌言报》有一篇报道是这样写的:

> 五通民用航空学校,自创办以后,好事多磨,波澜起伏,迄于今日,俨然弄成不生不死之僵局,偌大事业,委顿如斯,亦可惜也。该校重要职员薛拱年,其态度近亦趋消极。9月15日,曾向菲岛委员会力辞厥职,委员会固留,薛坚决不干……闻菲岛委员,已决派杨剑光来主该校……

到了1930年春夏间,厦门航空学校实际上已处于停顿状态,在校学生只剩下14人。"以毕业之期,行将届满,今一旦中途辍学,功败垂成,于是联名请求飞行教官李逢煊设法让学校归并于广州航空学校,以经所业。"李逢煊原是广州航空学校第一期毕业生,与广州航空学校关系甚深,为了学生的前途,经他事先联系,由杨剑光和两位学生代表孙昌成、李吉星联袂赴广州,于7月28日谒见航空学校教育长刘植炎、航空处代理处长胡汉贤磋商归并细节,达成协议;厦门航空学校愿将现有的7架教练机、13名学生和全校器材无条件由广州航空学校接收。厦门航空学校这13位学生于1933年在广州航空学校以空军准尉衔结业,编入国民政府空军部队服役。

至于转学厦门海军航空处的刘领赐,原先毕业于厦门双十中学,热爱体育,1927年参加全国运动会,被录取为出席第8届远东运动会选手。1937年"七七"抗战爆发时,他已当上教官,参加过在上海、南京、汉口、长沙等地上空追击敌机的空战,曾在武汉空战中击落敌机一架,荣获国民政府授予金质蓝星奖章一枚。

(洪卜仁)

参考文献

1. 新加坡《闽侨》半月刊,第1卷第5期,1929年3月15日。
2. 1929年2月26日《厦门商报》,参见《南洋商报》,1929年3月16日"国内要闻":福建航空学校重新考试学生办法。
3. 《航空月刊》,第14期,1928年6月1日。
4. 厦门《民钟日报》,1930年8月2日。

厦门大同小学办学历程

清光绪三十二年（1906年），时值清末废科举兴学堂之际，厦门乘势涌起了一阵阵办学热。令民众瞩目的是，那一年2月，厦门岛上又多了一所小学堂，它就是现在厦门大同小学的前身"大同两等小学堂"。一百多年过去，这所清末小学堂已经是一所厦门市的知名小学，蜚声八闽。

赖厝埕，两层小楼的办学之初

"大同两等小学堂"的倡办是件水到渠成的好事，是厦门市的商界与教育界携手办起的一个十分有意义的教育项目。

倡导兴办"大同两等小学堂"的是当年厦门知名的士绅洪晓春、黄廷元、杨景文等人，他们成就了一所民众喜爱的学校的诞生和新发。一经倡导成立，"大同两等小学堂"，很快成立了学校董事会，董事们一致推举洪晓春为校董会董事长，聘杨景文为校长。

办学的校址尤为重要，董事们四处寻觅、洽商，先期选中赖厝埕，即现今大元路鹭江剧场所在地，作为学校始办的校舍。这临时租用的校舍是学校董事会向华侨租用，是一座庭院式两层民房，上下两层仅有六间不合规格的教室。

为了办学，董事会的各位董事费尽心机，因为他们都以各自的生活背景和营生所得，来为这所刚诞生的学校添加心力、全力付出。

洪晓春是厦门家喻户晓的儒商，有广博的学识、还有经营企业的丰富经验，更主要的是，他对民众的教育、对人才的培养寄予极大的关注。洪晓春小时候，在家乡马巷镇上姓郑的私塾里开始了学习生涯，勤奋好学的他专注学业，还能写一手好字，是同私塾里的学生羡慕和妒忌的对象，但他更是塾师们褒扬的对象。学完私塾，他被录取在本乡的舫山书院就学。1907年考中同安县廪生。1909年通过考试，成为当年同安一带的名儒之一。当时洪晓春完全有入仕的可能，但是，他决计弃儒从商，放弃仕途，从同安来到厦门，定居在洪本部78号，还开设了专营粮食的源裕商行。

当时，一般的厦门人只知道他是位懂经营的商人，其实他还是位知人情的学人，是位名至实归尽力经营、尽心办学的儒商。人们都亲切地称他"晓春伯"。参与倡办"大同两等小学堂"，其实也不是他的开笔之作，他是在延续他对社会所尽的义务。清末，厦门地方上新式学校发展很快，心中有数的他首先以个人的名义在马巷开办了窗东学校，并参与发起创办刘五店光华学校、毓秀女子学校和马巷启智学校。在厦门岛上，他积极推动厦门商界与教育结盟，不遗余力地为大同两等小学堂和不久后的民立小学的创办，到处劝募经费，还为这两所小学的兴建校舍、增添教学设备奔忙。就这样，他被推选为大同两等小学堂、民立小学的董事长，还曾经被推选任厦门教育会会长。他的财力甚为雄厚，全缘于他所坚守的诚信经营方针，因此信誉日著，业务蒸蒸日上，客户遍及闽南及南洋、香港等地。起先，他只经营粮食，此后，他又兼营信局、出入口商、汇兑钱庄。与营业不断扩展的同时，他在商界的声望也日益提高。大同小学能有百年前的起步，"晓春伯"应属头功。

在倡办"大同两等小学堂"的厦门名人中，黄廷元也是一位重要人物。黄廷元与洪晓春应属同乡，同是马巷人，黄廷元是马巷厅西侯乡，即现今马巷西炉村。黄廷元出身较为清寒，勉强读完两年私塾，就到厦门受人雇用，当伙计，但他利用工余时间，广泛阅读，靠着自学的积累和勤俭的所得，和朋友渡海赴台湾学医。学成之后返厦开办诊所，牙医为主科。他的医术与为人一样深受民众欢迎，同时他也得到应得的回报。有了回报，

洪晓春

有了资金上的积累，他便与友人与商界人士、地方士绅致力兴办厦门的教育事业。在参与倡办"大同两等小学堂"之后，他还先后参与创办大同中学和厦门女子师范学校，并任两校董事长。1900年，经黄乃裳介绍参加中国同盟会。

在倡办大同小学的厦门士绅中，秀才出身的杨景文被聘为校长。担任校长，对于杨景文来说，应该是董事会的董事们知人善任，他10岁进县学，考秀才，早年就学并毕业于全闽师范学堂。他被聘为校长后，一方面忙于校务，但另一方面，还忙于实业，1908年他还发起倡办淘化罐头食品厂，后又成了淘化与大同酱油厂合并后的淘化大同股份有限公司的董事，同时还参与投资厦门自来水公司和厦门电灯电力公司。1924年他还和黄廷元等厦门士绅等创办大同中学，并任校长，直至1937年抗战爆发避难香港为止。他确实是位学有专精、宜商宜教的厦门名流，在那个时代，确实非常需要这样有经商能力、热心教育的有识之士，因为，只有他们，在当时社会生产力水平不高的情况下，才有可能、有能力，为民众、为社会、为国家办实事、办好事，具体的作为和成效就是在厦门的那个年代，办起了一所所学校。

1912年"大同两等小学堂"改为"公立大同小学校"。历经五四运动，新思潮对大同小学的办学起了推动作用。学校的办学虽还在那简陋的环境，但学校还是办得有声有色。1929年"公立大同小学校"改称"县立大同小学"。这时的学校正在四处募集资金，争取扩大办学。

黄廷元

首任校长杨景文

20 世纪 30 年代大同小学外景

小学路，新建校舍的办学高峰

今天，厦门有以学校命名的街道，这是有其历史渊源的，一条是厦门港通往厦门大学的"大学路"，还有一条就是大同小学门前的"小学路"。这是老一辈厦门教育人给厦门这座城市镌刻上的难忘印迹。但这样的印迹能够镌刻和存留，却也有它的艰难之处。

建校是艰苦的，依靠校董会、社会贤达和家长的支持，以及向海外华侨募捐，1929 年元旦大同小学在小学路新校址开始动工建设。新建的楼房是大同小学的主校舍，它位于新校址之上，为二层混凝土结构，共建有 12 间教室、办公厅和其他附属功能用房。校董会又接着买下新校址旁的一座二层楼房，经维修改造，又为新校址增加了 4 间教室。到了

1932年元旦，新校校址全面投入使用。迁入新校舍后，大同小学的生数便由二百多人发展到近千人。过了两年，发展到一千多人。低年级实行二部制，上下午轮流上课。赖厝埕旧校舍则改为分校和幼儿园。

大同小学不仅开始着手建校的前期准备，同时也迈开规范办学、有效益办学的步子，一位新任校长的到来，推开了这所学校的办学新局。他就是1925年到任的校长伍远资。

伍远资1900年12月1日出生于南安石井村一个贫苦的农民家庭。1920年12月，伍远资毕业于集美师范讲习科，是集美师范最早的毕业生之一。1924年2月，厦门商密小学校长卢心启先生邀请伍远资来厦门工作。伍远资先后在商密、延陵、大同等小学任教。1925年，在大同小学校长杨景文被聘任为大同中学校长之时，伍远资便接任大同小学校长。

接任大同小学校长后，伍远资校长集思广益，最终将"奋进"确立为大同小学的校训，并制定"培养忠公爱国的人，培养自学自律的人，培养体力强壮的人"的教育目标，实施"教、学、做"合一，寓教于生活的教学方法，继而逐步形成课内外兼修，师生教学相长的教育教学氛围。他还要求师生共同成立各种研究会，鼓励建立学生自治社团，使严谨求实的课堂教学和生动活泼的课外活动完全融合，使之成为大同小学的特色。

这样的办学格局的构思与形成，有赖于当时大同小学的董事会的共商，还得益于伍远资校长的真知灼见和身体力行。这就是大同小学的立校之本，发展之道。

1933年8月"县立大同小学"改校名"市立大同小学"。到1937年，大同小学发展成为厦门市规模最大的小学。这就是抗战前的厦门大同小学，是厦门民众心目中的一所办得有声有色的小学。

那么，这样一所办学之初不见经传的小学校，怎会在不太长的时间内，有了长足的进步、得到厦门民众的青睐？

挑选有"力"的教师

这是大同小学组建教师队伍的出发点。伍远资作为校长，他认为要办第一流的学校，首先就是要有第一流的教师，教师的素质在教育教学过程中占据主要、而且是重要的地位，要办好学校，让学校有过人之处、令人瞩目之处，一定要有好教师，才能讲办学水平，才有竞争的本钱，所以，他是相当笃实地建设大同小学的师资队伍。伍远资校长的形象说法就是：挑选有"力"的教师，培养有"力"的学生，是校长的职责；教师队伍的质量是小学教育中一个极为重要的环节，得不到有"力"的教师，一切理论都是空谈。

在他任职期间，大同小学人才荟萃，到学校任教的基本上是经过反复考核具有较全面才能、思想品德好、事业心强的优秀教师。这是因为他每聘请一位教师都要亲自反复调查和全面考核，力求挑选受过教育训练的师范毕业生，其选择标准是事业心强、具有较全面才能而又思想品德好的。比如，音乐教师要会唱、会弹、会舞蹈，才能满足学生全面发展的需要。他对在职教师的要求是：年长的要独立研究、写论文、写教学经验；年轻要多给帮助、指点。学校积极创造条件，成立各种研究会，促进教师学习先进的教育教学理论，开展教研活动。1935年《大同小学校刊》上他所撰之文《小学行政漫谈》中有一段阐述，这其实，就是他办学过程中对师资要求的严格之"格"。他在文中提出：在学校行政上，人是至关重要的问题，不得有"力"的人，一切理论都是空谈，无补实效，所以人受委任或聘任与学校发生职责关系，一踏进校门，就要肩起责任来干。他注重任人唯贤，亲朋好友、甚至他的上司向他介绍教员，他也不轻易接受；相反，只要他听说某地方（不管厦门或内地）有优秀教师，他就立刻前往、调查了解，确实是优秀的，他就不厌其烦地三顾茅庐，高薪予以聘请，并根据他们的特长，安排适当的工作。

研究系制度一以贯之

这是大同小学培养教师的妙招。伍远资在学校里创造条件发挥教师各自的才能，除组织教师互相听课、观摩教学外，在行政机构系统中设置一个"研究系"，负责教育教学的专题研究。"研究系"之下分设专题研究会，"研究系"的活动方式为研习指导会、生活指导讨论会、读书讨论会等。研究大会主席由伍远资担任，教师则分别参加各自对口的研究会。各研究会亦分别设有主席，负责定期召开讨论会。凡参加讨论课题的教师，要在学年初认定并报请研究会备案。这样一来，很大程度上拓开了广大教师的思路，让教师按照学校的发展和具体教育教学工作的实际需求，来参与课题研究。例如，学习指导会讨论的课题有"怎样指导儿童课外阅读"、"怎样指导做笔记"；生活指导会讨论的课题有"怎样指导儿童守秩序"、"怎样培养儿童团体整洁"等等。担任主席则要事先印发研究课题的要点，以供教师们讨论；负责研究的要整理个人实践的成果，写成文章在《大同小学校刊》上发表，征求意见。

读书讨论会也是大同小学为教师提供的一个在职学习的好机会，这是因为，学校规定现任教师都是读书会的会员。读书会的目的在使教师同仁增进知识，切磋学问和节省阅读书籍的时间。会员每月缴纳会费大洋2角，作为订阅图书杂志和会务费用。读书会设干事长一人，由伍远资校长亲自兼任。读书讨论会每月开会一次，在会上，会员报告一月来的阅读心得，提出疑难问题请大家讨论，共谋解决。如有未能解决的难题或讨论后认为不圆满的，由读书会函请省教育厅或厦门大学教育学院教授代为解答。读书会会员个人欠缺的书籍由读书会协助解决。

大同小学出版铅印的《大同小学校刊》专门开辟栏目，作为发表教师们教改实验的成果和教研论文的园地，这不仅是大同小学的园地，还特别受到本市教育界同仁的重视。在伍远资校长的严格要求下，大同小学出现了一批水平较高的教师。如：叶沧溪、徐址安、陈慈才、庄裕岳、孙森……以后他们成为厦鼓各小学的精干校长或教师。据当年教师后来曾担任校长的庄连枝先生回忆，抗战胜利后，伍远资续任大同小学校长及校监，这期间所聘请的教师中，新中国成立后被市人民政府教育局任命为校长的有蓝白丁、洪碧清等5人，提拔到厦师和市属各中学教师的有庄连枝、陈兆英、吴序璞等10人；新中国成立后到军政大学学习，后来成为党政军中层干部的有沈加南、庄明岩等5人。这说明伍远资所聘请的教师，不仅重视业务素质，更重视思想品质。

生活教育落到细微处

大同小学教育行政管理的着手点，是采用新的教学理论指导教学实践。生活教育是20世纪20—30年代旧中国的中小学教学法，基本上是"教师讲，学生听"的填鸭式教授法。"生活教育"理论则认为生活教育是生活所原有、生活所必需的教育。因此，教育的目标是培养学生具有健康的体魄、劳动的身手、科学的头脑、艺术的兴趣、改造社会的精神。伍远资校长反对填鸭式的教学法，认为多方面的、丰富多彩的生活，是学校教育的活教材。他在厦门大同小学任校长时期，就曾试验以课堂教学为中心，分别开展公民、健康、智能、生产、休闲（文体）等五种教育，即实施寓教于生活的教学法。例如创设"德"育的公民教育，一方面是以教师为主导的日常生活（衣、食、住、行），环境生活（教室、图书室、运动场、储蓄银行、小商店、小医院），校外保导生活（区域勉励会）采用严肃带强制性的公民训练，如爱国、纪律、公德、礼貌、忠勇、避灾等等。另一方面是以开展学生组织"大同社"为主体的自治训练，让学生按自己的兴趣参加某项自治活动，如卫生与救护、巡察团服务等等。又如休闲教育也以大同社为主体，让学生采用轻松自愿的形式，自治式的开展训练活动，如小剧社、音乐舞蹈、田径球类等。这就是寓教于生活，让学生行为文明，学习到艺术技能，使教育和生活自然打成一片，使学生减少恶劣环境刺激与诱惑，增进学生的活动能力与养成良好习惯，真正做到"生活即教育"。

大同小学还将社会作为培养学生的最大的教育场所，因为社会具有取之不尽，用之不竭的教材和教学内容。在"社会即学校"的教育理论指导下，学校放手让学生走向社会，在"做中学"，直接培养学生的社会活动能力。除此之外，还让学生在接受社会教育之后，回到学校展示接受教育后的结果，例如，组织学生办小医院、小储蓄所和小图书馆。

活的教育，讲求活化与工于实践

这是大同小学教学管理的切入点。"活的教育"要求因地制宜，因人施教，根据不同年龄，不同对象采用不同的教学方法，又允许学习成绩优异的学生可以越级升班，缩短学习年限。在教学方法方面曾经试验"设计教学法"，在低年级，根据低年级学生好动的特点，采用多样化、形象化的教育方法，以吸引学生的注意力，取得预期的教学效果。

伍远资认为学校的主要任务是教学，一切为了教学、一切服务于教学。他带领全体教师利用有限的信息来源，学习国内外先进的教育理论，吸收从国外和江浙来的最新的教育信息，力争使学校赶上最先进的潮流。他还在学校倡导学习和实验陶行知的教育学说，主张在做中学，学中做，手脑并用，发展学生的智力、体力和在实践中创造的能力。伍远资在大同小学还实验过五年一贯制，据说那时福建省只有大同小学一所学校实验这种新学制。这项实验因为抗日战争爆发而中断。

奋进，校训的阐释与应用

这是大同小学良好校风形成的关键点。伍远资校长办学十分重视思想品德教育和树立优良校风。他提出的大同小学的校训"奋进"，就是要让师生入耳入心，学校经常利用晨会、周会，对学生进行思想教育和常规教育。按照伍远资校长的说法就是，"能奋进才是好汉，甘落后等于废人"，"诚毅（集美校训）加奋进，庸人也能成良才"。

"奋进"校训落实到教学活动中，其实是可以很具体的。学校要求教师在一学年中的不同阶段，根据不同的教学需要设计几个教学单元，如祖国、家庭、体育等，教师在读、讲、写、算、唱游等课程中均围绕每个中心单元，自编教材，自制教具进行教学。自编的教材灵活、新鲜而有趣，适合低年级的年龄特征，教学效果好。

在面对不同心智层次的教育对象时，大同小学尤其针对顽皮儿童这一个特殊的教育、群体，给予特别的关注，对他们应采取特殊的教育方法。伍远资撰写过一篇《顽皮儿童的训导》，叙述教导顽皮儿童的重要性、施训的方法，呼吁推行社会教育，使学校与社会打成一片。他亲自设计训导表格，布置工作，定期检查训导措施，调查统计，了解训导效果。

为让校训能够深入学生内心，大同小学还调用了家长这一股教育力量。伍远资要求全体教师密切联系家长，密切师生关系，采用共教共学共活动的方式。学校利用各种机会，多渠道地和学生家长接触。例如节日、纪念日、周末活动，以及校内各种竞赛、运动会、健康比赛等都事先与有关家长联系，邀请他们到校参观，家长们关心自己的子女表现，也都很乐意地前来学校参观，从而有广度地开发和利用了家长这一教育资源。由于平时家访和来往，学校与家长之间建立了密切关系，亲如好友。有一次，一个家长的儿子被人拐骗，伍远资为这位家长走门串户，又刊登广告寻找，终于把孩子找了回来。

从以上5个方面下工夫，大同小学在伍远资校长的领导下，终于在当年的厦门教育领域中占有一席之地。此间，伍远资校长功不可没，他的忘我工作精神一时间也为厦门教育界传为佳话，一个说法最为感人：伍远资校长忘我地工作，几乎到废寝忘食的地步。同事们关心他的身体，特地指定一位教师专门负责提醒伍远资校长及时就餐和休息。对于伍远资对厦门初等教育事业的贡献，《厦门市志·教育志》为他做了正确的评价："伍远资任大同小学校长后，致力于学校建设，在校董会的支持赞助下，并向南洋华侨募捐、集资在小学路建校舍……他热心教育事业，治校严谨，辛勤耕耘，使该校成为当时我市声誉卓然的小学之一。"

被改名，沦陷时期的办学低谷

战争，对一个民族来说是磨难；战争，对一个国家的教育事业来说是劫难、是浩劫。在沦陷区的教育在劫难逃，这是因为日本侵略者打乱了中国原有的教育布局，对中国原有的民族文化教育事业进行了全方位摧残，使中国教育遭到了史无前例的重创。

厦门这座城市的经济和军事战略地位十分突出，东面可接台湾，北上南下可影响福建南部再向粤、赣两省进行辐射。因此，日本侵略者向厦门倾注心力、孜孜以求，就是为了树立所谓标杆作用，尽快推行"大东亚共荣圈"的构想。在厦门沦陷期间，日本侵略者十分强调"宣传教育"、"以华治华"的殖民主义文化统治，在所谓"创办"新校、"恢复"和"调整"原有学校教育的过程中，推行着奴化教育方针政策，建立起相应的殖民地教育行政体制，搭建起扶植伪政权中的学校系统，继而形成用以统辖沦陷区的教育体系。与此同时，还扩充建构了系统的、殖民化的社会教育和校外教育，全面奴化沦陷区人民的思想。沦陷的厦门就在这样的重重高压下，承受着日本侵略者实施的赤裸裸的殖民奴化教育。

1938年厦门沦陷后，大同小学改称"北区二小"。日伪政权企图在学校推行奴化教育，但是大同小学的爱国师生同仇敌忾，不畏强敌，暗地里进行了不屈不挠的抵制，甚至秘密进行斗争。校园内充满一股民族魂与爱国心凝聚的浩然正气，虽然在日伪当局的重压下，学校不得不进行日语教学，但依然顽强地传播中华民族的传统文化和传统道德，使学生们能够避开邪恶的污染而健康地成长。

1938年进入当时被强行改名的北区第二小学，即原厦门大同小学的许昭书女士，在《六十八年前我入读大同》一文中，有一段回忆细致入微，以细节来表现当时沦陷时期学校教育奴化倾向的实情，还有厦门学子的反日行动："日本人强迫我们读日语。日语老师很严厉，藤条不离手。有一次，我上课实在烦得不行，藤条就甩过来，疼啊，疼得我裂开了嘴。我们一见到那根藤条就胆战心惊，心里恨死日本人。日本人强迫我们读日语，可学了那么久，我仅会读五十音图，且五音不全，发音极不准确。"

那个时候，大同小学的校名被强行改为北区第二小学，但大同精神却无法在师生心里改变。大同小学老校友纪春逢先生在《沦陷时期大同生活笔记》一文中有一段回忆，非常生动地再现师生们不愿被日本人统治的情绪："日伪统治时期，一年有两次集中游行，庆祝日本天皇诞辰和什么神道节日，小学的高年段和中学生都要参加。每次游行队伍从中山路到虎头山下，要向山上的海军要塞司令部行礼，高呼万岁，由于日语的"万岁"如同厦门话的'放屁'，我们便大喊'放屁'、'放屁'，日军司令部的人也跟着喊起来。同学们捧腹大笑。"

大同小学老校友林家彬先生在《厦门沦陷时期的大同母校》一文，将亲历的往事记录下来，留与后人，他说："厦门在日占时期，社会暗无天日。但在大同小学，由于爱国教师的教导和影响，校园里充满一股民族魂与爱国心汇聚的浩然正气，学校传播的是中华民族的传统，学子们幼小的心灵被熏陶着，所以，才能够避开邪恶的污染而健康地成长。我们年纪虽小，也愤懑西方列强侵略落后的中国的行径，更仇恨日本鬼子惨无人道的入侵，以及妄图灭亡中国的狼子野心，懂得日本鬼子是我们不共戴天的敌人。"关于日语课，林家彬先生有更为精彩的叙述：小学开日语课，我们的学习态度很自然地就是消极抵制。日语老师个个凶巴巴的，有的动辄用粉笔掷学生，或用手指粗的藤条打学生。因而，我们常常背后骂日语老师。有一天，上课起立时，有位同学用闽南话骂了日语教师，不巧被听见。那个日语教师就把他扭到台上罚站，还打了他的耳光，并查问祖宗三代。"我们虽是少年，但仇日情绪与日俱增。"厦门大同小学学生中暗地传唱讥骂日本鬼子的闽南民谣："日本旗，日本旗，有人讲是红膏药，有人讲是红米，我讲总不是，它是一个尿桶圆。"当时日伪当局在日本国旗上端加一条三角形黄色长布条，并在布条上写着"大东南亚共荣圈"，学生们又骂道："给死人戴孝，必定会衰！"林家彬先生当年称得上是一个无名的抗日小英雄，他和另一个无名的抗日小英雄、同学王福寿在漆黑的深夜，勇敢地爬上马路边的电杆把电话线剪断的事迹，真让人为他们捏一把汗。要说大同小学的学生是英雄，老师更是英雄。一位姓胡的老师突然被日本鬼子抓走了，其"罪名"是"写反动标语"，从此，同学们再也没见到胡老师了。学校尤少峰老师，和蔼可亲，课讲得很好，富有启发性，为同学们所爱戴。仅相处一年多，尤老师又突然不见了。后来同学们才知道尤老师秘密进行抗日活动，被日本鬼子发现。在被追捕之前，他连夜出走。

一所沦陷区的小学，一批日寇侵凌下的教师、学生，在民族危难之时，在恐怖的沦陷年代，以心中的不平、以一腔爱国真诚，冒死御侮、冒死进行抗日活动，这就是气宇轩昂的民族正气。学校虽小，但吐露的正气豪情，正是我们这个伟大民族的优良底蕴之源。这正如大同小学校友、知名作家谢春池先生在他的关于抗战期间大同小学的回忆性散文里所感慨的：在祖国最困难的年月过去六十多年的今天，我们这个城市也应该为有这么一所了不起的小学而骄傲！

抗战胜利后，1945年11月大同小学复办，校名定为"厦西区第一中心国民学校"。1948年秋，学校改名为"市立示范中心国民学校"。1949年春改名为"厦门市私立大同小学"。

1949年10月17日，厦门解放，大同小学从此进入稳步发展的重要历史阶段。1950年学校教学活动顺利开展，课外活动活跃，参加全市性话剧、演出、演讲、歌咏、征文等比赛，均获优异成绩。1951年被指定为全市7个中心小学之一，领导学区内的7所小学和1所幼儿园。1956年，学校正式改为公立，校名为"厦门市大同小学"。从此，大同小学走上全新的人民教育的广阔的发展新路。

（李向群）

百年阳翟小学办学回顾

走进位于同安区的阳翟小学,就会被浓郁的书卷气息感染,百年前的校园的旧址上,一座现代化的小学校园欣欣然矗立于绿树繁花之中。

当两册珍藏多年的学校纪念册摆在面前,尔后被轻轻打开的那一刻间,尘封的校史就展示在面前,一种对教育先贤的敬佩与景仰之情倏然升起,充盈心扉。

这两本校庆纪念刊是学校的镇校之宝,它是一所百年老校的前二十年的真实记录,其一是《同安阳翟学校10周年纪念刊》,共计209页,其二是《同安阳翟小学廿周年、县立中学十周年纪念刊》,共计300页。与其说是学校的校庆纪念刊,还不如说,这是厦门教育史上丰满的一笔。其丰满就在于,阳翟小学虽是一所建于近现代交接期前后的农村小学,但所经历的教育实践与存留下来的过程记录,确实是相当完整和具体,质朴而又翔实,谨慎而又不华,而且,文字与插画、图片相互映衬,相得益彰。两册纪念刊,就是一段教育史、一泓深沉的教育情怀。

阳翟小学的创办人是阳翟乡贤陈延香、

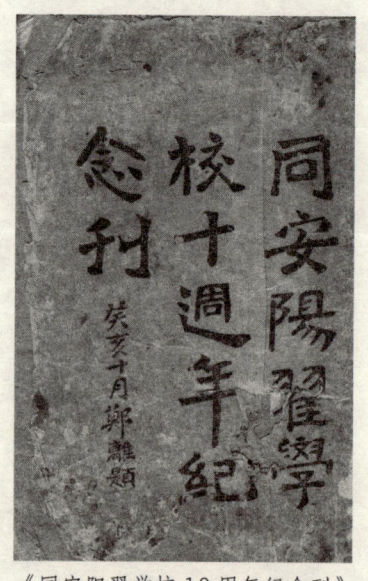

《同安阳翟学校10周年纪念刊》

陈仲赫，他们都是孙中山先生同盟会会员，陈延香还在当年当选为民国首届省议员。

陈延香（1887—1960）又名树坛，字澄怀，阳翟人。其父为清末秀才、乡村塾师。陈延香少年时期随父就读，19岁时父亲病故，陈延香继承父业，受聘在灌口、角美一带任塾师。清宣统二年（1910年），在灌口石头亭乡加入同盟会。受派遣回同安，组建青年自治研究会，任副会长。辛亥革命中，陈延香与陈仲赫等人发动青年自治会会员，打出同安革命军旗号，与庄尊贤率领的灌口革命军里应外合，于九月二十九日光复同安县城。民国2年（1913年），陈延香被推选为福建省议会议员。民国4年，军阀福建省长李厚基解散省议会，陈延香因反对袁世凯称帝被通缉。民国5年（1916年）袁世凯死后，陈延香复任议员至民国15年（1926年）。怀着教育救国的思想，陈延香在辛亥革命后致力于兴办家乡教育。他还先后4次出洋，历经东南亚80多埠头，劝募教育基金10多万元。陈延香的教育背景和教育实践相当丰富，曾在民国6年（1917年）任过同安县劝学所所长。民国9—11年（1920—1922年），应陈嘉庚之聘，担任集美学校总务主任兼女子小学校长，代理集美中学和师范学校校长，还参与筹建厦门大学。

另一位创办人陈仲赫（1882—1931），字希周，阳翟人。陈仲赫家庭小康，童年就读私塾。清光绪二十七年（1901年）南渡缅甸仰光习商。光绪二十九年（1903年），庄银安、徐赞周等人在缅甸仰光创办中华义学和益商夜校，聘陈仲赫为教习。在那时，陈仲赫倾心于孙中山的革命思想，在光绪三十四年（1908年）3月，陈仲赫与徐赞周、陈守礼3人加入中国同盟会，并组建仰光同盟分会，陈仲赫为7个主盟人之一，任庶务长。宣统二年（1910年），陈仲赫赴香港参加筹款采购军火，筹备广州起义。但意外发生，隔年，他染上恶性疟病，便辗转返回家乡同安阳翟。在乡期间，陈仲赫参与灌口同盟会工作，与堂侄陈延香组织同安青年自治研究会，参与组织领导同安光复之役。民国元年（1912年）元旦，孙中山就任中华民国临时大总统。汪精卫、胡汉民、居正多次函邀陈仲赫赴京供职，并汇3000元安家费。陈仲赫退款并复函婉拒："钟鼎山林，各有天性，男儿志在报国，功成身退，了无所憾。"民国4年（1915年）为反对袁世凯复辟帝制，陈仲赫只身潜往鼓浪屿，加入中华革命党。因为为灌口庄尊贤的闽南讨袁军筹集经费枪械，被福建督军李厚基列名通缉，出走至槟城，直至第二年6月才返回同安。民国6年（1917年）10月，陈仲赫应张贞函邀前往汕头，参与闽南靖国军的组建工作，11月任援闽靖国军方声涛部工兵营营长。次年闽南护法战争失败后,陈仲赫即脱离军政界,回乡专心致力发展家乡的教育、公益和实业。民国2年(1913年),与陈延香创办阳翟小学,备函介绍陈延香往南洋各埠募捐基金。民国6年(1917年),协助陈嘉庚创办集美女校。民国13年(1924年),又协助陈延香到南洋筹款,创办公立中学。陈仲赫认为桑梓建设之急务,一在教育,二在交通。他曾参与筹办建设泉(州)安(溪)公路公司并任董事。民国11年(1922年),他全力协助陈嘉庚兄弟筹办同美汽车路公司,开筑同美公路。

陈仲赫是陈延香的堂叔,叔侄俩虽相差5岁,有辈分之别,但无论是投身辛亥革命,还是兴办教育,他们都是志同道合者。

1913年1月18日这一天,一个由创办人陈延香、陈仲赫提出的动议,引起了本乡父老的商议,就在荔园书斋,基本确定了创办一所学校、服务乡梓的决议。2月12日,再次聚会,就初步定出了学校简章以及各项规定,还确定校名为"同安城立阳翟初等小学校",并以此向当时的同安县府呈报。2月15日,县府即委任创办人陈延香为校长,学校开学就先暂借陈延香的荔园书斋为校舍。全校分为三个年级,教师五人,学生数五十人,经费由县府从地方公款项下划拨300元。以我们现在回顾教育发展的眼光来看,"同安城立阳翟初等小学校"的成立,就是同安现代教育的标志之一,它有别于其他旧制转型的办学机构,是一座完全以现代教育理念进行规划的新式学校。学校之所以创办,从另外一个角度来看,也是在爱国侨领陈嘉庚、陈延谦的悉心倡导和鼎力捐助下,付诸实现的,因为从两本纪念刊的记录史实来看,陈嘉庚、陈延谦先生等均为阳翟学校的永久校董。

1914年2月11日,同安城立阳翟初等小学校的校舍迁到陈氏宗祠。

1915年3月11日,增设高等部,改名为"阳翟公立初等高等小学校"。全年得县款补助245元。

1916年,为缓解办学经费的不足,学校得到县府补助款,而且每年增200元,但经费仍捉襟见肘,每每入不敷出。陈延香校长深感提倡教育,首先要有充裕的经费,便启程赴南洋一带劝募建筑费及基金,校务方面的事,就委托教员蔡称其老师代理。

1917年,陈钟斗接任校长,根据当时县府的训令,"阳翟公立初等高等小学校"改名为"第一区公立第一高等小学校第一国民学校"。陈钟斗受聘接任校长之后,旋即积极整顿校务,学生数日益增加,生徒日众。当年6月,开始建筑新校舍。

1920年,陈钟斗校长辞职,学校董事会聘庄庆斯为校长。庄庆斯校长

阳翟学校童子军宣誓仪式

对于校务甚为熟悉，立志革故鼎新，草拟了五年计划书，修订章程及各项规则，拓充设备，添置图书，变更行政组织，改良教学，采用分钟制。在此阶段，学校试行"道尔顿制"，尝试引进美国的教育实验模式。这在100年前，在同安、在厦门进行的教学实验项目，确实是需要有相当的魄力和决心。"道尔顿制"的实验，一、二年采用活泼自然主义，三、四年采用有规则自然主义，高年级则采用自治制。"道尔顿制"是一种教学的组织形式和方法，又称"契约式教育"，全称为"道尔顿实验室计划（Dalton laboratory plan）"，由美国H.H.帕克赫斯特于1920年在马萨诸塞州道尔顿中学所创行，因此得名。"道尔顿制"目的是废除年级和班级教学，学生在教师指导下，各自主动地在实验室、或叫作业室里，根据拟定的学习计划，以不同的教材，不同的速度和时间进行学习，用以适应其能力、兴趣和需要，从而发展其个性。"道尔顿制"在20世纪20年代后曾在一些国家试行，中国的上海、北京、南京、开封等地也进行过实验，阳翟小学的前身"第一区公立第一高等小学校第一国民学校"就是其中的一所。从20世纪30年代后，采用此制者就日渐减少，这可能是因为"道尔顿制"是一种彻底的适应个性的教学方法，要废除班级授课制，指导每个学生各自学习不同的教材，以发展其个性，但如果外部的条件还不足以保证，实验便无法推进。

1922年，学校因应县民需求，添办了幼稚园。

1922年7月14日，举行新校舍落成典礼及第三、四届毕业式且提前开十周年纪念会，《阳翟学校10周年纪念刊》收录的就是建校10年来的办学过程。

1924年，学校添设初级中学，质量并进，学校精神，焕然一新，为该校二十年历史最光荣的一页。

1928年，学校添设图书馆，还筹建仁爱医院。

1930年，庄庆斯受校董会委任为执行校董，陈庆池接任校长，尽力提升办学与各项事业的水平，尤其在校务方面，努力图进，他的感想是"未及三载，尚得蒸蒸日上"。《同安阳翟小学廿周年、县立中学十周年纪念刊》所定格的，正是阳翟小学鼎盛时期的景况。1933年"福建省初中会考闽南各学校总成绩"一表中，收录厦门英侨、双十、集美中学、同中、泉州中学、漳浦初中等36所学校会考均分，同安县立中学位居第11位，实为难能可贵。

现在，我们来看《同安阳翟学校10周年纪念刊》、《同安阳翟小学廿周年、县立中学十周年纪念刊》，当年阳翟小学行政组织、教学事务、活动计划等全面情况，包罗万象，无一遗漏，实在令人掩卷叫绝，这就是一部翔实的区域性教

1922年，阳翟学校管弦乐队成员合影

育史、教育教学及办学过程的资料集成。

集腋成裘苦心办学

　　20世纪初，刚推翻清王朝封建统治，民国始建，办近代学校既要服务乡梓，又要进行教育教学上的革新，同时，盘桓多年的封建教育观念又得移除，这对当年的教育人来说，是何等之难？教育理念所遭遇的困境是存在的，然而，办学过程中的经费筹措，对于当时的阳翟小学的办学者来说，无疑是头等难题。

　　阳翟学校出现于"国难方殷，存亡一发之时期"。陈延香先生事必躬亲，不取薪金，办学真情，赤诚可见。随着学生日益增多，经费日渐匮乏。陈延香先生在《同安阳翟学校10周年纪念刊》序言之四中感慨："先后经陈嘉庚诸公捐助常年经费，得以维持。而延香不取薪又如故，其热心教育如此……学校日以发达，然经费乃日绌，于是延香两渡南洋、经历英属之

阳翟小学第十二届毕业生与老师合影

新加坡、吉隆坡……等埠，诸华侨知延香之为人，竞解囊以助。延香乃悉充为建筑费。至今日，行人过同安郭外者，指点绿荔荫中，嵯峨校舍，竟叹为难能可贵。"

作为一校之长，陈延香的诚信是他屡屡向海外捐资成功的关键之一。二十多年里，陈延香下南洋、上沪上，在国内香港、厦门等地义捐，得到海内外数以千计的有识之士认捐。1917年6月29日，永久校董陈嘉庚先生首捐学校建筑费大银2000元，常年费300元，全1921年仅嘉庚先生就捐资大银4350元。这是一个怎么样的数字呢？当年8月小学部"口"字形平屋8间，其建筑费为7800元。1923年教职工17人全年薪俸为2655元。学校得到第一笔捐款是华侨陈伯屋先生捐大银200元。同年共有陈伯屋、陈金堆、杨家辕、陈延香、陈仲彰、蔡履端、陈伯木、陈仲炳、丰泰公司、陈延行、林正来、陈伯诰等12个人（含单位）捐大银320元，小银125元，1929年至1932年海外侨胞捐款有79676元。阳翟学校的创办资金正是"膏火薪金成轻袭于集腋"。

这些捐赠的过程的记录，都分别收录于《同安阳翟学校10周年纪念刊》、《同安阳翟小学廿周年、县立中学十周年纪念刊》之中。《同安阳翟小学廿周年、县立中学十周年纪念刊》中第28部分，就是"捐款征信录"，详细记录陈延香先生自1928年5月21日至1929年9月12日在南洋各地，包括马来亚、印尼等地的募捐办学经费活动的全程。"捐款徵信录"将所有捐赠的捐赠者姓名、捐款数额等一一详细开列。此部分共分为4个小部分：其一是各埠捐款芳名银数一览；其二是基金存放生息简要账项一览；其三是陈延香先生令堂夫人七秩晋一寿仪助建筑图书馆一览；其四是募捐旅费细目表。募捐概况更是令人感佩，尤其是陈延香先生行程记录与每日捐得的款额数锱铢必究，清清楚楚，无一遗漏。这部分的篇幅相当大，足足占了从209页到262页53个页面，所提的到捐款人姓名数以千计，所涉及的金额近8万元。

对此艰难的筹募办学经费，阳翟小学、同安县中的周年纪念歌词中写道："越重洋，募巨款，历尽艰险，纪念我海内外热心家，殷勤指导，慷慨捐输，嘉惠同人功不浅。"教育事业的兴办，除了热心的倡办，要延续办学行为，经费的保证，就是从筹措开始。的确，没有在乡社会贤达的襄助，没有海外乡亲的热心、慷慨解囊，学校是难以维持的。阳翟学校的经历也在印证着这一点。

遵章守规悉心办学

阳翟小学从开办之日起，就有明确的办学宗旨，有校训、校徽和校歌。阳翟小学的校训是"诚、爱、勤、朴"，这四个字组成的校训，都有其蕴含的寓意，组合起来的整体意涵就是，"以诚实为立身处世的根本，以恒爱、兼爱相交，养成勤奋朴实的良好习惯"。这条校训在阳翟小学的学生中具有平实的启迪和绵长的影响。1933年6月，在《同安阳翟小学廿周年、县立中学十周年纪念刊》中就登载不少早年毕业的学生感言，他们对校训理解甚深，体会甚多。阳翟小学的小学第二届毕业生陈延进先生当时还在法国里昂大学求学，在他敬致母校的祝词里就以校训开头，就表现他作为一名阳翟小学学子、留洋学人的感念："诚爱勤朴，校训周详，我铭斯语，远履重洋，愿我同学，以此自强，努力猛进，为校争光。"

是什么让学校在学生心目中有着难以磨灭的印记，其实，就是当年的阳翟小学所固有的、已形成的严谨的办学规范和十分严明的教育教学行政管理制度。

在《同安阳翟小学廿周年、县立中学十周年纪念刊》里，关于当时阳翟小学的行政组织概况就有了十分详尽的介绍。

"本校行政组织，于校长之下，将职权分为教务、训育、总务、体育四部；各部设主任一人，由校长聘任之，负责主持各部事务；部之下设股，各股设股长一人，由校长于教员中选任之，协助各该部主任处理各股事务。"

当时阳翟小学的学校行政组织的结构是很完整的，董事会聘任校长，校长主持校务会议，校长下辖的部之下，还有各自的实施会议结构。教务部下设教务会议，辖统计、学籍、研究、教具、出版和成绩等7个股；训育部下设训育会议，辖监护、舍务、级务、集会、娱乐、校友和惩奖等6个股；事务部下设事务会议，辖庶务、会计、校具、交际、文书和财政等6个股；体育部下设体育会议，辖检查和运动2个股。

在教学情况方面，阳翟小学注重学级的编制。所谓学级编制，就是将年级分为9级，即低级3级、中级3级、高级3级。采用单级编制，具体编制情况如下：

级别	组名	程度	人数
低年级	二十九组	一年上	40
	二十八组	一年下	34
	二十七组	二年上	33
中级	二十六组	三年上	18
	二十五组	三年下	18
	二十四组	四年上	15
高级	二十三组	五年上	15
	二十二组	五年下	15
	二十一组	六年上	14

在课程编制方面，阳翟小学依据当时国民政府教育部暂行课程标准，斟酌地方情形而编订，各级学科及教学时间列表如下：

科目	低年级（学时）	中年级（学时）	高年级（学时）
国语	330	330	330
作文	60	60	90
书法	60	60	30
算术	210	210	180
珠算			30
公民训练	60	60	60
历史	120	120	120
地理	120	120	90
卫生	120	120	60
自然	90	120	90
劳作	90	90	120
美术	90	90	90
音乐	180	90	90
体育	180	120	120
合计	1290	1350	1500

除上列课程外，尚有每周星期一纪念周 30 分，周会 30 分，每日早操 15 分，课外运动 45 分，课外选修 45 分。

在教材选用方面，当时阳翟小学的各科教材，或采用课本，或不采用课本，如国语、算术、社会、自然、公民、卫生等皆采用课本。对国语这一基础工具学科，在各个年级适当补充课外教材，高年级注重应用文及作文法，中年级注重日记文及记叙文，低年级注重故事及诗歌。工艺、美术、音乐和体育等不用课本，但备有多种参考书籍，供教师参考。

在学生成绩考查方面，当时阳翟小学的做法是，各科成绩考查，分平时、学月、学期三种。平时考查或根据平时作业成绩，或在上课时测验已经教学完毕的段落；学月考查，每学月举行一次，测验学生在一学月中的知识掌握情况；学期考查每学期在最后一周举行，测验学生整个学期对所学知识的完整掌握状况。成绩考查与学生升降年级的办法，当时阳翟小学已经详细制定，成为规程，用于激励学生的学习。

在训育方面，当年阳翟小学的制度相当完整，而且相当实用，具有极强的可操作性。其特色在于训育制度层层负责，除设训育部全责训育指导责任外，各级设级任 1 名教师具体承担各级训育的专责，并由全体教师组织监护团，每日轮流监护帮助级任教师，注意指导儿童行为及维持秩序。

阳翟小学训育目标明确清晰，即建立"训练儿童以养成心身健全的国民目标"，并将目标分为良好的习惯、生活的技能、健全的体格、集团的生活等 4 种。

训育标准制定严谨，是根据本校训育目标而提出制定的，具体标准 157 条，分通用、低年级、中年级、高年级四种，这套标准定名为"好学生"。详细内容如下：

训练儿童实施原则：其一、教师对于自己，一举一动应自重审慎，不失其师表的资格，对于儿童，应具有慈母的心肠，真诚相待，在潜移默化中，收着训育的效果。其二、本校一方面提倡指导儿童自治，组织自治机关，养成自治活动能力；一方面对于放纵行为，严格限制，以免流于呆板，或过于放纵。

实施方法有多个渠道：其一，周会。每周星期四举行一次，除报告重要校闻外，并由各组轮流表演；纪念周——每周星期一举行一次，除报告重要国家地方及世界大事并由教师轮流训话；朝会。每日上午举行一次，各组在教室开会由级任教师指导其工作。朝会的内容规定得十分详尽，如检查教室和个人整洁、解决儿童纠纷事件、讨论本日应做级务、计划级务进行事务、调查缺席儿童、处理儿童违警事件,其他还有各种纪念式、游艺会、运动会都是在学期中定期举行。其二,竞赛。利用儿童竞争心理,举行勤勉、整洁、学业、操行比赛和作文、书法、演讲竞赛,优胜者,团体给予奖旗奖状,个人给予奖书券或学习用品以资鼓励。其三,谈话。教师利用课余时间和儿童做个人谈话,或是团体谈话,一方面可以考察儿童个性,同时又可以促成师生的接近。其四,惩奖。利用惩罚来警戒儿童的过失,奖励来鼓励儿童的行善。其五,操行考查。考查操行成绩,系由级任教师,依据好学生信条及各种规约,随时观察调查并将平时惩奖事项,登记于惩奖登记册上,以备参考,每月分卫生、礼貌、勤俭、纪律、亲爱五种目标评判,以甲乙丙丁戊五等别其等第,丙等为及格标准,至学期终时开操行批评会,将各学月平均成绩,经各位教师评议酌定,为全学期操行成绩。

学校教育的示范性极强,给予学生的教益最深,这就需要有精心设定教育目标、设置教学过程、设计教育活动、设想教学难点。当年阳翟小学在这一系列的教育方法规划和实施中,确实是做到细而又细,精益求精。这确实是一代阳翟小学办学者的独运匠心之所在。

镌刻时光记录办学

能把一所学校的历史原原本本的记录下来,纪念刊的确是一个相当好的载体,阳翟小学的这两本纪念刊就是一例,不但记录教育本业的过程性材料,还对除此之外的教育与社会的互动、教育内部的异动,都有直接的反映,这就是其可贵之处。

大事记是纪念刊的重要部分,是一条主线,在现在,我们能够通过这条主线将学校发展的脉络厘清。《同安阳翟学校10周年纪念刊》的大事记所记录的时间段为民国2年(1913年)1月18日至民国11年(1923年)2月17日,共计25个页、约300个条目之多。《同安阳翟小学廿周年、县立中学十周年纪念刊》的大事记所记录的时间段为民国12年(1923年)3月5日至民国24年(1935年)5月3日,共计25个页、约300个条目之多。这样合计600余条的大事,实为学校始办至中兴的全程记录。再加之两本纪念刊所开列的捐款全记录,一条学校发展的轨迹便显现得特别明晰。

阳翟小学的大事记,所记载的内容包罗万象,却无杂乱之感,一笔笔、一条条的记录文字简洁洗练,从上级的视学、行政干预到经费拨助与缓拨、停拨，从校内教育教研活动的设计、调整到人事的变动，从校舍建设到教育教学设施的采买，从学校社会活动的参与到学校与社会的关系，以及师生参加社会活动如植树、远足、以及参加示威游行等都做了记载，甚至有危及学校的自然灾害也都有一一记载，即使在假期期间，大事记亦不就此停止记录。

摘录几则，从中可窥其一斑：

民国二年（1913年）

一月十八日（壬子年十二月十二日），创办人陈延香陈仲赫请阳翟诸父老到荔园书斋商议组织学校。

二月十五日，马县长委任创办人陈延香为校长。

民国六年（1917年）

九月十二日（阴历七月廿六日），台风为灾，校园树木损失甚巨。

民国七年（1918年）

二月十三日（阴历正月初三日），地震，校舍微有损碍。

九月五日，靖国军政攻陷同安城，县知事钮承潘逃，地方秩序大乱，本校停课一日。

民国十一年（1922年）

八月十五日，同安教育会来函称：南洋捐款难收，宣布取消并停止本校补助费。

民国十二年（1923年）

七月二十四日，讨贼军第七旅第二团派兵到本乡拉夫，与乡人冲突，晚该旅派队到乡，围捕乡人38人，并拘去本校校董陈玉堂，教员陈伯坛、陈仲算，学生董伯卿等13人。

七月三十一日，闽南政局变动，崔知事荣麟率警备队昏夜卷款逃去，是月本校应领学款无着。

九月二十一日，县知事瞿络坎不交卸而去，是本月本校学款无着。

民国十九年（1930年）

八月十九日，教育局长庄奎章加委任陈庆池为校长

民国二十四年（1935年）
　　五月三日，福建省教育厅郑厅长莅校视察称许校舍环境俱佳、设备适用、图书馆藏书丰富等语

　　1934年秋，同安阳翟小学、县立中学举办校庆活动，时任国民党中央常委、监察院院长、著名书法家于右任先生为学校题词"敬业乐群"，时任国民政府主席林森先生也致赠题词"成德达材"，同时赠送题词的还有当时一批官员、政要，以此足见当时这一所位处同安乡下的学校还是有其特色、有其影响力，堪称为较为成功的办学机构。

　　1936年至1941年8月校名仍为同安县阳翟小学，陈笃赓任校长；1941年9月—1950年7月陈延元任校长。

　　2013年，阳翟小学迎来它的一百年校庆，一所学校终于有了自己的百年经历。

（李向群）

鼓浪屿普育小学

厦门教育史上的第一所"实验小学",并没有办在厦门岛上,而是在厦门岛对面的鼓浪屿。它就是解放前鼓浪屿坚持公办性质历史最悠久、规模最大的小学——普育小学。

一所福建首批官办的新式学堂

戊戌变法前后,在西方文化的影响下,中国的改良主义者以"教育救国"为口号,推动教育改革,兴办新式学校。在厦门,也有这么一批有识之士,在清政府的新学制颁布之前办起了国人自己的学校。光绪二十四年(1898年),一所命名为"普育小学堂"的私立学校在鼓浪屿"黄氏小宗"诞生了。

鼓浪屿"黄氏小宗"是来自同安浔江黄姓的祠堂,清朝末年,黄氏家族就在这里开办私塾,清末秀才黄伯铨曾在这个私塾做过塾师。黄伯铨逝世后,正值"戊戌变法",黄氏家族适应时代潮流,把私塾改为学堂,黄登第为第一任校长。黄姓子弟可免费入学,外姓酌情收取学费。开办时,尽管很不规范,还留有许多旧学塾的印迹,但却是与封建教育大不相同的新式学堂。从其名"普育"即可看到创办者的用心所在:"普"者,即普适和普及;"育"者,即教育、培育。显然,这所学校不再是一个家族的学堂了,而是以面向社会大众的教育为己任。

中华民国成立后,对清末的教育做了重大的改革,学堂改称学校。1912年,厦门设立了思明县,普育小学堂由政府接办,转为公立学校,成为福建省首批官办的新式学堂之一。

1915年12月,普育小学易名为思明县第一区公立第二国民学校。次年,黄登第辞去校长职务,学校聘请鼓浪屿会审公堂朱兆莘委员为名誉校长。1917年2月,思明县教育局委派劝学所所长孙印川兼任第二国民学校校长。

孙印川任校长后,增设了高小年级,成为完全小学。随着生源的增多、学校的扩大,祠堂的小小空间已是容不下一所学校了。为此,学校于1920年暂时迁往东山顶,借用一幢二层洋楼上课。校舍不足成为学校发展的一个障碍。作为公办学校,第二国民学校的经费来源是政府拨款。这些经费只能维持学校的日常运作,要建校舍,没有专款显然是不行。政府没有专项拨款,校长孙印川只好自筹。同年,孙印川以劝学所兴学的名义,到南洋各地募捐资金,其间,由其内侄黄渥波暂行代理校长。

不久,孙印川从南洋汇来捐款,学校遂向草埔仔黄姓族人购得公业"竹林精舍"旧址建造校舍。竹林精舍在鼓浪屿日光岩下,海坛路与永春路的交汇处(今鼓浪屿社区教育基地),乃道光二十年(1840年)黄元琮所筑的别墅,种竹颇多,故名。其地势高低曲折,颇饶幽致,昔时与厦门的榕林别墅、梅林别墅齐名。在这块纵约十丈多、横约二十三丈的旧址上,孙印川建起了一幢三层的新校舍和一所礼堂,在校舍前还拓出了一块操场。1921年,新校舍竣工,添置教学设备及图书、教具等,学校焕然一新。从此,这座校舍一直陪伴着这所经历诸多次校名更迭的公立学校,直至1989年鼓浪屿区少年宫在这里兴建新楼方才拆除。

争夺校舍风潮

1928年,孙印川升任思明县教育局长,由徐仲瑜接任校长。1929年,改任黄祖谋为校长。当年秋,黄祖谋又调到教育局,由曾天民接任校长。在其任内,这所学校发生了一场两所学校争夺校舍的风潮。

普育小学虽易名为思明县第一区公立第二国民学校,但在社会上,人们一直习惯地将这所鼓浪屿唯一的公办学校称为"普育","第二国民学校"的校名反而令人感觉十分陌生,从当年的报纸可见,社会上都是以"普育"来称呼这所小学的。

鼓浪屿普育小学

1930年7月,思明县教育局决定停办这所称为"第二国民学校"的普育小学,在其校址上开办县立实验小学。县教育局任命李伯端为校长,带领一批教员进驻普育小学校舍。政府教育主管部门的这一决定,顿时在鼓浪屿炸开锅了!普育小学校友会手持当年转为公立学校的"条约"为据,占据校舍,抵制县立实验小学入驻,一场两校争夺校舍的风潮骤起。

普育小学校长曾天民为此请求鼓浪屿华人议事会出面协调。鼓浪屿华人议事会认为,普育小学系鼓浪屿区立,经费多由华人议事会承担,县教育局未经协商,无权单方面停办普育小学,故复函曾天民继续办学。普育小学校友会有华人议事会的撑腰,更为坚决地驱赶进驻普育的实验小学教员。7月16日,普育小学校友的强硬态度,使实验小学的驻校教员不得不将寝室内的行李搬离学校。由此,实验小学与普育小学两校的校舍之争,升级为华人议事会与县教育局之间的对抗。7月17日,实验小学校长李伯端呈报教育局,要求究办"7·16"普育小学方面的当事人。教育局当即致函鼓浪屿会审公堂,要求查办。县政府也屡催会审公堂派员强制接收校舍,并令普育人员出校,以了风潮。鼓浪屿会审公堂派员对事件进行调查,认为此事未涉及司法案件范围,公堂未便干涉,且普育小学既持有条约,建议进行协调、沟通,探讨两全的办法。

矛盾闹大了,普育小学校长曾天民看到形势不对,心存疑虑,故持消极态度,于7月17日向鼓浪屿华人议事会递交辞职书,称不作无谓争执,请准去职。实验小学校长李伯端也随之向县教育局辞职,宣称回避个人争地位之嫌疑。华人议事会与普育小学校友会对曾天民辞职不以为然,自恃普育小学并无违法违纪行为,而县教育局未作商磋忽然呈报省厅取消"普育","废一校,存一校"很不公平,曾天民倘若实在不干了,则另行选派校长维持,"决不使区立普育小学为一纸公文而消灭"。

7月28日,县政府和教育局派员到校接收,普育小学校友会立即纠众到场力阻,两位委员见寡不敌众,只好各自回去复命。普育小学校友会随即赶印宣言,附以"条约"影印件,一面向有关部门提出诉愿,以求上级官厅秉公裁决;一面向社会散发,以求舆论的支持。

华人议事会和普育小学不肯折服,县政府和县教育局也不退让,双方僵持着,只好请国民党县党部和鼓浪屿会审公堂出面协调。县党部和会审公堂邀集鼓浪屿公亲团一起探讨解决办法。通过他们的不断斡旋,华人议事会同意只要保证"普育"的存在,可以接受调停。矛盾有点缓和了,县教育局也往后退了一步,最后得出了一个折衷的办法:这所小学仍按原计划办成实验小学,但在校名前冠上"普育"两字,称为"普育实验小学"。两校校长既已辞职,教育局改任杨启诚为校长。至此,这场争夺校舍风潮总算平息下来。

争夺校舍风潮,暴露了当时国民政府当局在对鼓浪屿实施行政管理上所处的尴尬局面。

自鼓浪屿沦为公共租界始,清政府即把岛上的行政、立法、司法等行政管理权拱手相让与列强势力。进入民国时期,国民政府仍是没能在岛上行使管理权。在整个公共租界时期,鼓浪屿岛上正式的中国官方机构只有会审公堂、海关监督署、厦门海港检疫所和厦门交涉署。会审公堂名义上是中国政府设在鼓浪屿公共租界的司法机关,但其权力范围只有审理租界内华人之间的司法案件,而海关监督署和厦门海港检疫所属于海关、港务的机构,厦门交涉署则是办理涉外事务的机构。也就是说,公共租界时期的鼓浪屿,并没有一个代表中国政府来管理社会事业的机构。这就产生了民间自治组织——鼓浪屿华人议事会。这个由原"华民公会"改组而来的组织,具有广泛的代表性,它不仅有权选举工部局华董,还可以推荐5名不领月薪的代表担任工部局财政、建设、卫生、教育和公安等五个委员会的委员。它是鼓浪屿华人的参政组织,是鼓浪屿华人维护自身权益的中心。

在这次争校风潮中,很显然,思明县政府与县教育局没能做好与华人议事会的协调。普育小学作为公立学校,名义上是思明县教育局管辖,但实际上,县教育局对其管理十分有限,更为主要的是在经费支持上是微乎其微,普育小学的经费更多的是由华人议事会提供。闽南人的惯例是"出钱的人主意",谁出钱谁就有"拍板权"。因此,华人议事会可以大言不惭地说,"普育小学系鼓浪屿区立"。思明县教育局正因为忽视了鼓浪屿作为公共租界的特殊性,在选择实验小学的办学校址上,草率行事,又不懂得沟通协调,导致引起风潮,形成被动局面。

普育实小的教育体系

普育办成实验小学后,思明县教育局提高了重视程度,加强对该校的管理。五年内,该校校长换了数任。1931年春,杨启诚弃职,县教育局委派指导员张萼华兼任校长;1932年秋,改任徐址安为校长。1933年秋,思明市政筹备处成立,思明县政府撤销,普育实验小学由县立改为市立。1934年春,思明市政筹备处撤销,恢复思明县政府,普育实验小学又改为县立。1935年春，徐址安请辞校长职务，县教育局委任郑洪凯接任校长。郑洪凯毕业于私立集美高级师范学校，并肄业于国立中山大学，曾在省内多所中学及职中任教，担任过小学校长和永定县督学，有一定教学与管理经验。在几任校长的努力下，普育实小的建设不断完善。

学校建立了十分完整的组织系统，校长通过行政会议和研究会议进行管理决策；在校长之下，设置总务主任和教导主任协助行政管理。总务主任分管文牍、庶务、会计、保管、商店、布置、校具、图书、交际、医务、卫生、图表、缮印股等；教导主任分管自治指导、健康指导、休闲指导、学术竞赛、毕业生指导、调查统计、研究、教具、成绩、监护、课务、学籍股等。在此之外，还设立公民训练、减免费审查、经济稽核、招生、出版等五个委员会，对专门事务进行管理。一个小学校有如此的组织系统，可谓"麻雀虽小，五脏俱全"了。

不仅组织系统颇为完整，学校规模也逐渐扩大。据该校的统计，1930年下学期，学校尚只有6个班，学生只有183人。到了1936年下学期，学校已有10个班，学生达583人。教职员工也从1934年的13人增至1936年的18人。

作为厦门教育史上第一所公立的"实验小学"，普育实验小学执行的是国民政府"三民主义教育"的教育宗旨。学校以"新生活运动"的"中心准则"——"礼义廉耻"四字作为校训，其教育目标则遵照1932年国民政府公布的《小学规程》第二条"以发展儿童身心，培养民族意识、国民道德基础及生活所必需的基本知识技能为宗旨"之规定，在此基点上，具体列出八条：（1）培养健康的体格与健全的精神；（2）养成复兴国家与民族的意志与信念；（3）培养爱护人群利益大众的情绪；（4）培养公德及私德；（5）启应民权思想；（6）发展审美及善用休闲的兴趣和能力；（7）增进运用书数及科学的基本技能；（8）训练有关职业的基本技能。很显然，普育实验小学制定的这八条教育目标，就是按照"三民主义教育"之"务使智识道德，融会贯通于三民主义之下"的实施方针而制定的，以培养"规矩态度、正当行为、清白辨别、切实觉悟"的"四维"公民。

在这个办学思想指导下，普育实验小学的学级制度、课程设置、教学方法、训导方法、课外活动和成绩考查等方面，基本上是中规中矩地执行国民政府颁布的《小学法》及《小学规程》，发挥着"实验小学"的示范作用。

普育实验小学的学级制度，是依照《小学规程》要求的初级小学4年、高级小学 2 年的 6 年修业制执行的，具体分为低、中、高三个阶段，每个阶段各有两个年级。其课程设置则是根据1932年教育部调整《小学课程暂行标准》后的要求进行，低年级设置了公民训练、国语、算术、常识、工作和唱游科，每周教学时间为 1050 分钟；中年级则将工作科分为劳作、美术两科，唱游科分为体育、音乐两科，算术科增加了珠算，每周教学时间为 1140 分钟；高年级又进一步将常识科分为公民（社会）、历史、地理、自然、卫生五科，并设一选修科，每周教学时间为 1350 分钟。

作为"实验小学"，普育又进行它的第二项任务——"实验"。学校引进当时西方的实用主义教学方法，根据不同年级的学习特点实施教学改革。低年级采取设计教学法与普通教学法合一的方法；中年级采取设计教学精神，实施普通教学；高年级采取自学辅导精神，实施普通教学。通过两种教学法的融合以调动学生的学习主动性、积极性，养成学生自动、创造、思考和负责的学习精神，从而发展学生的多种能力。

设计教学法是美国教育家克伯屈运用其导师杜威的教育思想发展而来的。1919年杜威来华讲学时，将此法介绍到中国。其具体办法是将学生关心的问题设为教学课题，由学生拟定学习计划与内容，然后运用自己收集的资料，在实际活动中边思考、边操作，既用脑，又用手，在解决问题中学习，在"做"中学习。当年普育实验小学的这项教学改革，现在来看仍是很超前的。

学校根据教育部颁布的公民训练标准进行学生训导。学校设立公民训练委员会，把公民训练标准条目分为十二阶段，每个阶段针对一个年级段，各印成"公民训练卡"，分发给每个学生人手一份，供随时阅读。公民训练委员会采取个别训导、团体训导、特殊训导和中心训导的方式对学生实施训导。每个教师随时可以根据学生的行为进行个别训导工作，并且，在课外时间还有教师轮值进行监护，随时训导。学校常于纪念周、周会、晨会及各种纪念活动中，开展训导讲话，实施团体训导。对于一些行为较为特别的学生，学校则举办训导班，针对不同的行为采用特殊的方法进行专门的训导。每个学期的训导工作还根据教育之需要确立主题，每两周实施一个主题，如"守纪律周"、"礼貌周"、"节俭劳动周"等等。为推进训导成效，学校还开展各种行为比赛，如"课内秩序比赛"、"生活室整洁比赛"等，在学生中制造争优创先的氛围。

学校的课外活动有其一套规矩。在学生中模仿行政组织制度，建立自治组织，每人为一户，一横排为一甲，一学级为一保，全校分共分为十保，合为一区，并设立区署。区署设立了总务、纠察、卫生、图书、商店、出版、康乐等七个股，分别负责组织学生的各种课外活动。区署经常组织周会，举办故事会、演说会、音乐会和表演会等活动，提供学生展现才华的舞台，活跃学生的课外生活；开展课外阅读活动，由教师推荐各种图书、指导阅读；每学期举行一次学术竞赛。然而，由于当局腐败无能，致使教育经费匮乏，下拨经费十分有限。据学校一份历年经费比较表的统计数字来看，该校1930年下学期的经费为3240元，至1936年下学期为3960元，七年的时间只增加了720元，而且有三年的时间是分文未增，其中一年反倒减拨540元。经费不足，致使学校设备无法时常更新。更为严重的是教员的工资不仅比教会学校低，而且还时常拖欠。据1935年1月的本地报纸报道，普育实验小学已欠教职员五个月的月薪。

经费不足，影响了普育实验小学的发展，而拖欠薪金，也免不了挫伤老师的工作积极性，以致学生的学习质量不高，不为社会所重视，一般富裕家庭不愿把子弟送到这所学校来。再加上学校遵照厦门市政府规定收取的学杂费比私立学校要低，故这所学校的学生多为贫寒家庭的子弟。据当时学校一份学生家庭职业的调查统计，出身商贩、船运、工人和农民家庭的学生占71.3%，出身军、政、学、医等高级职业家庭的学生占13.9%，其他为无职业家庭，占14.8%。这无职业者，有些可能是侨眷，有些也可能是失业家庭。由于学生多为贫寒家庭子弟，因而申请减免学费的学生也较多。在1936年的582名学生中，批准减费的学生占26.8%，批准免费的学生占10.7%，合计减免学费的学生达三分之一强。从另一角度来看，普育实验小学使鼓浪屿的一些贫寒家庭子弟能够受到一定的教育，因而可称上是所平民小学，这也是这所公立小学受到欢迎的原因。

普育实小的终结

1938年5月，侵华日军占领厦门。1939年7月，组建了日伪"厦门市政府"。普育实验小学因属公立学校，遂被日伪市政府教育局接办，更名为鼓浪屿第一小学，由洪源担任校长。虽然委派中国人任校长，但日伪当局仍派一名日本人"视学官"在校办公，学校的重大问题，皆由视学官决定。校长和教员每晨到校看到视学官，都要向他问安，以示"亲善"。在日寇占领厦门期间，日伪当局在中小学里实施奴化教育，"普育"亦不能幸免。学校增设日语课为主科，每日安排1小时课程；设置了"修身课"课程，推行奴化教育；国文课则以"四书五经"为内容。同时，将所有教科书中有关反日及富有爱国思想的内容全部删去。迫不得已留校任教的教师们，授课敷衍了事，学生亦无心用功。

1945年，抗战胜利，鼓浪屿结束了百年的殖民统治，回归祖国怀抱。10月，政府当局在"普育"的校址上复办小学，称为市立鼓浪屿区第一中心国民学校，并委任甘朝驹为校长。办学经费由市政府下拨，基本上不向学生收费。复校后，恢复了正常的教学活动，并积极推进教学发展，学校迅速地回归到普育实小时期的原有规模，计有11班，学生达612名。学校还举行恳亲游艺会，向家长介绍该校之教育设施，展示学生作业、劳作、书法等教学成果，并共谋儿童教育方略，深得学生家长赞许。

针对当时成人失学颇多的现状，鼓第一中心小学积极投入社会教育工作，开办成人夜校。1946年11月，甘兆驹校长邀集鼓浪屿热心教育人士庄乃昌、洪协隆、林荣翀、黄友慈等人商讨，决定开办成人识字班，推甘兆驹为校长，洪协隆为指导，林荣翀为总务，并函聘社会闻人赞助校务。夜校原拟设高、初级二班，但开学以后，求学者众，报名人数达到了170余人。学校发动本区热心教育人士积极赞助，添设班级、增聘教师，首期举办了成人识字班一班、妇女识字班二班，计184人。次年2月，又继续举办识字班，报名者仍甚踊跃，达154人。夜校每期上课一个半月，每晚7时至9时为上课时间，修完课时即可初步脱盲，深受社会的欢迎。

新中国成立后，厦门市人民政府接办了鼓浪屿区第一中心国民学校，更名为"鼓浪屿中心小学"。1960年9月，厦门师范学校迁出鼓浪屿，原厦师附小更名为"鼓浪屿第一中心小学"，原名"鼓浪屿中心小学"的"普育"则改名为"鼓浪屿第二中心小学"。"文化大革命"初期，鼓浪屿第二中心小学改名为"东方红小学"。1981年，东方红小学部分班级并入人民小学，其校舍为鼓浪屿区文化馆借用。1984年，区教育局利用原东方红小学的校址组建"鼓浪屿少年儿童活动中心"，成为专门面对少年儿童的活动阵地。1989年，经历了68年风雨的"普育"旧校舍被拆除，取而代之的是适合儿童社会教育功能的鼓浪屿少年宫新楼。2001年，鼓浪屿社区教育指导委员会整合社区教育资源，在这里设立了"鼓浪屿社区教育中心"。2003年，鼓浪屿区的行政区划归思明区，鼓浪屿社区教育中心改为思明区社区教育实践基地，继续发挥其教育的功用。

（陈　峰）

参考文献

《普育实验争校风潮扩大》,见《民钟日报》,1930年7月18日。

《普育实验纠纷来了县政府教局派员接收普育》,见《民钟日报》,1930年7月30日。

《普育务使存在调停不拒绝》,见《民钟日报》,1930年8月10日。

普育小学:《中华民国二十五年度下期普育小学》(年报),1936年。

厦港渔民小学

福建沿海各县渔区办有小学的寥若晨星,而办学时间能延续几十年的,更是凤毛麟角。厦港渔区办的渔民小学,不仅办学时间长达20多年,而且为渔民培养了一些人才。

厦门渔民小学成立于1922年10月,是全国设立最早的渔民学校,早于广东汕尾渔业学校11年。渔民小学是经国民政府福建省教育厅注册的正规小学,校址原先设在鱼行口旧渔会所在地,这里聚集着二三十家经营鱼类买卖的鱼行,许多渔民也就住在鱼行的周边,方便子弟入学。

渔民小学创办初期,由渔会负责从渔获物中抽取千分之八作为学校经费。1920年成立校董事会,保证学校每月有三四百元经费,还扩充教学设备,并在校内附设厦港民众阅览室。

渔民小学从开办时的几十个学生,到1933年已有学生270多人,渔民子弟占40%。首任校长欧阳治,毕业于集美航海学院,教师11人,其中专任9人,兼任2人。渔民小学除与普通学校开设同样的课程外,高年级班还设有渔业常识课,每周3节。

1932年1月,渔民小学一度发生两个校长争席位的风潮。事缘当年春季即将开学之前,校董事会解聘校长蔡受谦,另聘陈震雨为校长。蔡受谦以聘任期尚未满拒不移交。新旧校长各有一帮人马,互不相让。后经教育局调处,以蔡聘期未满,有权行使职权,但校董事会未肯接受,而新应聘未就任的校长陈震雨也以"在纠纷未解决前,为避免争议起见,绝不来校

厦港渔民小学

视事"。直到二月初临近开学，纠纷犹悬未决，校董事会只好另聘王景琛临时负责校务，负责办理新学期学生注册等事宜。至于蔡是否卸任，陈有否就职，因收藏的旧报不完整，有待来日续查资料始能分晓。

抗战前夕渔民小学历届初小、高小毕业生700多人，以初小毕业生居多，其中也有个别学生升入高一级学校深造。1938年4月20日，《江声报》有篇《厦港渔民概况》的报道，"厦港渔民中有大学士二人，专门学校（职业学校）毕业者二人，中学毕业者四人，高小毕业者约40人"。

抗战期间，渔民小学停办，校舍被日本侵略者占用，办为"渔民日语夜校"。

抗战胜利后，渔民小学在鱼行口52号校址复校，由渔会主要负责人并邀请地方政界人士黄谦若等共15人，组成"渔民小学董事会"。呈请厦门市政府教育局转呈福建省政府教育厅申请立案，于1948年7月20日获省教育厅批复准予立案。其董事会正副董事长和董事姓名、学历附表于下：

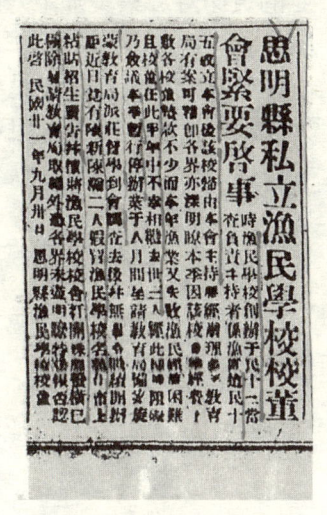

1932年2月4日《厦门新报》报道

1932年10月6日《江声报》报道

黄谦若，厦门大学毕业、现任国民代表兼省参议员，政，董事长；
施振华，厦门大学肄业、现任中心区区长，政，副董事长；
阮玉田，大夏大学肄业、现任中华中学教员，学，董事；
张庆祥，厦门市渔会理事、曾任本校教员，渔，董事；
张义和，厦门市渔会监理、曾任本校教员，商，董事；

郑水福，厦门双十中学毕业、曾任小学教员3年，商，董事；
张再却，厦门市渔会常务监事，渔，董事；
阮水马，厦门市渔会常务监事，渔，董事；
阮兰，厦门市渔会理事，渔，董事；
欧梅池，厦门市渔会常务理事，渔，董事；
张清金，厦门市渔会理事，渔，董事；
黄石头，厦门市渔会监事，渔，董事；
欧金楼，厦门市渔会理事，渔，董事；
张全才，厦门市渔会理事，渔，董事；
陈乌糖，厦门市渔会理事，渔，董事；

  渔民小学继首任校长欧阳治之后，历任校长有集美师范讲习班毕（肄）业的黄保寿、集美师范六组毕（肄）业的郑景祺，以及学历不详的黄质、张庆和。1949年10月17日，厦门解放。1950年3月间，渔民小学与弘农小学合并办学，仍以渔民小学为校名，但校址在原弘农小学，因此导致有人误以为弘农小学就是渔民小学。

（洪卜仁）

鼓浪屿福民小学

  福民小学是鼓浪屿创办最早的小学校，其历史可以追溯到清同治十二年（1873年）传教士施约翰创建"泰山堂"鼓浪屿支堂时附设的小学堂——福音小学。有专家甚至认为，还可追溯到1844年施约翰初到鼓浪屿时办的"英华男塾"，因此认定该校为西方教会在福建办的第一所学校。从福音小学到1909年与民立小学合并成福民小学，再到新中国成立后更名笔山小学，这所学校经历了上百年的历史沧桑，在鼓浪屿教育史上留下了一段矢志兴学的业绩。

鼓浪屿的第一所小学

  清道光二十四年（1844年），基督教英国伦敦会传教士施约翰和养为霖来到了厦门，在鼓浪屿创立基督教"伦敦公会"，并在教堂里开办了以"主日学"为主的学塾性"英华男塾"。第二年，伦敦公会与英国领事馆一起搬到和鼓浪屿隔水相望的厦门闹市区，在卖鸡巷设立泰山堂（址在今华辉广场）。随着伦敦公会的牧师们坚执不渝地传教，泰山堂的会友逐渐增多，其中有不少居住在鼓浪屿，每逢礼拜天，须"渡海跋涉"，遇风雨则更为艰难，影响礼拜。于是，伦敦公会于1873年在鼓浪屿"乌埭中"（现福州路一带）租赁民房，设立支堂，即"福音堂"。除了做礼拜外，还附设小学堂，这所学堂即福音小学的雏形。

厦门文史丛书
|厦|门|老|校|名|校|

　　同治十三年（1874年），伦敦公会所属的观澜圣道学校也由厦门迁鼓浪屿，在"乌埭角"租民房为校舍。光绪元年（1875年），伦敦公会在"垵海角"（后来的笔山小学校舍）与支堂毗邻处自建三座楼房，分别供福音堂、观澜圣道学校和碧澄中学使用。又在"福音堂之东南隅，筑小学校舍一所，可容学生三四十人"，作为福音小学课室。落成之日，伦敦公会即把教堂及学校从乌埭中、乌埭角两处临时租赁的民房迁来这里，派神学院毕业的生员一人，执掌传道，兼任小学部教师的职务。

　　随着学生陆续增加，福音小学仅有的一间课堂，已不能满足需求了。而福音堂也因会友增多，无法容纳。1880年，福音堂迁往鸡母嘴口新建成的杜嘉德纪念楼（后又择地晃岩山麓，另建新教堂）。福音堂迁出后，其旧址改为小学课室。学校虽不附设于教堂之内，但仍沿用"福音小学"旧名。当时，我国的近代教育尚未产生，福音小学仍属于学塾的性质。学生除了教会会友的子女外，也吸收一般世俗家庭儿童，其目的也在于传教。学校没有课本，多以福音书为教材，教师口口相授；学费没有统一的标准，只是按照学生家长的能力酌送，贫苦家庭甚至可以免去学费。

　　戊戌变法后，兴办学校之风逐渐兴盛。大约是光绪二十四年（1898年），基督教徒陈希尧（字灵展）也在乌埭角租间民房，自办民立小学。两校距离不远，相互之间就有了生源的竞争，由此，还带来两校学生互分派别，闹不团结，出现冲突斗殴的现象。两校当局以为同属教育事业，如此竞争并非好事，于是就有了合并之议。1909年，两校合并，各取校名头一字，命名为"福民小学"，由前民立小学校长陈希尧主持校政。此时，观澜圣道学校因生数寥寥无几，并入附近回澜书院；伦敦公会又早在1900年与美国归正教会协商，把澄碧中学20几名学生合并于寻源书院了。这样，观澜圣道学校和澄碧中学的两座校舍都腾出来了，新成立的福民小学有了较为充裕的课室了。

　　不久，福民小学首任校长陈希尧出洋，庄英才继任其职务。宣统三年（1911年），庄英才另有高就，于是推荐其表弟叶谷虚接任福民小学校长。叶谷虚任校长的第二年，即民国元年的1月，教育部发布《普通教育暂行办法》和《普通教育暂行课程标准》。遵照教育部规定，福民小学改办为初、高两等小学堂。此时的福民小学，虽然有了"两等小学堂"的名称，但是生源不多，经费紧缺，办学仍是举步维艰。

矢志兴学的叶谷虚

　　福民小学能够从早期生数很少，规模有限的学校发展成为一所设备完善，颇具规模的完全小学，是与第三任校长叶谷虚矢志兴学、苦心经营、任劳任怨、不懈努力分不开的。

　　1911年3月13日，年仅25岁的叶谷虚接受了他表哥庄英才的委托，主持这个学校。当时学校经费十分窘竭，仅有伦敦公会每年津贴48元和福音堂每年补助50元，此外的费用全靠收学杂费来维持。有着"两等小学堂"之称的福民小学，实际上总共只有80多名学生。叶谷虚把各种程度参差不齐的80多名学生，编成两个复式班级，自己和教师张冠英各包干一个班级，没再聘用其他科任教师，每人每周担任33课时，满负荷运作。面对困难，教会当局建议缩小规模，然叶谷虚不愿向困难低头，力排众议，坚持前行，决心打开僵局。

　　1915年春，福民小学首届高小毕业生毕业了，学校特意为八个毕业生举行了隆重的典礼，通过毕业典礼，向社会展示了福民小学的办学成绩。此举引起了社会人士的关注与支持，鼓浪屿的侨商杨忠懿先生首认捐款资助，随后又有三五热心人士亦慷慨输将。尤其是在是年年终教师薪资尚无着落时，厦门富绅叶崇禄（叶清池）及时送来捐款以渡难关。

　　为图发展，叶谷虚施行改革。一方面，学校刊发报告书，把学校情况翔实地向家长及社会人士报告，取得更广泛更密切的联系。又经常举办恳亲游艺会，由师生编排新剧，通过学生"现身说法"，向学生家长宣传学校教育的重大意义，取得学生家长的了解和支持，生源得以增加并且固定，经费也随着增加。另一方面，叶谷虚于1916年改订了办学章程，改善教职员待遇，通过服务年限和业绩加俸、资助带薪出省考察教育等办法奖励教师，提高教师的积极性。这些改革举措，加强了家长与学校之间的联系，扩大了社会影响，促进了学校的发展。学生数由数十人递增至200人左右。常年经费也由数百元，增长到1800多元。学校得以添设班级、增聘教师。

　　向国民政府备案，也是叶谷虚致力改革的目标之一。福民小学是教会办的学校，在备案之前没有资格获得国民政府的办学补助，学校经费只能靠伦敦公会和福音堂的补助以及学杂费收入，经费来源十分有限。为此，叶谷虚屡次提议向国民政府备案。然而，伦敦公会与福音堂教会却认为，福民小学保持教会办学，可以按照教会仪式和性质把传道和教学连贯起来，实行宗教教育。如果备案，就得受政府干预。因此，叶谷虚的建议屡受否决。然而，叶谷虚毫不气馁，一再劝说教会。经过不懈地努力，备案议案终于通过。1918年，福民小学校董会正式宣告成立，推举牧师陈秋卿、福民小学主理力戈登（英籍）及教会长执蔡益辉等为董事，呈报省教育厅备案。福民小学备案之后，学校管理更为规范了，更主要的是获得了政府的经费补助，解决了经费不足的问题。在鼓浪屿的私立教会学校中，福民小学是最早向国民政府备案的学校。

经过八年的努力，福民小学校务蒸蒸日上。规模扩大了，学生数达300人以上；办学经费渐告充裕，每年达近3000元；组织也随之渐臻完整。1919年秋，学校举行了十周年纪念会，邀请各界名流莅临指导。全校师生，济济一堂，欢聚三天，极一时之盛。

当福民小学办学渐入佳境之时，矢志兴学的叶谷虚不因此止步，而是再接再厉，扩大办学规模。为此，他奔走海内外，为福民小学扩建校舍和筹建职业学校而四处劝募。"校友堂"的建设是其中的一个项目。

福民小学原来没有室内礼堂，每次学校举行集会，都得整队站在操场，夏季炎日当头，严冬寒风彻骨，苦了学生。为此，叶谷虚萌发筹建大礼堂和雨盖操场的念头。然而，学校资金实在是十分有限，唯有再次募捐筹款。1931年3月13日，福民小学举行23周年校庆之时，在叶谷虚的倡导下，福民小学组建了由校董陈秋卿、力戈登等人组成的筹建委员会，订立捐款纪念办法，和募捐员奖励条例，然后组成12个募捐队分头劝募。在海内外校友的大力支持下，大礼堂和雨盖操场终于建成。然而，工程耗资较大，入不敷出，欠下了许多债务。叶谷虚为此再赴香港、菲律宾、越南等地劝募，又获得诸多华侨校友的捐款赞助，终于清还债务，并添建三层的三间办公场所，充实了校友堂设备。

福民小学的三座红砖墙建筑物，原属英伦敦公会的业产。1935年，英伦敦公会远东支部总干事马氏来华，看到福民小学校务蒸蒸日上，取得社会人士的爱护与支持，深为嘉许，同意代向伦敦总会转达，把这三座校舍无条件赠给学校。翌年暑假，赠予手续办理清楚，从此这些校舍完全归属福民小学。

1938年5月，日本侵略者攻陷厦门，叶谷虚全家出国，福民小学由其表侄陈锡恩代理。至此，叶谷虚结束了其27年主持福民小学的校长生涯。

双重性质的办学方针

自清末创办至新中国成立后由人民政府接办前，福民小学一直是所私立的教会学校。伦敦公会每年会给学校一定的补助金，因此，在校长之上，还设有"主理"一职。主理历来由伦敦公会的英国牧师担任，最早担任此职的是力戈登，其后还有施耐劳、魏沃壤等人。1918年，福民小学成立校董会，向省教育厅呈报备案，获得了政府的经费补助。福民小学成为既是所教会办的学校，又在教育主管部门立案的小学，因此，其办学方针就呈现出双重的性质。

表面上，学校的组织、课程等，均遵照当时的教育法令办理。实际上，又另有一套暗度陈仓的安排。在课程设置上，把宗教、英文和语文、算术同样列为主要学科，各年级均额外增设宗教课，三年级以上加英文课。在学校集会上，每周星期一第一节按规定要求举行总理纪念周仪式，而每天早操后举行的朝会，其仪式则遵照宗教制度唱圣诗、读圣经、祈祷，结合朝会公民训练条目，讲解圣经意义，或干脆讲圣经故事。在社会活动上，凡纪念日集会游行或厦门教育局举办的运动会及国语演讲、公民作文等全市性学科竞赛，都踊跃参加，经常获得团体及个人奖品，成绩不错。宗教活动则更为重视，每逢星期日，全校师生在各班班主任老师的带领下，整队前往福音堂礼拜。每年圣诞节，必隆重举行崇拜会及游艺。通过这些活动，向学生灌输宗教知识，培养宗教信仰。

作为教会学校，福民小学还曾办过一份以"联络教会声气，鼓吹教友道德"为宗旨的报纸。这份以福民小学名义发刊的《道南报》创刊于1913年6月20日，社址设在福民小学，总经理为庄伟卿，发行人为叶国华，总编辑为英华中学国文教员贺仲禹。在叶谷虚接任福民小学校长之前，《道南报》停刊过。1921年，在教会的建议下，叶谷虚筹备复刊。叶谷虚之所以要恢复《道南报》，一是传教的需要，另一则是通过办《道南报》为学校增添办学经费。经过一年的试刊，1922年，《道南报》由周刊改为《道南日报》，叶谷虚自任发行人，仍聘贺仲禹为总编辑。复刊后的《道南日报》是一份教会学校创办的但又面向社会的报纸，其内容既有体现基督教教义主旨的各种体裁的文章，也有国内外和本地的新闻，同样体现了福民小学办学的双重性质。《道南日报》从创刊至1933年12月闭刊，共延续20年，其间有数次停刊。

福民小学在其雏形之时，即注重吸收贫穷人家的子女和孤儿入学，因为这样家庭的孩子可以培养成传道所需要的人才。叶谷虚接任校长之后，更是坚持贫富兼顾，一视同仁的办学宗旨。为使贫寒子弟不至于失学，他一面把学杂费订得比附近的英华校友小学略低，一面对家境确实清寒而有志于学的学生，特设优待名额，尽量酌情减免。由于贯彻这一宗旨，福民小学深受广大劳动人民的欢迎，学生数年年激增。然而，当时的教育面临一个问题，就是普通小学堂的毕业生，除少数富裕人家子弟可以继续升学深造外，大多数人要直接进入社会谋生。这些白面书生能有什么专门的技能本领在社会谋得独立的生活呢？为此，他萌生了办职业教育的想法，为学生谋求出路。叶谷虚的这个心愿，深得菲律宾殷实富商杨忠信先生的赞成。他慷慨解囊，支持叶谷虚创办职业学校。后来的闽南职业学校就是从福民小学孕育出来的。

　　福民小学双重性质的办学方针一直坚守到鼓浪屿沦陷。1938年5月，日本侵略者占领厦门后，叶谷虚举家出走，为了学校的安全起见，福民小学又挂起英国旗，由英国伦敦公会牧师施耐劳任学校主理。次年春，擢该校教师李魁梧主持校务。1941年12月，鼓浪屿也陷入日本侵略者手中，学校教职员均被解散。该校被编为伪鼓浪屿第三小学校，调前私立养元小学校长邵仁敏担任该校校长。1945年8月，抗战胜利，10月，福民小学校董会恢复，呈请复校立案，仍聘李魁梧任校长。新中国成立后，厦门市教育局于1952年10月间接办福民小学，改名厦门市笔山小学。从此，福民小学彻底结束了私立小学的历史，成为人民政府领导下的公立学校。一直到2003年5月厦门市调整部分行政区划后，笔山小学并入了人民小学，这所学校的百年历史画上了句号。

福民校友的母校情结

　　新中国成立前的70多年中，福民小学为社会输送了五六千名毕业生。这些校友中，不乏卓有建树的人才。其中，又有不少校友感激学校的培育之恩，热心反哺母校，留下佳话。

　　福民小学的建设与发展，不仅有海外华侨的资金支持，学校校友更是热心赞助、大力支持。1931年，学校筹建大礼堂，组织了筹备委员会。15人的委员会中，校友占了8人，他们是李维修、陈文麟、周昆元、叶清华、周廷旭、陈秉璋、吴森、蔡凉清。蔡凉清任干事，专责办理一切建设事宜。这些校友们凭着一股热情，献计献策、尽心尽力。有的四出劝募，积极争

鼓浪屿福民小学

取海内外校友以及社会各界人士的赞助，其中委员吴森以及校友萧裕元、何占雄等专任募捐员，积极奔走，获得不俗的成果；有的身体力行地帮助学校做各种事情。校友会会长李维修、校友叶彬具体参与了建设工程的策划，在建筑经费未能全部到位时，他们利用自身的社会影响力，聘请工程师王弼卿义务设计绘图，并与建筑商林恩典订立合同，先行鸠工建筑，而后分期陆续付款，从而使工程在不到一年的时间内即得以竣工。

1931年底，大礼堂落成，一层为雨盖操场，二层为礼堂，从此每日晨会，学生们可免受以往露天集会风吹日晒之苦；风雨天，体育课亦可按照课程表正常进行。为感谢校友们的大力鼎助，学校将这座建筑命名为"校友堂"。

在筹建"校友堂"而成立的筹备委员会名单中，我们可以看到几位在厦门近代史中颇具名气的人物李维修、陈文麟、周廷旭……他们的名字时常会在福民小学的校史中出现，为福民小学引为骄傲的校友。

李维修，原名李嘉瑞，祖籍龙海，1887年出生于厦门岛内的外清宫。19世纪末在福民小学读书。1904年，李嘉瑞到新加坡谋生，1907年在那里加入了中国同盟会，追随孙中山先生，从事革命活动，改名为李维修。1911年，李维修参加同盟会领导的第二次广州起义，起义失败后，回到厦门。回到厦门后，李维修继续从事进步活动，参与发起组织了厦门通俗教育社，提倡新文化运动。对母校充满深情的李维修，十分关心母校的发展，时常到学校与学生见面，以其现身说法，向学生及其家长宣传学校教育的重大意义，以及家长与学校互相配合所起的教育作用，从而加强了家长与学校之间的联系，也吸引更多的家庭把自己的子女送到福民小学受教育。在学校举办的几次恳亲会、游艺会，李维修亲自为学生编排新剧，运用话剧的形式宣传学校教育的作用，不但为恳亲会增加光彩，而且通过这种活动，扩大了福民小学的社会影响，加强了家长与学校之间的联系，在学校教育上取得了一定的效果。由于李维修长期关心母校的发展，在福民小学校友会成立时，被推举为会长。1936年，新一届福民小学校友会总会成立，李维修与建校元老、校董陈秋卿，知名校友陈文麟一起荣任名誉会长。厦门沦陷后，李维修遭日军通缉，避难到新加坡，在一次演讲中摔成重伤，送回厦门后，于1940年10月卒于鼓浪屿救世医院。

陈文麟，中国第一个驾机飞越欧亚大陆的飞行员，是位土生土长的鼓浪屿人，童年时期就读于福民小学，后升学英华书院。16岁时，辍学进入丹麦人在鼓浪屿开办的"大北电报局"任职。工作六年后，陈文麟到德国学习陆军，1925年回到厦门。回来时，正赶上轰轰烈烈、席卷全国的五卅运动，厦门亦组织学生军响应，陈文麟受聘担任学生军总指挥，由此而崭露头角。厦门海军警备司令部颇为赏识陈文麟的才华，遂派他前往德国航空学校深造。1928年，陈文麟学成归来，被海军总司令部委任为厦门海军航空处筹备员，次年奉命前往英国购买飞机。1929年3月13日，陈文麟和丹麦籍飞机师约翰逊驾驶英国生产的"阿维安"型轻型飞机"厦门号"从英国出发，途经欧亚两洲的8个国家，行程1.5万公里，于5月10日抵达广州。5月12日，再从广州飞回厦门，受到厦门各界十分隆重的欢迎，海军总司令部还特地派政训部主任到厦门筹办"厦门各界欢迎飞行家陈文麟大会"。作为福民小学的校友，福民学校校友会于5月20日专门为陈文麟举办了隆重的欢迎会，并邀请他为母校的师生与校友发表演说。此后，校友会聘请陈文麟担任名誉会长，借重他的名气扩大学校的社会影响。陈文麟也热心于母校的事，只要母校召唤必会参与，诸如筹建"校友堂"、福民学校校庆及叶谷虚校长任职25周年纪念等，都有他的身影。陈文麟飞回厦门后，被任命为厦门航空处处长兼飞行教练官，在曾厝垵机场训练飞行员。抗战胜利后，一度出任海军厦门造船所所长，解放前夕到香港定居。

周廷旭，厦门人，1903年出生于鼓浪屿一个基督教家庭，童年时代在福民小学读书。小学毕业后，14岁的周廷旭离开厦门到天津的教会学校就读，1920年往美国修习历史及考古学。一年后，因对绘画的浓厚兴趣而转学至波士顿美术馆的美术学院。1923年，往法国巴黎美院进修，之后又进英国皇家美术学院，并被推选为英国皇家艺术家协会预备会员。其作品曾入选皇家美术学院年展，获皇家美术学院金奖、巴黎油画沙龙奖等奖项。1929年，他的作品荣获最有权威的吞纳金奖（Turner Gold Medal），是此奖项第一次授予一个外国艺术家。1931年至1935年，周廷旭曾回到中国，在北平、上海、香港等地举办个人展览，并在东南亚旅行写生。这段时间内，他回过鼓浪屿，因此在家乡留有他的一些作品。而在这个时期，母校福民小学正筹建大礼堂，他的名字被列入筹备委员会之中。作为用西方的技巧表现中国形式的中国画家，周廷旭在国际上享有一定的声誉，福民小学借重他的名气扩大学校在社会上的影响乃是无可厚非的，而周廷旭也为他的母校做过些事，至少在筹建大礼堂的这件事上。

当然，热心于母校事业的福民校友何止他们三人，旅菲侨商杨忠懿、杨忠信，还有校友会旅菲分会会长杨永征及其兄弟杨永隆等，旅越分会会长方兆麟等，都曾为母校的建设与发展提供了无私的援助。他们虽没有类似李维修等三人曾拥有的辉煌，但在母校史册上留下了感人的事迹。

（许十方　陈　峰）

参考文献

周之德：《福民溯源小史》，见《福民校友堂落成纪念刊》，1937年。

叶谷虚：《廿五年的回忆》，见《福民校友堂落成纪念刊》，1937年。

叶更新：《福民小学校史》，见厦门市政协编《厦门文史资料》第19辑。

佚名：《福民校友会欢迎飞行家》，见《道南》第3卷第30期，1929年。

鼓浪屿养元小学

养元小学是美国归正教会于19世纪末在鼓浪屿创办的一所教会小学,在新中国成立后更名为"鹿礁小学"。中外闻名的当代著名学者、文学家、语言学家林语堂,以及国际著名天文学家余青松、我国著名园艺学家李来荣等名人曾在这里读过书,这所学校因此而颇有名声,也使这所具有百年历史的老校在鼓浪屿的教育史上留下记忆。

始于田尾的"洋私塾"

1889年,美国归正教会牧师打马字的大女儿清洁·打马字姑娘在厦门竹树脚创办了一所学塾式学堂。不久,这所学堂迁往鼓浪屿"番仔球埔"边的一间石厝内,再迁田尾女学堂(即毓德女学的前身)的附近,被称为田尾小学。

田尾,顾名思义乃农田之尾,位于鼓浪屿东南部。一百多年前,这里是一片农田,其尽端处依山傍海,景色旖旎,颇具田园风光。鸦片战争以后,洋人相中了这块"宝地",英国人的公馆、丹麦人的电报局、厦门海关的税务司公馆等都建在这一带,而美国归正教会更是在田尾安营扎寨,开办起教会学校:1880年,马利亚·打马字姑娘创办的女子学堂由厦门竹树脚迁到此地,称为田尾女学堂;1881年,美国归正教会联合英国长老会在此创办寻源斋(后更名寻源书院),又叫做"男童学院";1884年,打马字牧师夫人玛丽·打马字在这里创办妇女福音学校，又称作田尾妇学堂。此后，清洁·打马字姑娘创办的学塾式学堂也由厦门竹树脚迁到田尾女学堂附近，也就是这所田尾小学。十年的时间，美国归正教会在田尾办起了4所学校，有男童学校、有女子学校，还有面向妇女的成人学校，不同对象、不同层级都有，形成系列。美国归正教会将好几家不同层级的学校集中于田尾办学，颇有建立传教大本营的味道。当时西方教会在华办学的首要目标就是致力于培养传教士和牧师，为教会在华传教打开局面。按照寻源书院主理毕腓力的说法，就是"学校希望大多数的学生毕业后都能入神学院准备将来当牧师"。田尾小学之所以也迁到田尾，应该是与美国归正教会的系列办学配套成龙的。田尾小学与寻源斋都是男童学校，然其教育层级则不一样，寻源斋实施的是与美国中等学校相对应的教育，而田尾小学则是初级教育，集中于此，田尾小学就能更直接地为寻源斋输送合格的生源。事实也果真如此，这所小学的毕业生若继续升学，大多是进入寻源书院，林语堂、余青松、李来荣等著名的校友，都是沿着这一模式完成他们在鼓浪屿的基础教育。

　　迁到田尾的这所小学，由创办人清洁·打马字姑娘担任首任主理。从那时起，她在这个职位主持校政一直到1911年。当时，学校规模还很小，校舍是租来的民房；聘请的老师只有后来被擢任为首任校长的李春亨及其夫人；招收的学生也不多，采用单级教授制上课；课程以读经为主，学些简单的听、说、写。上课时，男童们摇头晃脑地跟着洋先生读着白话文……在当地人眼里，这所学堂与中国私塾没多大差别，因而称之为"洋私塾"。

　　实质上，这所"洋私塾"还是与中国传统的私塾有所区别的。

　　田尾小学最注意的是学生灵性的发展，所以《圣经》课是学校最重要的必修科，以罗马字的《圣经纪略》为教材，各班级每个星期都要上两节这个课程，由清洁·打马字姑娘亲自授课。而早晚祈祷、周日礼拜等宗教礼仪更是学生不可或缺的活动。每天早上上课前必须举行朝会，下午放学前必须举行夕会。在这两个全体学生集会时，除了唱赞美诗和祈祷外，还要讲圣经故事或背诵《圣经语录》。

　　除了《圣经》课外，国语、罗马字拼音（也就是白话字）是主要教学内容。国语读的是当时的启蒙课本《三字经》、《千字文》、《四书》、《五经》等，这与中国传统的私塾有点相似；罗马字拼音用的课本则是洋人传教士们编的《字汇入门》，这是中国传统的私塾所没有的。当时，学校开设的算术、天文、地理、生理等新式课程，其教科书基本上无从购买。洋人传教士们就自编一套用罗马字拼音撰写的各科教材，用以教授学生。罗马字拼音成为学习的重要工具，每个学生都必须先学会厦语罗马字拼音，才可能学好各科课程。所以，那个年代的学生没有一个不晓得罗马字拼音。学生们利用罗马字拼音这个学习工具，读完了《圣经》的"四福音书"和"使徒行传"的部分书信以及《四书》，同时掌握比例、百分法等算术基础，就可以报考寻源书院了，无所谓毕业不毕业的，因为当时这所学校并不发毕业证书。

从"田尾"至"养元"

1904年（光绪三十年），清朝政府颁布《奏定学堂章程》，建立起中国的近代学制，紧接着于1905年废除了科举制度，千年的封建教育体系土崩瓦解了。此时，西方教会学校也借助这场变革，将其在中国的办学推向合法化与规范化。

也就在这一年，田尾小学这所"洋私塾"更名为"养元小学"，扩大办学规模，在田尾建起了校舍，还建有学生宿舍，开始招收漳、泉一带及厦门郊区的寄宿生。学校实行编级制，分为高、初两级，学制为七年。1910年冬，学校第一次给毕业生颁发毕业证书。

从"洋私塾"转为"洋学堂"后，教学上逐步走上"中国化"，各科教材都采用上海商务印书馆全套新式的小学教科书，取代《三字经》、《字汇入门》以及用罗马字拼音编写的那些课本。包括圣经课在内的老课程基本保留，增设了英语课和体操课。当时，二年级即开始学英语，一二年后便由洋人教师直接授课。由于洋人教师不懂得中国话，无法讲解语法，只能让学生反复背诵课文或其他文章，颇似中国私塾传统的学习方法。背多了，自然而然地摸索出一点语法的门道，也慢慢懂得一些词汇的应用，由此而潜移默化达融会贯通。其实这种"直接"的教学方法却创设出一个全外语的教学环境，反而成为养元小学外语教学的一个特色。不少从养元小学走出来的名家如林语堂、余青松、李来荣等，其英语水平就得益于当年的这种"童子功"。

规范的教学、中西结合的优势，使养元小学名声远扬，远在厦门郊区甚至漳、泉一带都有人送子女来上学，厦门郊区及同安、安溪、龙溪、平和、漳浦等乡村孩童居多，基本上是美国归正教会传教的区域。据当时统计，1906—1910年间，养元小学学生有200人左右，而来自漳、泉和厦门郊区的寄宿生约 50 人，为全屿各小学之冠。这些寄宿生的学膳宿费按各人的经济能力缴交，每学期 4 至 12 元不等，有些贫困的学生还可获得免费。此外，学校还借给学生两人一床的公用棉被。

文学大师林语堂就是在 1905 年离开漳州平和县坂仔镇，慕名插班到鼓浪屿养元小学接受启蒙教育的，毕业后考入鼓浪屿寻源书院上中学。身为教会牧师的儿子，他从小学到中学均获得了免费的教育，甚至连膳费也免了。在这位著名文学家的自传中，我们能看到他对自己母校的感恩。但是，他也直言不讳地对当时学校的全盘西化教育提出了抗议，"我被骗去了民族遗产"，"被剥夺了得识中国神话的权利"。

出生于 1897 年的国际著名天文学家余青松差不多与林语堂同一时期在养元小学读书，毕业后也同样升上寻源书院。这位后来毕业于上海圣约翰大学、北京清华学堂，留学于美国雷海大学、匹兹堡大学及加利福尼亚大学，并出任国民政府中央研究院天文研究所所长的天文学博士，或许就是从当年教会学校的天文课中激发兴趣而走上天体物理研究之路。养元小学有理由因出了这么一位冠名小行星的鼓浪屿人而骄傲。

我国著名园艺学家李来荣则比这两位国际级学者晚一点时间在养元小学读书。出生于 1908 年的李来荣，5 岁时随母亲到鼓浪屿谋生。因为母亲在毓德女学找到份工作，李来荣得予免费在教会幼稚园上学。此后，他又凭着数一数二的学习成绩和课余打扫教室的奉献，在养元小学依然获得免费就读的优待。在这所学校里，他不仅得到了知识的启蒙，学会了掌握新知识的基本方法，更为重要的是培养了坚强的意志和做人的尊严，从而使他能够挺直腰板地走过艰难而又自豪的人生。

罢教风波

1911 年春，养元小学迁到鹿耳礁的新校舍（即今复兴路 28 号），有大小楼房三座。美国归正会派美国人范礼文接替清洁·打马字姑娘担任养元小学的主理。范礼文从平和小溪调来任希元担任校长一职。当时，养元小学的经费还是较为紧张，教师的工资十分微薄。据朱鸿谟老先生的回忆，1915 年美国归正教会规定：凡是寻源书院六年制毕业的学生到养元小学任教的，其工资每月 15 元；四年制毕业的则为 13 元，以后每一年增加 1 元，但以三年为限。因此，当时养元小学教师的工资最高不会超过 18 元。这与当时美国传教士每个月 100 美元的薪水相比，可谓天渊之别。

由于工资微薄，养元小学的师资力量显得捉襟见肘。为此，在1913年至1916年的四年间，养元小学将每天下午的功课包括算术、历史、地理等课程外包给寻源书院六年级毕业班的学生担任教学。这一招即节省了学校的开支，又给寻源书院即将毕业的学生提供一次实习的机会。这些学生的学历比当时小学的一些教员要高些，而且在校时曾参加过教学实习，因而能够应付一下当时的困境。然而，这只是一个权宜之计，毕竟保持一个稳定的师资队伍是学校办学的重要指标。

1917年，美国归正教会派来一个儿童教育专家卫升平（F. J. Weersing），设立了"美国归正教会教育部"，以指导闽西南归正教会所属的各个小学，兼任养元小学主理一职。卫升平聘任周坤元为养元小学校长。周坤元热心教育，勇于任事，以校为家，专心办学。他增聘教师，加强了师资队伍建设。此时的任课老师，除了各级级任之外，还有三名专科的国文教师。在他的努力下，学校的教学质量大有提升，声誉也随之提高了，各地来校寄宿求学的学生较前多了不少，在校学生数几近300人。

正当养元小学的办学稍有起色之时，却发生了一场罢教风波，险些酿成学校停办。

20世纪初，军阀混战，政治腐败，教育事业无人过问。在鼓浪屿租界里，教会学校的事基本上是洋人说了算。卫升平领导的"美国归正教会教育部"实际掌管着鼓浪屿及闽南地区归正教会学校的管理大权。他们规定养元小学等校的教学课程和学习内容，制定学校的管理制度，还决定教师的聘用去留和薪金高低。养元小学发给教师的薪金十分微薄，在生活费用较高的鼓浪屿，这些薪金难以维持生计。为此，养元小学的教师集体向"美国归正教会教育部"要求提高待遇。然而，"美国归正教会教育部"无视教师的要求，于是教师们开始罢教。在一直未能获得满意答复之后，一部分教师带走了学生，在鼓浪屿中华路租校舍另外办起了一所学校，称"平民小学"。另一部分教师则另谋出路，也不再返回学校了。教师走了，学生也走了，学校也就停课了。

学校名存实亡，继任的校长黄其德十分着急，找到新任主理杜乃文商量，重新组织教师队伍，继续办学。在黄其德的努力下，养元小学总算恢复起来。然而，此次罢教停课，使养元小学元气大伤，学校一直难以恢复以前的办学成绩和在社会上的声誉。1925年春，寻源中学迁往漳州后，又令养元小学雪上加霜。原本养元小学的毕业生可以优先升入寻源中学，而今毕业生的出路成了问题，这必然影响到学校的生源。1926年，全校只剩六个班级,学生总数降到 200 人左右。学生数少了,学校的经济收入难免受到影响。

立案后的养元小学

1925 年五卅运动前后,声势浩大的收回教育权运动扩展至全国。1927 年 12 月,国民政府颁布《私立中等学校及小学立案条例》等条例,教育部又于 1928 年 8 月颁布《私立学校规程》,规定包括外国人设立的学校在内的私人学校必须向中国政府申请注册,成立校董事会,聘请华人任校长,遵照国民政府颁布的教育法令,并废除在课内教授《圣经》。这些法规限制外国人在我国开办学校和掌握校政大权。

针对国民政府的规定,美国归正教会在 1927 年秋黄其德去职后,竟不再聘任养元小学的校长了。自 1927 年秋至 1929 年秋的两年间,教会只是组织校务委员会,下分若干个部,由在校教师分别掌管各部职务。

没有校长,学校办学就没有主心骨。于是,养元小学校友会于 1930 年推选朱鸿谟、白格外等 3 人,会同中华基督教会的黄大辟等 3 人与归正教会的 3 名代表共同组成校董会。校董会随之向美归正教会接办养元小学,选聘林居仁为校长,并正式向国民政府办理注册事宜。此后,美归正教会不再派出主理来管理学校,管理权移至校董会手上;美归正教会也不再拨出学校的办学经费,经费来源主要依靠学生缴交的学费,此外是校董会的捐助和美归正教会的赞助。

1931 年,归正教会的代表在校董会上建议扩建校舍,由归正教会捐助一万元,校友会亦负责募捐同等数目用作建筑费用。经校董会讨论,决意实施。校舍翻建工程因募款困难而拖延,为此,当时接任林居仁的继任校长张之麟,曾到新加坡、印尼等地进行募捐。1933 年,新校舍盖到二楼后因资金缺乏而告结束。

在校董会的管理下,学校的组织机构进一步健全:校长之下设立校务会议及教导、总务两课。教导课之下设训育、课务、体育、学艺、联络、学籍等 6 股;总务课之下设会计、文书、布置、保管等 4 股,校务会议再设各种临时委员会及各科教学研究会。立案后的十年,华人校长实质掌管学校校务。1931 年,张之麟接任林居仁担任校长之职。1935 年张之麟因病辞职,校董会委托当时任职于毓德女中的朱鸿谟兼任校长一职。越年,朱鸿谟推荐邵仁敏接替自己正式任校长。

在这期间，养元小学规模进一步扩大，学生有所增加。1931年，学校还开办了中学部。1934年的调查数据显示，该校小学学生有260人，设高小二班、初小四班，教职员工13人；初中学生90人，教职员工16人。学校仍是专收男生，不收女生。然而，由于学校的规模、设备与资金等跟不上，条件不足，养元中学未能获得省教育厅的立案批准。1935年，养元中学在朱鸿谟的建议下停办，只维持了3年多时间。

注册立案后，虽然归正教会不再直接管理学校了，但是作为教会学校的性质却没改变。表面上，学校废除了在课内教授《圣经》，并减少每周英语的授课时数。实际上，宗教教育仍是换汤不换药地继续进行着。《圣经》课虽不上了，但"每天早晨孩子们都要先参加'朝会'，听老师讲圣经，祷告、唱圣诗，然后才正式上课，开始一天的学习。每到礼拜日，孩子们都要到三一堂做礼拜"。课外活动时，"辅导老师也带着孩子们到处做游戏，讲基督教的故事，分发耶稣受难、使徒活动、摩西十戒等富有基督教色彩的西方名画小图片"。1938年厦门沦陷时随父母避难鼓浪屿、插班养元小学三年级的吴宣恭，在回忆孩时的教育时就说道，"小学的基督教色彩是我们早期的道德启蒙教育"。养元小学的这种宗教教育，一直持续到厦门刚解放之时。1949年11月12日的《厦门日报》曾报道，当时养元小学每天还是强制学生参加晨祷会、唱赞美诗。市教育局为此根据人民政府信教自由的法令前往劝导，学校方才不再强制学生做礼拜和参加晨祷会。

抗战时期与战后的养元小学

1938年，日寇占据厦门。为了避免日寇骚扰，养元小学挂起美国旗，推美国人夏路得担任校长，名义上由美归正教会接办。当时，市区大批居民逃难到鼓浪屿来。秋季开学时，学生数量剧增，由原来的300人左右增加到近800人，校舍爆满。生源多了，养元小学的经济收入增加了不少，除了每学期的正常开支外，还有所节余。校董会为此给教师们发放了一定的生活补助费，以解决物价飞涨给教师带来的生活困难。

然而没过几年，鼓浪屿也沦陷了。1942年，日伪政权接管了养元小学，将其改为"鼓浪屿第四小学"，将原校长调离，改由学校原教导杨振声担任校长，并迁址到原慈勤女中的校舍上课。养元小学的校舍则被日伪改作"厦门兴亚院"鼓浪屿分院的校舍，先后开办小学教员日语讲习班和本科日语班，以培养亲日分子。日伪政权在养元小学强制推行皇民化教育，取消

1940年，养元小学毕业生与老师合影

英语课，改为日语课。宗教课起初还保留，不久也被取消。在这期间，学生虽然可以不用缴交学费，但学生数却急剧下降，只剩下200多人而已。

抗战胜利后，原校董会恢复组织，决定在原址复办养元小学，名义上以白格外为校长注册备案，实际上仍由杨振声执行校长职务。1945年12月5日，校董会向省教育厅递交复校立案呈，于次年4月11日获得批复，学校恢复了正常的教学活动。复校后，学校种类仍为高初两级完全小学，编制上设六个年级，除一年级、三年级分甲、乙组外，余者皆设一个年级，共计8个班，学生数406人，各级最高生数达50人，最低生数也有15人。

当时，学校经费来源主要是学生的学费、学校基金生息以及美国归正教会的每学期100美元补助。然而，由于通货膨胀，币值一日数跌，鼓浪屿沦陷前学校积存在银行的数千余元基金，到此时只够买两包刀牌香烟了，而归正教会的补助经费也是杯水车薪，无济于事。为了维持生计，校董会四处奔走筹募，惨淡经营。教师收入微薄，入不敷出，每月有120元薪水的校长，还得校外兼职以补家用。

1947年秋，校董会聘请当时任职漳州寻源中学的朱鸿谟回任校长。朱校长上任后，进行组织整顿，努力发挥教职员工的积极性，教学质量略有提高，学生数量也有所增加，虽然经济拮据，学校还是修整了校舍，添置课桌椅和图书、教具，到底是把学校继续办了下来。

1952年10月，人民政府接管养元小学，改为公办学校，更名为鹿礁小学。学校经费保障，获得蓬勃生机。直到2001年，鹿礁小学的师生分别合并到人民小学、笔山小学，这所百年老校方结束它的历史使命。

（许十方　陈　峰）

参考文献

朱鸿谟：《美国归正教会创立的养元小学》，手稿复印件。

朱质：《解放前鼓浪屿的教育概况》，见鼓浪屿政协编《鼓浪屿文史资料》第9辑。

《厦门市教会办学情况简介》见厦门市档案局编《近代厦门教育档案资料》，厦门：厦门大学出版社，1997年。

林语堂：《从异教徒到基督徒：林语堂自传》，西安：陕西师范大学出版社，2004年。

《永不止息：园艺家李来荣》，见洪卜仁、詹朝霞《鼓浪屿学者》，厦门：厦门大学出版社，2011年。

《敬恭桑梓：经济学家吴宣恭》，见洪卜仁、詹朝霞《鼓浪屿学者》厦门：厦门大学出版社，2011年。

《厦门市私立养元小学复校立案呈及省教育厅批复》，见厦门市档案局编《近代厦门教育档案资料》，厦门：厦门大学出版社，1997年。

厦门市侨办小学概况

清光绪年间，由缅甸华侨曾广庇在曾营创设的龙山女子两等学堂，是厦门最早的一所侨办小学。本市最早一所得到菲律宾华侨输款资助的侨助学校，是光绪六年（1880年）由外国教会创办在鼓浪屿的"寻源斋"，后改为寻源中学，迁设漳州。

光绪十一年（1885年），在禾山乡后院社兴筑的禾山书院校舍，也是华侨输银捐建的。

自光绪二十二年（1896年）至民国元年（1912年），华侨相继在同安和厦门郊区创办了钟宅、曾营、霞阳、阳翟等4所小学堂。

这一时期的侨办学校仍以旧学为主，只有少数华侨或归侨在家乡兴办规模不大的近代学堂和小学。

辛亥革命推翻了清朝的封建统治，大大激发了海外华侨的爱国爱乡热情，回乡兴学的华侨也随之增多。陈嘉庚自1913年1月假集美大祖祠创办集美两等小学起，直到创办规模宏大的集美学村和厦门大学。

辛亥革命后最早创设的几所侨办小学是：1916年由叶添寿、叶永黎等创办的厦门奎壁小学，由新加坡华侨周谦祥等创办的杏苑小学等。1919年，厦门劝学所所长孙印川赴东南亚募捐，兴建鼓浪屿普育小学。

1934年以前，厦门市内共有39所小学，其中有17所由华侨捐款创办或资助，占小学总数的45%。在这17所小学中，有11所除获得华侨捐助建校经费国币4.84万元外，每年还提供经常费国币18146元，占该11所小学常年经费总数的33%，占全市小学常年经费总额的11%。

在这39所小学就读的有8430名学生，其中归侨、侨眷学生1752名，占学生总数的21%。

自清朝末年至1949年中华人民共和国成立，华侨在厦门市兴办或捐款资助的小学如表所示。

华侨在厦门市兴办或捐资的小学一览表

学校名称	创办年月	主要捐款人	侨居地	捐款金额	学校地址
龙山女子两等学堂	光绪初年	曾广庇	缅甸		杏林曾营
寻源斋	1880		菲律宾		鼓浪屿
禾山书院	1885				禾山后院社
钟宅小学	1896				
霞阳小学	1904	杨元荣、杨元淳等		3.21万元	杏林区
曾营小学	1909				杏林曾营
东升小学					
永恩小学					
群惠小学	1931	林士麟			思明南路
妙光小学					妙释寺路
主光小学					小走马路33号
延陵小学					
毓德小学					鼓浪屿
福民小学					鼓浪屿
思侨小学					
豪士小学					
崇务小学					
岐山小学					

续表1

学校名称	创办年月	主要捐款人	侨居地	捐款金额	学校地址
益群小学					
新民小学					
后埔小学		黄盛光		0.62万元	
店前小学		陈昌隆		1.5万元	
桃源小学	1914				小走马路35号
奎壁小学	1916	叶添寿、叶永黎等		11.6万元港币	莲坂
杏苑小学	1916	周谦祥等	新加坡	16.15万	
和安小学	1917				大中路
莲河小学	1918	吴永溪、吴神温等	菲律宾	2.37万元	
鼎美小学	1918	陈瑞人	新加坡	1.2万元	
湖山小学	1919	陈有才			禾山寨上社
鳌岗小学	1919	林纯仁			大同路69号
思明小学	1920	李锦修、李双辉			思明东路
集友小学	1920	陈丙丁和集美校友会等			百家村
禾光小学	1921				禾山吕厝社
雅化小学	1921	陈杰等	菲律宾	0.85万元	思明东路
四知小学	1922	杨克律	越南		
民立小学	1923				梧桐埕
珩山中心小学	1924	王文博、王仙水	新加坡	44.84万元	后溪乡珩山村
颖川小学	1925	陈荣芳	菲律宾		
市头小学	1926	洪芬水等			杏林市头
崇本小学	1930	何永镶			禾山何厝村

续表2

学校名称	创办年月	主要捐款人	侨居地	捐款金额	学校地址
五通小学		孙氏崇亲堂	菲律宾	3.1万元	禾山五通村
芷园小学	1932	陈延谦	新加坡		沃溪乡
嵝江小学	1932	郑友兰	新加坡		
高浦小学		郑仕文等	马来亚	0.6万元	
新垵小学		新垵诏毅堂		1.368万元	
龙山小学		曾广庇			
三河东小学		薛芬士等			禾山庵兜
锦园小学	1939				
东边小学	1943	陈上垸		0.25万元	
钟宅小学	1943	钟水竹等	新加坡	5.1万元	禾山钟宅村
后海小学	1945				
东浦小学		林成德	新加坡	0.33万元	
高殿小学		陈仲甫		0.95万元	
乐安小学	1947	孙炳炎	新加坡	50.335万元	

抗战期间，厦门陷敌，侨办学校有的内迁，有的关闭，有的毁于战乱。1945年抗战胜利后，侨汇畅通，华侨集资办学的活动迅速复苏，除了修复被破坏的校舍外，在短短几年中，又新设了乐安、晋山、浒井等10多所侨办和侨助小学。

（洪卜仁）

怀德幼稚园

114年前,中国历史上最早的幼儿园诞生在鼓浪屿,它就是鼓浪屿日光幼儿园的前身——怀德幼稚园。百年后的今天,在日光岩山脚下的老园舍里,这所幼儿园依然日复一日地迎送着祖国的"花朵",年复一年地传承着百年的业绩。

中华幼教第一园

怀德幼园创办于清光绪二十四年(1898年),比创办于1903年的武昌"湖北幼稚园"(次年改称蒙养院)和北京"京师第一蒙养院",整整早了5年。在中国学前教育史上,怀德幼稚园创下了两个第一:中国历史上的第一所幼儿园;福建历史上的第一所幼儿师范学校。

怀德幼稚园的创办人是位英国牧师娘,名叫韦爱莉。19世纪末,她随同其丈夫、英国基督教长老公会牧师韦玉振到鼓浪屿传教。1898年2月,韦爱莉鉴于许多教友的孩子需要适当的教导,便招集一些4岁至6岁的基督徒子女,在鼓新路35号牧师楼办起了家庭式幼稚班。两年多的时间,幼稚班办得有点成绩,要求入学的幼儿渐渐地多了起来。为了满足教友们的需要,韦爱莉举办了游艺会,邀请各界莅会观摩,了解幼稚班的办学情况。这种观摩,使幼稚班博得社会好评,也就获得了社会各界的捐助。1900年,韦爱莉在社会各界的支持下,假福民学校创设了临时园舍,初具幼稚园之雏形。中国历史上的第一所幼儿园，就这么起步了。

草创之初，幼稚园的一切园务，皆韦爱莉自为料理。至 1900 年，学生数已增至 50 名左右。此时，只有几位助教帮忙，师资十分缺乏。为了解决幼稚园的师资，韦爱莉于 1901 年在自己住宅的园地建一小屋暂充教室，招了几位青年女生，办起师范班。韦爱莉以儿童教育法对她们进行训练，合格者颁给修业证书并留作本园教师。而幼稚园则成为师范班的实习基地，除少数留用本园的师范毕业生作为专职教师外，大部分教师由在校的师范生兼任。她们半天学习，半天实习，轮换上课，每月每人津贴白银 2 元。韦爱莉为解燃眉之急而办起的这个师范班，是鼓浪屿怀德幼稚师范学校之肇始，开福建幼儿师范教育之先河。

宣统元年（1909 年），韦爱莉身体衰弱，不胜其劳，乃请英国基督教长老会接办幼稚园。长老会派吴天赐女士接替。1911 年，幼稚园正式定名"怀德幼稚园"，吴天赐也被正式任命为幼稚园主任。适逢怀仁女学新校舍建成，幼稚园于是暂借其部分校舍作为幼稚园及师范班教室，同时筹款于鼓浪屿内厝澳西仔路（现永春路 83 号）建园舍。民国元年（1912 年），新园舍建成，幼儿园即行迁入。"中华幼教第一园"从此就在日光岩山脚下扎下根来。

随着闽南各地蒙学堂的兴起，幼儿教育的师资力量供不应求。为此，师范班于 1912 年升格为怀德幼稚师范学校，扩大办学规模、规范教学课程，学校管理渐臻就绪，招生对象也规定必须具有高小毕业程度。

然而，当时师范学校没有自己的宿舍及课室，还暂时借用怀仁校舍。而幼稚园的学生数激增至 260 余人，园舍也明显不足，设施、设备大都因陋就简，扩建园舍迫在眉睫。1916 年，在中外热心人士的支持下，幼稚园募到巨款，在原校址重行扩建。虽然如此，还是赶不上需求，学生很快又增加至 360 多人，师范生也有 20 余人，校舍仍不敷用。当时，漳泉各地女青年前来就读师范学校的甚多，于是吴天赐主理计划修建师范生宿舍。1921 年，吴天赐亲理向校友募捐，获得本地及侨居海外诸校友的捐助，在怜儿堂故址修筑起两层楼的师范生宿舍。

1927 年 12 月，国民政府颁布了《私立中等学校及小学立案条例》等条例，又于 1928 年 8 月颁布《私立学校规程》。这些条例规定：私立学校，包括外国人设立的学校的开办、变更或停办，须经主管教育行政机关之核准；私立学校的组织、课程等，均须遵照现行教育法令办理，等等。怀德幼稚园于 1933 年 11 月以"厦门鼓浪屿私立怀德幼稚园"之名，向当时的国

怀德幼稚园

西方传统的儿童"学具"——恩物　　唱游课——蜜蜂游戏

民政府备案。

1941年12月8日,太平洋战争爆发,日本侵略者占领鼓浪屿。英公会在怀德幼稚园的代理人吴天赐、欧斯文姑娘撤离鼓浪屿,怀德幼稚园被日伪接管,改名为"鼓浪屿幼稚园",园长、教师皆由伪市政府重新聘用,教育、生活、活动内容,甚至连幼生吃的点心,都得按伪市政府的规定安排。

1945年8月抗日战争胜利后,英公会派其代理人白励志姑娘接回幼稚园,恢复原称"厦门鼓浪屿私立怀德幼稚园"。根据规定,怀德幼稚园董事会向市政府呈报复校,于1948年2月获市政府批复复校立案。

1949年10月17日,厦门解放。1950年厦门市人民政府接办该园。1951年9月改为厦门师范附属小学幼儿园。1957年该园改名为"日光幼儿园",直至现在。

兼融中西的幼儿教育思想

怀德幼稚园的办园经费先是由英国长老会提供,其初衷是为了培养新基督徒,因此,传教自然是幼稚园的任务。早期怀德幼稚园的教育体现了较浓的宗教色彩,每日设宗教晨会,还要祷告,招收的也主要是基督徒的子女。然而，在宣教的同时，幼稚园的创办者也把当时西方先进的幼教理论引入厦门。新颖的西方教育理念和教学方法，又有外国教师任教，使当时上层家庭趋之若鹜，纷纷把子女送进园去，幼稚园生员增长的势头经久不衰。渐渐地，幼稚园教育的宗教色彩日渐淡薄，保教功能占据了主要地位。

我国刚起步的学前教育主流是"日本模式"。1904年1月，清政府颁布了中国近代第一个正式施行的学制《奏定学堂章程》。这个学堂章程，是以日本学制为蓝本的，从其中有关幼儿教育的《蒙养院及家庭教育法章程》，看得出师法日本的不少痕迹。我国最先的一批幼教机构定名"蒙养院"，也大都请日本人管理，聘日本保姆师范生当保姆教师。然而，怀德幼稚园从创园开始，推行的却是"欧美模式"——福禄贝尔和蒙台梭利的教育思想和教学法，这些教育思想主张以儿童为本位，尊重幼儿，关注幼儿个体自由成长，强调教育中自由及活动的重要性。这在中国学前教育起步时一片"日本模式"的潮流中独树一帜。

福禄贝尔和蒙台梭利的教育思想，是由西方传教士带进来的，而且他

学写罗马字

们的教育思想本身，也蒙有基督教的唯心主义色彩。但是，如果拨开宗教的神秘外壳，其内核还是闪烁着科学的智慧。很典型的一个例子，当年怀德幼稚园教学上普遍使用一种叫"恩物"的器材，这名称就弥漫着浓厚的宗教味道。其实，这是福禄贝尔创制的一套供儿童学习活动用的教学玩具。其实质是开发儿童潜能、激活真善美本能的教学玩具。

这套"恩物"共20件。第1件至第10件为一些小几何体，目的要培养儿童对数目，对几何的点、线、面、体及它们间的关系的感性认识。第11件至第20件被称为"综合恩物"，其实就是手工劳作系列，让儿童在劳作实践中培养观察和创造能力。它不但让幼儿在游戏中对数目，对几何的点、线、面、体及其关系有切实的感性认知，而且从数学切入，把宇宙的秩序、数学结构和美学做了完整的结合，让孩子们在玩耍当中学，在游戏中找方法、摸索规律，在成功和失败中积累经验，潜移默化，真正"自己教自己"。

怀德幼稚园的教学也吸收了蒙台梭利的教育思想。这种教育，更多地从人文方面切入，着重感官经验的积累。在教师的指导下，幼儿在"有准备的环境"里通过感觉和动作训练，使触觉、视觉、听觉、嗅觉和味觉得到有效锻炼，并调动各种感官的协调配合，达到"感觉统合能力"的培养。

一位20世纪30年代就读于怀德幼稚园的老校友在他的回忆文章中这么写道："当年父亲把我送进这所幼稚园一定有他的考虑。从现在史学家的记述，怀德幼稚园推行的教育理念，是'蒙台梭利教育方法'。"在我的记忆中，我要进幼稚园那阵子，父亲在家里常常和上英华中学的大哥，在讨论一本叫什么《蒙台梭利与其家庭教育》的书，现在想起来，大概就是因为父亲崇尚的'自由'和'活动'的教育下一代的观念和幼稚园的教育宗旨一致，所以，送我进了这所幼稚园。"当年的幼稚园生活，给这位老校友留下了十分深刻的印象："在幼稚园里，我们每天都在听故事、做体操、运动、玩游戏、画画、唱歌，做手工——折纸、剪贴、捏泥土，我的童年就是在这些活动中快乐度过的。"

唱游课就是最为典型的教学形式。所谓唱游课，就是边唱歌，边游玩，在快乐的活动中增长知识。唱游课有几种类型，一是活动式。学童们排成一队，在领头的学童带领下绕圈，后面的学童跟着他绕来绕去。绕圈时，大家就唱着歌谣。唱的歌谣，有时是数数字的，如"五只鸡儿仔，五只在巢内，一只飞了剩四只"；有时是生活常识的，如"早上起来铺眠床，掸掸桌椅扫地板。洗面洗手真干净，穿衣穿鞋有好势。吃饱擦嘴去读书，好好

怀德幼稚园的课外活动　　　　　　　怀德幼儿园的课间操

行路无冤家。见着先生要行礼，上课玩耍无相骂"。一是表演式。学童边唱边表演。这种表演，有时是非故事性的，如表演鸭子的声音和划水的动作；有时是故事性的，即表演一个故事。

福禄贝尔和蒙台梭利的教育思想在早期的怀德幼稚园占主流地位，甚至幼稚园里的教具——"恩物"和蒙台梭利的感官训练等教材，都是由英国购置回来的。

虽然如此，在鼓浪屿这块中西方多元教育交融的土地上，仍可在西式教育里看到东方的元素。实际上，怀德幼稚园的教育还融入不少中国的传统教育和闽南的本土化教育。

二十世纪二三十年代，怀德幼稚园使用世界书局编写的《幼稚读本》第一册，每课只有两句朗朗上口的童谣，并配有我国近代著名的漫画家、教育家丰子恺先生充满童趣的插图，颇具幼童读物的特色。例如，"排排坐，吃果果。哥哥吃大果，弟弟吃小果"，把中华传统文化"孔融让梨"的精神融入其中。

而教学的本土化，则体现在校园里普遍使用厦门话。当时连教唱的歌曲、歌谣，也都是用厦门话（也称白话）编写，或者"翻译"成厦门话。有趣的是，这些歌曲、歌谣大多由外籍老师编写的，不少词句念起来不太通顺。虽说是外国人办的学校，但并没有强制或要求学童们接受什么本土语言以外的"双语教学"之类的超前教育。

怀德幼稚园的教学，也受到"日本模式"的影响。

在1928年国民政府颁布《私立学校规程》之后，尤其是在1933年向国民政府备案后，怀德幼稚园在课程设置上实施分科教学。1934年怀德幼

怀德幼稚园

1935年怀德幼儿园毕业生

稚园第三级（相当于"中班上学期"）的课程设置，有言语、国文、常识、计算、公民、唱歌、游戏、图画、手工，分科达9种之多。这种分科进行教学，就有"日本模式"的影子。

幼稚园很注重孩子良好习惯和良好品格的培养和教育，在卫生、礼貌、语言习惯、行为举止、纪律等方面，有十分严格的要求，如有"出轨"，老师会施行"惩罚"。所谓"惩罚"，就是让"出轨"的小孩独处一室"闭门思过"，让他感受了离群的孤独和无助的惧怕之后，老师再单独地、和蔼地进行"受罚"后的安抚和教育。这种教训是那么的深刻，从那以后，谁都不会再犯什么样的错误了。这种"惩罚"教育，也还是有"日本模式"的影子。

作为教会办的学校，怀德幼稚园免不了宗教教育的色彩。早期，幼稚园每天早晨有祈祷会，祈祷完毕再上课。日常教学多带有宗教教育的内容，如讲《圣经》故事、唱圣诗等。下午要放学的时候也要祷告，小朋友们要先集合，很有秩序地排好队，一起唱一首祷告诗，然后再分别回家。随着社会的发展，特别是在国民政府颁布《私立学校规程》之后，幼稚园教育的宗教色彩日渐淡薄，在日常教学中不再掺入宗教教育的内容，宗教教育只能是在课外时间。礼拜天上午，每个幼稚园的小朋友都要到学校上"主日学"，也就是教堂外的幼儿级"礼拜"。在"主日学"里，老师讲一则根据《圣经》编撰的耶稣爱心小故事，然后祈祷，然后分发一枚耶稣图画小卡片，吟唱闽南语的"童《圣诗》"，最后，边唱《"兑缘"（爱心捐献）歌》，边鱼贯走出场，小朋友把向家长要来的一个铜钱，放在站立在门口的礼仪小朋友的托盘里，整个过程大约20分钟到半个小时。

四代同园，桃李天下

自20世纪20年代以后的很长一段时间，怀德幼稚园在园人数一直维持在300人左右。在只有二万多人口的小岛上，这样的入园率在全国是罕见的。它使岛上4岁至6岁的孩子基本都能接受到较好的学前教育。鼓浪屿有的家庭四代人都是这所"中华第一园"的校友。从鼓浪屿走出去的杰出人才林巧稚、李来荣、殷承宗、许斐平等人，童年时代都曾在这里受过优质的启蒙教育。

怀德幼稚师范学校不仅为怀德幼稚园，而且为闽南、闽西甚至远到东南亚培养、培训大批优秀的幼教师资。怀德幼稚园以及新中国成立后更名为厦门师范附属小学幼儿园和日光幼儿园的历任园长中，余守法、陈淑华、吴晶灵、朱秀恋、涂碧玉、洪瑞雪、蔡赞美、黄明玉、黄雅川、何瑞卿、余丽卿均曾就读于这所师范学校。余守法是第一个学习幼教的中国人，在怀德幼稚园草创之初，就跟随韦爱莉料理幼稚园，从教员走上园长的岗位。

1921年师范生宿舍建成后，怀德幼稚师范学校招收了不少来自漳泉各地的学生，这些学生在此接受了正规的幼师教育，毕业后回到漳泉各地，或办园，或任教，推动了闽南地区幼儿教育事业的发展。一些怀德幼稚师范学校的学生还走出国门，到南洋各国办园、任教，把鼓浪屿的幼儿教育带到国外去。

（许十方　陈　峰）

参考文献

  吴炳耀：《百年来的闽南基督教会》，见厦门市政协编《厦门文史资料》第13辑。

  黄雅川、余丽卿：《我国最早的一所幼儿园》，见厦门市政协编《厦门文史资料》第19辑。

  林学钦：《忆儿时话"怀德"》，见鼓浪·语网站 http://www.cn-gly.com。

倍受青睐的鹭江幼稚园

厦门最早办起幼儿教育机构，应该是在 20 世纪初。开办之初的这所幼稚园不仅先声夺人，而且还办得有声有色，不仅受到市民的欢迎、幼童的喜爱，还得到当时当局的关注。它就是鹭江幼稚园。

鹭江幼稚园开办于民国 3 年（1914 年），由当时基督教会新街礼拜堂牧师、厦门士绅黄植庭先生集资创办，园舍就设在台光街 29 号的新街礼拜堂院内。

黄植庭先生在开办鹭江幼稚园 10 年后有段自述，道出了当年创办幼儿教育的初衷。他的感慨是"以个人观察之力，洞见夫教育原理，非从幼稚人手，必属半面教育，而于国民根本上之解决，尚多枘凿，因而独辟蹊径，姑从事于是园之设，窃藉以私觇后效。"就这样，苦于自己教育理念难以合群共生，便独自决计办起了鹭岛历史上第一所专供厦门稚童就学的幼稚园——鹭江幼稚园，在厦门开启了正规现代幼儿教育的先河。20 世纪初期，黄植庭还在服务新街堂期间，广为兴办教育事业，相继兴办道源小学、立人女校和道立中学等。

鹭江幼稚园在厦门的近代历史上倍受青睐，那是因为有这么一段记载，记载的是厦门历史上第一次当局对幼儿教育的巡视。

在 1915 年 6 月间，福建巡按使许世英安排了一次对厦门道源小学、鹭江幼稚园进行巡视的行程。一位当局高官直接关心教育，这在当时算是一件大事。

许世英（1873—1964），字俊人，安徽至德秋浦（今东至县）人。19岁秀才，光绪二十三年（1897）以拨贡生选送京师参加廷试，得一等，以七品京官分发刑部主事，从此跻身官场，历经晚清、北洋、民国三个时期，宦海浮游60余年，成为我国近代政坛上一位著名历史人物。民国成立后，任许世英直隶都督秘书长、大理院院长、司法总长，政治会议委员及福建民政厅长。二次革命失败后，熊希龄组阁，许世英辞去总长职，仟奉天民政长。次年被调入京充约法审查员。同年5月出任福建巡按使。当时，巡按使的职责甚为重大，巡按使代大总统巡行各省及府、州、县，各省及府、州、县行政长官都属于他职权范围内的考察对象，大事回禀大总统裁决，小事即时处理，事权颇重。

许世英的这段行程应该是应鹭江幼稚园之邀而排定的，因为在1915年6月8日，许世英的巡按使署衙就应邀巡视之事，曾向鹭江幼稚园发了复函，文辞谦恭，不无流露对民众教育，尤其是对幼儿教育的关注。

径复者：接来函，知鹭江幼稚园系由执事暨各资本家、各慈善家同心协力，创设于前，维持于后，具见对于地方公益久著热诚，始克臻兹完善。兹定本月10日顺途到园参观成绩。专复顺颂时祺

许世英复

在巡视了学校之后，许世英为了褒扬集资倾力办学的黄植庭校长，于16日和17日分别颁发敕令与致函，对黄植庭校长的办学动机和办学实绩给予高度评价，并颁发奖章、书匾和照片，足见其用心之至。

福建巡按使行署饬第78号（16日）

本使遵奉大总统令出巡。前日巡视该校，学生成绩甚佳，固因校长陶铸之功，亦由诸生自知奋勉之力，良深欣慰。本使特给银质奖章1枚，应由该校长于诸生中择其分数最优者，给予佩带，以昭激励。合行饬仰该校长遵照前指办理，仍将受奖学生名姓具报，以凭回省署时补给执照。此饬。

内饬1件附奖章1枚。

巡按使许世英

许世英对鹭江幼稚园的办学的评价甚高，有两个使巡按使大人感慨的

倍受青睐的鹭江幼稚园

原因是，一是学生"成绩甚佳"，二是校长办学有方有"陶铸之功"。就从这份巡按使饬令的字面上看，许世英巡按使最为欣慰之处，还在于"诸生自知奋勉之力"，所以，他明示："本使特给银质奖章1枚，应由该校长于诸生中择其分数最优者，给予佩带，以昭激励"。许世英作为巡按使能对一所幼稚园给予如此高看一眼的评价和褒奖，对鹭江幼稚园的办学发出一番评价，几多感慨，似乎可让人平添几分喜出望外。于今，悉心再一忖度，也不难发现，当时的新政府官员，亦对教育事业、这一关乎民生的大事绝对不敢掉以轻心、敷衍了之。民有所求、必有所应，这就是当时新政官员的亲民勤政之举。

除了致赠"银质奖章1枚，应由该校长于诸生中择其分数最优者，给予佩带"之外，这位一不做二不休的许巡按使大人在16日发出福建巡按使行署饬令之后的第二天，旋即再发饬令，在17日，又发出私人函件，再次嘉许鹭江幼稚园的办学，其评价之高，是令人堪羡。

> 许巡按使函（17日）
> 径启者：前到校巡观，成绩优美，极慰所望。鹭江孤悬一岛，学校林立。虽属地方繁盛，智识开通，良由先生热心办理，始能发达至此。兹赠亲书匾额一方，像（相）片一纸，送请悬诸校内，以志纪念。
> 巡按使启

短短的一则函件、洋洋溢美之词，其间对厦门教育、厦门幼稚园教育的现状作了较为客观的评价，对厦门的办学现状点评至深，对厦门教育热心人的嘉勉，恰到好处、恰如其分。这既不影响本地办学的积极性，又不打击制止外来兴学的势头，实可谓两面抹平，都得到应该会有的好处，其实最大的好处就是能够有效、而且是能够实在地办学。于今看来，这位巡按使大人确实是位懂行政管理、懂教育事务的新政官员。

这是厦门教育史上的一段不是很起眼的记载，所录之事给后人最大的感受是，辛亥革命后，当局亦视民生为要，视教育为民生之必需，因而一次怀柔式的巡视，似乎可作为一次亲近教育的举动。这个举动的恰到好处在于：巡按史本身的儒雅本色与执政能力并存、并施，所以，这一笔，就这样载入了《厦门道源小学校、鹭江幼稚园、立人女学校十年回顾录》（1922年刊），或为近代厦门教育走向新制的一次迈步。

因为有了许世英巡按使的嘉许，鹭江幼稚园和黄植庭所继而兴办的一系列学校道源小学校、立人女校，都在上世纪初得到稳健的发展，也为厦门一方百姓的教育渴求，送来一泓甘泉。

鹭江幼稚园对于创办人黄植庭校长来说，教育事业虽不为他的本业，他的本业是牧师，为了办学，他也是尽其心力而为之。从黄植庭校长关于鹭江幼稚园十年回顾文章，便可见其良苦之用心，其心切切、其情殷殷，令人动容。

鹭江幼稚园十周年回顾

一、既往之事实

沧海桑田，回头如梦。白云苍天，变幻无常。人生数十寒暑耳。苟不及时立功，将如入宝山，空嗟徒手而回。念及前尘，不禁感慨系之，溯系之。溯自前清末叶，庭殷殷焉设斯校者，初亦谓恪尽天职，禀遵乃役于人之宝训。至于成败利钝，万难逆观。而当时毅然以教务余晷肆力于学务之设施者，不过冒昧图功，与哥伦布之奋觅美洲，于洪涛巨浪中，俨然有一片肥腴土地，照耀眼廉（帘）。惜同行者意存观望，未敢必其确有目的物也。庭之创立鹭江幼稚园，以毕是幸也。生徒渐多，首年仅数十人者，不几年而数百人矣。其歧生骈出之蒙小等校，如竹抽节节，旭升瞳瞳，溢出成效于意料外。噫！天下事讵有难为者哉。□□□字典中难字，只出自庸人。英雄伟论，千古犹留。庭非诩有志者事竟成也，特以十年前之惨淡经营，斤斤然系诸希望中者，今获成为事实，食禄忠事，似无勋绩之可言，而始终翊赞，有以辅庭志而壮庭心，使本校得以维持于不敝者，厥维诸君子匡劝（助）之德。且幸使鹭江幼稚园五字徽帜，高插于南闽厦之岛区，孰为为之？孰令致之？藉非有财力者以补助有心力者之不足，乌易奏此肤功欤？闻之古人有三不朽，一曰立德，二曰立言，三曰立功。有一于此，乃不愧为民国之国民。庭之为本校立此小功，实即以代赞助者立间接益人之功。凡既经享受幼稚园以及诸校之益者，不可不仰感水源木本，且衔结至无涯也。夫为山基于一篑，掘井势当及泉。吾人服役社会，原不敢贪天功以为己功，惟值风雨飘摇，最足短英雄之气。在幼稚园南经开辟，蒙小各校尚未拓展以前，不知辛楚几经，惯尝哑人黄连之味，盖经济如何绸缪，秩序如何布置，苦心孤诣，一本独支。虽时受诮阻，终不稍变初衷。以方寸中自忖，有灵力永为呵护。长夜漫漫，终须达

倍受青睐的鹭江幼稚园

旦。泊渐启曙光,直上康庄通衢,则苦尽甘来,不啻久含谏果。奈回思前此之蜗行漫步,覆□堪虞。有时清夜扪心,屡兴望洋之叹。惟自信衾影无惭,夫何愧作。既明明以栽培幼小同胞为职志,则艰难本意计中事。纵或功败垂成,仍可告无罪于国民,况既崭然渐露头角也耶。刻出洋募捐,殆有类苦行僧之沿门托钵。所幸人之好善,谁不如我。我有其喜,自有人共成我志,众志成城,因此而奠定基础。今者小试文章告成一段,痛定思痛,难已于言。爰撮既往事实,以诏来兹。

二、现在之成绩

花之茂也,非茂于茂之时,必于其未茂之先,多经灌溉,而其花始茂。海之深也,非深于深之时,必于其未深之前,多经汇注,而其海乃深。格物然,办学亦何独不然。庭于十年前,以个人观察之力,洞见夫教育原理,非从幼稚入手,必属半面教育,而于国民根本上之解决,尚多枘凿,因而独辟蹊径,姑从事于是园之设,窃藉以私觇后效。当时一意孤行,初无把握,特本此良知,以运良知,冒险前进。以一己之方针,作国民之导线,若火之始燃,泉之始达,其难其慎,蚁步蜗行。适值民国建立,普及教育之声浪日唱日高,本校揭橥宗旨,恰足惹动人意。齐人有□曰:"虽有智慧,不如乘势;虽有镃基,不如待时。"当此时势,正教育发达期间,社会人心之倾向本校事业者,风起云涌,沛然莫之能御。宋学者日见其多,赞助亦不乏其人,故克得寸得尺,以至今日之盛,夫亦令人踌躇满志已。庭乃自第5年鉴于幼蒙小各校校址不敷,竟尔大兴土木,凭空空妙手儿薄级,公然建筑数万金之校舍,层楼危竿,颇壮观瞻。虽报债台多级,亦适值有热心家允助募捐,了兹债务。在筹募时间之含辛茹苦,而甘耐人所不能耐者,以此中有栽成幼小男女诸同胞之佳果,可以偿多年辛苦之价值也。因自开设幼稚园,而后拓充蒙学堂、道源两等男学、立人女学校暨附设女子师范等等,谋猷成功叠著,凡由各等学校毕业,或转升他学,或归隶工商,其女子之组织家庭与擢为师资者,罔不蜚腾名誉。故本校之大受社会各界之信用者,在是。即本校之能得海内外人士欢迎,而作经济上之后盾者,亦在是。语曰:"实至者名自归"。又曰:"诚中者形诸外"。庭固不欲自为奖饰,而月日自有公评。舆论煌煌,无庸自讳。如前福建许巡按使世英莅厦参观本校成绩以及上年全闽运动联合大会时,附有小学成绩比赛,幸夺优胜旗三方,并蒙王教育厅厅长述曾亲致颂词。抑前此会开游艺展览会之渥承各界赞奖,斑斑可考,谅早已系人脑海矣。庭对于教育一道，惟曲尽天职，掷半生精力，销（消）磨于幼小学生之进德修业诸事功。而所有微些成绩，自当归功于授受两方，尽其知能作用，始不负此十年来之创办是校，以及夫十年之维持是校者。

黄植庭校长回顾的第一部分"既往之事实"，道出了办学的苦楚，"吾人服役社会，原不敢贪天功以为己功，惟值风雨飘摇，最足短英雄之气"，并慨叹"既明明以栽培幼小同胞为职志，则艰难本意计中事。纵或功败垂成，仍可告无罪于国民，况既崭然渐露头角也耶。矧出洋募捐，殆有类苦行僧之沿门托钵。所幸人之好善，谁不如我。我有其喜，自有人共成我志，众志成城，因此而奠定基础"，一气呵成道尽多年郁阿，将心迹一览无遗地坦陈于纸面，这也是无奈与自励的糅合，个中秘辛不言自白。

至于为何办学、为何办鹭江幼稚园和一系列教育事业？黄植庭在回顾中自有话说，他执着地认为，"当时一意孤行，初无把握，特本此良知，以运良知，冒险前进。以一己之方针，作国民之导线，若火之始燃，泉之始达，其难其慎，蚁步蜗行。适值民国建立，普及教育之声浪日唱日高，本校揭橥宗旨，恰足惹动人意"。他的执意办学似乎有一意孤行之嫌，其实，他的初衷与奋斗目标是一致的。所以他的努力方向也十分笃定。他这样认为，也这样遵行不悖，"因自开设幼稚园，而后拓充蒙学堂、道源两等男学、立人女学校暨附设女子师范等等，谋猷成功叠著，凡由各等学校毕业，或转升他学，或归隶工商，其女子之组织家庭与擢为师资者，罔不蜚腾名誉。故本校之大受社会各界之信用者在是"，他的执着、执意办学，在短短十年内终于有了可以欣慰的感慨，那就是像他自己说的，"庭对于教育一道，惟曲尽天职，掷半生精力，销（消）磨于幼小学生之进德修业诸事功。而所有微些成绩，自当归功于授受两方，尽其知能作用，始不负此十年来之创办是校，以及夫十年之维持是校者"。

鹭江幼稚园在20世纪初的这一番草创、奠基、发展和稳定，尤其是得到当局与市民的青睐，这是旧制变革阶段的一个教育事件和案例。民间办学的积极因素得到褒扬与尊重，这是何等的不易，当局较为主动地关心教育，贴近乡梓，不能不说这是现代文明的投射在厦门教育身上的一缕曙色，新式的教育正在靠近厦门、走到厦门人的身边。

到了民国17年（1928年），鹭江幼稚园更名为新街幼稚园，抗战期间该园停办。一直到了1949年，厦门市私立新街幼稚园向当时的厦门市市长提出复校立案的呈函，试图恢复办园。呈函中还递交了厦门市私立新街幼稚园的组织章程和基金定期存单照片，恳请能够得到批准。

当时的福建省教育厅以代电形式答复，"查该私立新街幼稚园董事会所送呈请立案及基金证件，经核所筹基金为数过少，不足维持经营经费，未便准予立案，仰饬增筹基金后再行检同资产资金证件呈转核办，件发还"。由此可见，当时当局对幼儿教育机构的审批，是相当严苛的。最终的结果是，厦门市私立新街幼稚园未能得到教育行政部门的复办批复。

新中国成立后，厦门市私立新街幼稚园改名为厦门市第四幼儿园，直至今日，其办学规模亦日益扩大。2004年7月，思明区进行教育区划调整，将厦门市第四幼儿园与厦门市前埔幼儿园整合。2005年7月厦门市第四幼儿园正式搬迁至前埔。整合后的厦门市第四幼儿园依然保持着很高的教学质量，办学环境一流。整个幼儿园教育以健康为特色，注重孩子个性的全面发展。

（李向群）

附录

附录一：厦门市公私立中等学校一览表（1935年度）

校名	校长	学级 高中	学级 初中	学生数	教职员数	校址
省立厦门中学	庄奎章	2	6	377	28	民国路
私立同文中学	陈瑞清	6	6	209	38	望高石
私立双十中学	黄其华	2	9	510	32	箭场仔
私立中华中学	王连元	4	6	202	28	虎头山
私立厦大附中	薛永黍	5	0	95	23	厦港演武亭
私立英华中学	沈省愚	3	8	317	31	鼓浪屿龙坑井
私立毓德女中	邵庆元	3	4	132	19	鼓浪屿东山顶
私立慈勤女中	林崇智	2	3	98	16	鼓浪屿三丘田
私立怀仁女初中	王淑禧	1	3	76	15	鼓浪屿乌埭中
私立大同初中	杨景文	1	6	285	23	同安内
私立侨南初中	黄宝玉	0	3	46	20	四季花园
私立闽南职中	叶谷虚	0	3	81	10	鼓浪屿和记崎
私立怀德幼师	陈淑华	0	2	42	13	鼓浪屿乌埭中
合计		29	59	2570	296	

附录二：厦门市市立小学一览表（1935年度）

校 名	校 长	学 级	学生数	教职员数	校 址
大同	伍远资	14	872	24	浮屿小学路
玉紫	陈志伦	8	500	18	靖山头
崇实	杨昌国	8	431	19	相公宫
普育	郑洪凯	8	314	14	鼓浪屿岩仔脚
竞存	李禧	7	272	15	高井栏
吉祥	陈维纯	6	202	10	皇帝殿
蒙泉	付晓村	5	237	12	碧山路
紫阳	陈玉琮	6	215	13	厦港紫阳街
单级	章晃	1	62	2	顶大人
合计		63	3105	127	

附录三：厦门市私立小学一览表（1935年度）

校 名	校 长	学 级	学生数	教职员数	校 址
厦大实小	茅乐楠	6	252	12	厦港大桥头
群惠	林士麟	12	752	24	青墓口
全民	陈景苏	6	312	15	钟楼脚
鳌岗	林志林	6	244	9	朝天宫
集友	吴万镇	4	154	9	模范村
大中	邱策湖	7	243	14	内水仙
慈勤	林崇智	6	267	14	鼓浪屿三丘田
树人	杨清江	5	252	11	溪岸河
新民	邱觐光	5	129	12	石狮王
渔民	张荣昌	6	149	12	鱼行口
世德	吴淞波	5	122	9	霞溪仔

续表1

校 名	校 长	学 级	学生数	教职员数	校 址
侨南	黄宝玉	6	128	12	四季花园
龙山	曾少峰	9	314	14	后厅衙
连茂	洪荣文	4	178	7	内武庙
明道	庄英才	5	110	9	菜妈街
桃源	陈崇礼	8	344	12	小走马路
怀仁	王淑禧	6	232	12	鼓浪屿乌埭中
厦南	廖秋史	6	182	11	草仔垵
宗文	施佩蓉	6	195	11	竹树脚
鼎玉	陈龙生	6	111	8	公园北路
雅化	李憐悯	6	219	10	思明东路
民立	叶思忠	5	208	10	梧桐埕
培育	高选峰	3	92	6	厦港太平殿
思明义务	吴克坚	6	280	13	思明东路
道立	黄梅生	4	177	7	剖狗墓
励志	陈桂琛	3	71	13	靖山头
毓英	许哉华	4	177	6	外清顶释仔
闽海	陈一元	3	86	8	吴厝港
崇德	张□川	6	180	13	霞溪仔
人道	陈彬森	3	68	6	土堆
清河	张伯炘	3	41	8	簩巷街
浔江	吴在桥	3	109	9	打铁路头
福民	叶谷虚	10	459	22	鼓浪屿和记崎
海滨	刘尊光	4	132	12	鼓浪屿四枞松
英华	沈省愚	7	301	14	鼓浪屿龙坑井
毓德	邵庆元	11	314	18	鼓浪屿田尾
维正	蔡建芳	6	159	13	鼓浪屿鹿耳礁
养元	朱质	7	193	11	鼓浪屿鹿耳礁

续表 2

校 名	校 长	学 级	学生数	教职员数	校 址
光华	张步云	3	94	5	鼓浪屿内厝澳
同文	陈瑞清	3	49	17	望高石
双十	黄其华	9	439	14	箭场仔
合计	四十一校	133	8521	472	

附录四：厦门市私立初级小学一览表（1935 年度）

校 名	校 长	学 级	学生数	教职员数	校 址
英华校友	陈兆麟	11	437	15	鼓浪屿龙坑井
粤侨	徐缉寰	4	85	10	小走马路
陇西	李景隆	2	71	2	碧山路
东村	柯华榕	6	280	9	模范村
城内	韩梅声	4	143	7	民国路
育群	黄晓修	5	202	11	龙船河
明德	马钦杰	3	166	8	布袋街
华南	陈宝欣	3	68	10	南田巷
合计		38	1452	72	

附录五：厦门市私立幼稚园概况一览表（1935年度）

园　　名	园　长	班　数	学生数
市立鸿麓幼稚园	陈淑谦	2	59
市立大同小学附设幼稚园	伍远资	1	60
市立玉紫小学附设幼稚园	陈志伦	1	54
私立群惠小学附设幼稚园	林士麟	1	38
私立慈勤小学附设幼稚园	林崇智	1	43
私立培英幼稚园	施佩蓉	2	87
私立鼎玉小学附设幼稚园	陈龙生	1	18
私立维正小学附设幼稚园	蔡建芳	1	23
私立道立小学附设幼稚园	黄梅生	2	56
私立怀德幼稚园	陈淑华	6	384
合计		18	821

注：寻源校友幼稚园未填报。

附录六：厦门市公私立各级学校一览表（1947年度）

校　名	校　长	校　　址
厦门大学	汪德耀	厦港
侨民师范学校	陈永康	曾厝垵
侨师附属小学	黄冠文	顶释仔
厦大实验小学	潘懋元	厦港
厦门中学	崔钟英	公园南路
市立中学	吕仲驹	厦禾路
双十中学	吴厚沂	双十路
中华中学	王连元	虎头山
英华中学	许扬三	鼓安海路
毓德中学	陈赞美	鼓漳州路
怀仁中学	吴着盔	鼓永春路

续表1

校　名	校　长	校　址
大同中学	李文立	靖山路
怀德幼稚师范	黄静竹	鼓漳州路
厦西第一中心国校	陈懋材	小学路
厦西第二中心国校	谢锦添	美仁宫
厦南第一中心国校	陈宗贤	同安路
厦南第二中心国校	林泉飞	思明南路
思明小学	吴克坚	思明东路
明德小学	张火风	中华保
民强小学	王志明	厦禾路
世德小学	吴淞波	霞溪路
城内小学	周琛瑶	民国路
全民小学	李福锦	钟楼下
桃源小学	陈崇礼	小走马路
主光小学	孙中诚	小走马路青年会
通俗教育社附设小学	杨清江	公园通俗教育社
龙山小学	曾希三	思明北路龙山戏院
鳌岗小学	林英仪	思明东路
新街幼稚园	陈奇解	台光街
毓德小学	王爱华	鼓田尾路
怀仁小学	陈雪娥	鼓永春路
福民小学	李魁梧	鼓和记路
英华校友小学	陈兆麟	鼓安海路
养元小学	杨振声	鼓复兴路
厦港第一中心国校	庄云斌	碧山路
厦港第二中心国校	叶鸿图	上古街
禾山第一中心国校	陈甲友	禾山祥店

续表 2

校　　名	校　长	校　　　址
禾山第二中心国校	张应川	禾山殿南保
鼓屿第一中心国校	甘朝驹	鼓海坛路
开洪保国校	布淑恬	道平路
思东保国校	孙　森	思明南路
同文保国校	黄加海	钱炉灰埕
康泰保国校	萧春源	鼓康泰垵
曾厝保国校	萧子绅	曾厝垵
双涵保国校	杨流金	禾山双涵保
何厝保国校	张镜明	禾山何厝保
钟宅保国校	黄玉辉	禾山钟宅保
前村保国校	陈龙水	禾山前埔
美仁保国校	张如松	美仁保
开南保国校	张淑贞	开元路永安街
市立幼稚园	张清香	中山公园内
复华小学	张达有	民国路
民立小学	叶淑仁	大中路
思北小学	李憐悯	思明东路
维正小学	黄昭瑛	鼓博爱路
怀德幼稚园	蔡赞美	鼓永春路
渔民小学	张庆和	渔行口
弘农小学	杨启荣	厦门港
奎璧小学	吴高攀	禾山莲坂
龙塘小学	孙自当	禾山龙塘
禾兜小学	吕六伴	禾山吕厝
益群小学	何锦象	禾山竹坑湖
岐山小学	梁自省	禾山高崎

续表 3

校　名	校　长	校　　址
湖山小学	黄思德	禾山寨上
坂上代用国校	连鼎文	禾山坂上
东升小学	施秋鸣	禾山高林社
茂后小学	黄金典	禾山茂后社
培三小学	林恢绪	禾山湖边保
洪山小学	刘青仰	禾山蔡塘社
庵头小学		禾山庵头社

【后记】

　　说起厦门的老校名校，让人如数珍宝，回顾厦门的教育，使人如沐甘露。史料记载，明朝洪武二十七年（1394年），江夏侯周德兴筑建中左所城，亦称厦门城。明末，在虎溪山（又称玉屏山）设有"义学"，至今已逾四百年，系厦门最早的学堂之一；陈嘉庚先生倾全力，为集美学村和厦门大学的办学呕心沥血，事迹感动天地；鼓浪屿教育，培养"懂艺术，会运动，像英挺绅士，似窈窕淑女"的社会精英，特色彰显……办学育人在厦门发展史上是亮丽一笔，其重要性亦可见一斑。由古"义学"至今"大学"，厦门的办学办校史，一路开满了璀璨之花，让世人赞叹称奇。

　　教育，斯事体大，它是厦门的立市之本，亦得到历任市政协领导和众多政协委员的关注。陶行知先生说："千教万教教人求真，千学万学学做真人。"从厦门老校名校至今的全市教育体系，以文化"化人"与心育"育人"，显性的技能教育与隐性的精神教育相得益彰。《厦门老校名校》丛书的编辑，让人们通过《厦门文史丛书》了解厦门这个城市的教育发展史，

后记

听到她"为发展而教育"的主旋律,是那样的升华境界,催人奋进;面对改革开放,面对现代化,教育更担负着培养"会做人,善合作,能胜任,敢承担,受社会欢迎"的英才之重任。《厦门老校名校》若能体现厦门这座城市的文化魅力与气质,将是编者莫大的荣幸。

《厦门老校名校》的组稿工作,始于2012年夏初。几位编撰者的初衷和编辑方案,是将近百年来厦门有过的各类型学校逐个统计,就一批办学时间长、办学有特色的学校进行筛选,待确定校名后分别约稿。但由于受史料和种种原因的制约,最初的编辑方案几经变动,有些成稿不尽如人意,因此选录了部分已刊文章。在内容和体例上,我们选取从学前幼儿园到高等学府、从旧时代书院到新时代职业学校等十几所典型的知名学校,并附录不同阶段厦门各类各级学校名录,力求比较全面地反映近代厦门各类学校的办学概貌,为当代兴学教育提供历史借鉴和宝贵经验。新中国成立后,厦门市相应建立了新型的社会主义教育体系,原有的学校屡经改组裁并,或一源异流,或旧校新名,或新校旧名,不可同日而语,本书姑不论述。

本书在编写过程中,得到厦门大学图书馆、厦门市图书馆、厦门市档案馆提供查阅老报纸和旧书刊的方便,谨此致以衷心的感谢!

由于出版的时限不容拖延,仓促付梓,遗珠之憾,有待再版时弥补。

编者

2013年12月

图书在版编目(CIP)数据

厦门老校名校/洪卜仁主编.—厦门:厦门大学出版社,2013.12
(厦门文史丛书)
ISBN 978-7-5615-4929-2

Ⅰ.①厦… Ⅱ.①洪… Ⅲ.①学校-概况-厦门市 Ⅳ.①G527.573

中国版本图书馆 CIP 数据核字(2013)第 321342 号

厦门大学出版社出版发行
(地址:厦门市软件园二期望海路 39 号 邮编:361008)
http://www.xmupress.com
xmup@xmupress.com
厦门集大印刷厂印刷

2013 年 12 月第 1 版 2013 年 12 月第 1 次印刷
开本:787×1092 1/16 印张:15.25 插页:3
字数:270 千字 印数:1~2 000 册
定价:38.00 元
本书如有印装质量问题请直接寄承印厂调换